일본에서의 한일회담 반대운동

재일조선인운동을 중심으로

일본에서의 한일회담 반대운동 : 재일조선인운동을 중심으로

초판 1쇄 발행   2016년 5월 31일

지은이	김현수
펴낸이	윤관백
펴낸곳	도서출판 **선인**

등 록	제5-77호(1998.11.4)
주 소	서울시 마포구 마포대로 4다길 4(마포동 324-1) 곳마루 B/D 1층
전 화	02) 718-6252 / 6257
팩 스	02) 718-6253
E-mail	sunin72@chol.com

정가   22,000원
ISBN   978-89-5933-980-8   93910

일본에서의 한일회담 반대운동

재일조선인운동을 중심으로

김현수 지음

 도서출판 선인

일러두기

1 읽는 이의 편의를 위해 원문의 한자표기는 한글로 표기하는 것을 원칙으로 했으며, 본문에 처음 등장하는 인명이나 지명 등의 고유명사에 한정하여, 혹은 한자를 병기하는 것이 이해하기 쉬울 경우에는 한글표기 옆 [ ] 안에 한자를 병기했다.

2 원문을 번역 인용할 경우에는 가능한 한 원문표기 그대로 우리말로 고쳤다. 예를 들면 우리들에게 익숙지 않은 일한회담과 같은 표현이 등장한다. 인용문이 아닐 경우에도 일조우호운동 등과 같은 표현이 자주 사용되고 있는데, 이는 일반적으로 북일우호운동으로도 사용 가능하겠지만, 역사 용어로써 그대로 사용하였다. 또한 인용문의 경우 현행 한글 맞춤법과 다소 차이가 있다하더라도 의미를 이해하는 데 무리가 없을 경우에는 원문 그대로 인용표기했다.

3 본문 내 ( ) 안의 표기는 읽는 이의 이해를 돕기 위한 저자의 보충 설명이다.

4 자료적 가치를 존중하여 일본어로 작성된 문헌의 주석 표기는 원문 그대로 표기했다.

제1절 문제의 소재

1. 한국병합조약으로부터 100년, 그리고 한일조약

1) 2010년 간[菅] 담화와 간 담화 반대 논리의 공통분모

2010년은 일본이 한반도를 식민지배하기 위해 강요한 한국병합조약이 체결된 지 100년이 되는 해였다. 2010년 8월 10일 간 나오토[菅直人] 내각총리대신은 담화(이하, 간 담화)를 발표했다.[1] 이 담화의 내용에는 과거 일본의 조선식민지 지배에 대한 반성과 미래지향적인 한일관계를 만들어 갈 결의, 그리고 일본 궁내청에 보관하고 있던 조선왕조의궤 등을 한국 측에 건네준다는 방침이 명기되어 있었다.

---

[1] 간 담화의 전문은 일본의 내각 관저 공식사이트(http://www.kantei.go.jp/jp/kan/statement/201008/10danwa.html) 및 외무성 공식사이트(http://www.mofa.go.jp/mofaj/press/danwa/danwa_22.html), 『아사히신문[朝日新聞]』(2010년 8월 10일자 석간) 등에서 일본어 원문을 확인할 수 있다.

고이즈미 준이치로[小泉純一郞] 집권기(2001년 4월~2006년 9월), 일본 내각총리대신의 야스쿠니신사 참배 문제의 대두와 역사교과서 문제 및 위안부 문제, 독도 영유권 문제로 상징되는 한일 간의 역사인식 문제와 관련한 갈등은 2009년 민주당 하토야마 유키오[鳩山由紀夫] 내각의 탄생과 더불어 커다란 변화를 맞이할 수 있을 것처럼 보였다. 2010년 한국병합 100년을 맞이하여 발표할 담화문에 대한 검토가 시작된 것도 하토야마 내각 시절부터 준비되어 왔다고 알려져 있다.[2] 그러나 민주당 정권의 역사인식은 역대 일본 정권의 역사인식과 크게 다르지 않았다.

　　1990년대 이후 표면화된 한일 간의 역사인식 문제에 대한 일본정부의 입장은 1965년에 체결된 한일조약[3]과 일본의 패전 50년에 해당하는 1995년에 발표된 무라야마 도미이치[村山富市] 당시 총리대신의 담화[4] (이하, 무라야마 담화)가 그 기본축을 이루고 있다고 할 수 있다. 한일 양국에서의 해석 차이가 문제가 되지만, 한일조약에서는 한국병합조약과 관련해 기본조약 제2조에서 1910년 8월 22일 이전에 체결된 모든 조약 및 협정은 '이미 무효'라고 확인하였고, 청구권 문제와 관련해서는 '완전히 그리고 최종적으로 해결'되었음을 확인했다. 한편, 무라야마 담

---

2) 『마이니치신문[每日新聞]』(2010년 8월 11일자)에 의하면, '"동아시아 공동체" 구축을 내걸며, 역사화해를 깊이 생각하던 하토야마 유키오 전 수상의 재임중에 시작된' 담화의 검토를 계속해 주장한 것이 '변호사로 전후보상 소송을 다뤄 왔던 센고쿠 요시토[仙谷由人] 관방장관과 아시아 외교를 중시하는 오카다 가쓰야[岡田克也]외상'이었다고 보도하고 있다. 이 밖에도 『朝日新聞』(2010년 8월 11일자)에서도 같은 내용의 기사가 게재되어 있다.

3) 이 책에서 사용하는 한일조약이라는 용어는 '대한민국과 일본국 간의 기본 관계에 관한 조약'(이하, 기본조약) 및 '재산 및 청구권에 관한 문제의 해결 및 경제협력에 관한 협정'(이하, 청구권협정), '대한민국과 일본국 간의 어업에 관한 협정'(이하, 어업협정), '대한민국과 일본국 간의 일본에 거주하는 대한민국 국민의 법적지위와 대우에 관한 협정'(이하, 법적지위협정), '대한민국과 일본국 간의 문화재 및 문화협력에 관한 협정'(이하, 문화재협정)의 1조약, 4협정을 포함한 총칭으로 사용한다.

4) 무라야마 담화의 전문은 일본 외무성 공식사이트(http://www.mofa.go.jp/mofaj/press/danwa/07/dmu_0815.html)에서 일본어 원문을 확인할 수 있다.

화는 일본의 '식민지 지배와 침략'에 대해 '통절한 반성의 뜻을 표하며 진심으로 사죄의 마음을 표명'한다는 내용이었다. 1998년 한일공동선언 및 일본의 패전60년에 해당하는 2005년 고이즈미 담화 역시, 기본적으로는 무라야마 담화의 내용을 답습하고 있다.

2010년에 발표된 간 담화에서는 무라야마 담화의 내용 가운데 '다대한 손해와 고통', '통절한 반성의 뜻', '진심으로 사죄의 마음을 표명'이라는 표현을 그대로 계승하면서도, 한 발 나아가 '정치적, 군사적 배경하에 당시 한국인들은 그 뜻에 반한 식민지 지배로 인하여 나라와 문화를 빼앗기고 민족의 자긍심에 큰 상처를 입었다'는 내용이 포함되어 있던 것은 주목할 만한 것이었다. 이는 일본이 한반도를 식민지화해 가는 과정에 강제성이 있었음을 간접적으로나마 인정했다고도 해석할 수 있기 때문이다. 그러나 이 간 담화 역시 역대 일본 정권의 역사인식의 틀을 뛰어 넘은 것은 아니었다. 담화를 발표한 후의 기자회견에서 '일한병합조약이 무효라는 인식을 갖고 있는가?'라는 질문에, 간 총리는 '일한병합조약에 대해서는 1965년의 일한기본조약에서 그 생각을 확인하고 있으며, 그것을 답습해 왔다'는 입장만을 밝혔다. 나아가, '청구권 등 법률적인 것은 이미 완전히 해결되었다'는 역대 일본정권의 답변을 되풀이 했다.[5] 결국 간 담화의 기본축을 이루고 있는 것 역시 한일조약과 무라야마 담화에 기초한 것이며, 이 틀에서 크게 벗어난 것은 아니었다.

그런데 간 담화에 대해서는 민주당 내부에서도 반대 의견은 있었지만, 가장 적극적으로 반대 입장을 펼친 것은 자민당의 아베 신조[安倍晋三]였다. 아베가 회장직을 맡고 있던 『창생[創生]「일본」』이 발표한 간 담화에 반대하는 성명에는 15,000여 명을 넘는 서명 및 찬동

---

5) 『요미우리신문[読売新聞]』 2010년 8월 11일자.

이 있었다고 한다. 『창생「일본」』의 성명은 간 담화가 발표되기 이전인 8월 5일과, 그 후인 8월 10일 두 번에 걸쳐 발표되었다. 8월 5일에 발표된 성명에서는 '이미 일한청구권협정에서 "양국 및 양국 국민의 재산과 양국 및 양국 국민 간의 청구권에 관한 문제"는 "완전히 그리고 최종적으로 해결되었다"'고 주장하고, '"새로운 개인보상"의 가능성을 제기하는 것 자체가 이 원칙을 뒤엎고 전후[戦後]처리의 근간을 부정하는 것이며, 우리 국민이 포기한 청구권을 포함하여 해결된 문제를 또다시 문제 삼는 것으로 이어질 수밖에 없다'며 그 반대 이유를 밝혔다.[6] 8월 10일, 간 담화가 발표된 직후의 성명에서는, '"국가와 문화를 빼앗기고, 민족의 자긍심에 깊은 상처를 입었다"는 등, 한국의 "국민감정"에 대해서 일본국의 수상이 각의결정까지 하여 제멋대로 표명한 것은 너무나도 자학적이며, 일본국민과 일본의 역사에 대한 중대한 배신행위'라 비난했다.[7] 여기에서 『창생「일본」』은 간 담화에 대한 비판의 전제로 식민지 지배에 관한 문제를 거론했는데, 이는 한일조약에서 이미 해결되었다는 인식에 바탕을 두고 있음은 명백했다.

담화를 발표한 측도 그것에 반대하는 측 역시 그 근거의 공통분모는 한일조약에 있다. 어떤 의미에서 보면 일본정부가 한일 간의 역사인식 문제에 대해 적극적으로 대응하려 하는 자세를 강조할 때에는 무라야마 담화가, 한국 측으로부터의 비판 등을 피하기 위해서는 한일조약이 각각의 근거로써 사용되고 있다고 말할 수 있을 것이다. 애초부터 무라야마 담화가 천황의 전쟁책임 문제를 불문에 붙여온 것 등에 대한 비판은 그다지 눈에 띄지 않지만, 무라야마 담화 역시

---

[6] 創生「日本」, 「『日韓併合百年』における政府の対応に対する声明」, 2010년 8월 5일.
[7] 創生「日本」, 「『日韓併合百年』関する内閣総理大臣談話に対しての声明」, 2010년 8월 10일.

아시아의 피해자들에게 정면에서 다가서려 했다고는 말할 수 없을 것이다.

2) 한국병합 100년 한일 지식인 공동선언

한편, 한일양국의 시민사회와 역사연구자들 사이에서도 이 시기에 여러 움직임이 있었다. 그 가운데 가장 주목되는 것은 한일 간의 역사 학자들이 중심이 되어 활발한 토론을 벌인 끝에 나온 '한국병합 100년 에 즈음한 한일 지식인 공동선언'(이하, 지식인 선언)이다.

지식인 선언은 '「한국병합」에 이른 과정이 불의부당하듯이 「한국병 합조약」도 불의부당하다'고 한국병합조약의 성격을 규정했다. 또한, 기본조약 제2조의 해석을 둘러싼 한일양국의 해석 차이에 관해서는, 일본정부는 '"대등한 입장에서 또 자유의지로 맺어졌다"는 것으로 체 결 시부터 효력을 발생하여 유효했지만, 1948년의 대한민국 성립으로 무효가 되었다고 해석하였다. 이에 대하여 한국정부는 "과거 일본의 침략주의의 소산"이었던 불의부당한 조약은 당초부터 불법 무효이라 고 해석'하고 있음을 상기시켜, 양국 정부사이에 이 조항에 대해 견해 차이가 있음을 확인하고 있다. 나아가 지식인 선언은 '병합의 역사에 관하여 지금까지 밝혀진 사실과 왜곡 없는 인식에 입각하여 뒤돌아보 면 이미 일본 측의 해석을 유지할 수 없게 되었다. 병합조약 등은 원 래 불의부당한 것이었다. 그런 의미에서 당초부터 null and void였다고 하는 한국 측의 해석이 공통된 견해로 받아들여져야 할 것'이라고 기 술하고 있다.

한국사회에서는 지식인 선언이 한국정부의 해석을 인정한 것에 대 해, 한국병합조약이 불법이었다는 것을 일본의 지식인들이 인정한 것 처럼 인식되기 쉽다. 하지만, 기본조약 제2조에 대한 양국의 해석 차이를 확인하는 과정에서 한국정부의 해석에 '불법 무효'가 등장하지만, 병합조약은 '원래 불의 부당한 것'이었기에 '그런 의미에서 당초부터 null and void였다고 하는 한국 측의 해석이 공통된 견해로 받아들여져야 할 것'이라는 대목은 한국병합조약이 당초부터 불법[8]이었다는 인식이 희박한 일본학계의 상황을 역설적으로 반영하고 있는 것은 아닐까? 지식인 선언은 한국병합조약이 불법이었다는 것을 직접적으로 언급하고 있지는 않다. 이는 한국병합조약에 대한 한일 간의 역사학자들 사이에서도 인식의 차이가 있음을 엿볼 수 있는 대목이 아닐까 생각된다. 구체적으로 보면 불법이라는 표현을 사용하지 않고, 불의부당이라는 표현을 사용하고, 기본조약 제2조에 대한 한국정부의 해석을 차용하는 것으로 한일 간의 인식차를 감춰버린 모양새가 되어 버린 것이다. 2010년의 지식인 선언은 지금까지 한국역사학계가 주장해온 '불법부당론'이라기보다는, 어찌 보면 일본역사학계의 일반적인 인식이라 말할 수 있는 '합법부당론'에 가까운 논리로 해석될 여지가 남겨진 것은 아닐까 생각된다.

2. 한일조약체제의 형성과 재일조선인

해방 후 한반도에서는 동서 냉전의 격화 속에서 남과 북으로 분단된 이른바 분단체제가 형성되었다. 이러한 분단체제는 냉전하의 상호 대

---

8) 오해의 소지가 있어 말해두자면, 필자는 한국병합의 합법성 또는 불법성을 문제시하는 것은 아니다. 역사인식은 반드시 일치할 수는 없다. 개개인의 사이에서도 다르며, 하물며 지배/피지배의 관계 속에서의 역사인식의 차이는 보다 심각할 것이다. 단지, 무엇보다 중요하다고 생각하는 것은 역사인식을 형성해 나가는데 있어서 역사적 사실을 있는 그대로 제시하는 것일 것이다. 한국병합과 관련하자면, 그것이 합법인가, 또는 불법인가라는 논의보다는 한국병합에 이르는 과정과 그 과정 속에서 당시의 조선인들에게 행해진 폭력 및 폭력적 장치, 그리고 식민지를 유지하기 위해 반복되어 행해진 폭력 및 폭력적 장치에 중점을 두어 논의하는 것이 식민지 문제를 이해하는 데 보다 유익한 것이 아닐까 생각한다.

립 속에서 동아시아에 새로운 질서가 형성되어 가고 있음을 의미하는
것이었고, 1965년에 체결된 한일조약은 이러한 흐름이 구체화된 것이
라 할 수 있을 것이다. 이는 한국과 일본이 식민국과 피식민국이라는
구질서에서 벗어나 새로운 관계를 설정하기 시작했음을 의미하기도
했다. 한일조약체제란 1965년에 체결된 한일조약에 따라 정치, 경제 분
야를 시작으로 그 밖의 여러 분야에서도 밀접한 관계를 갖게 된 한일
관계를 말하며, 어떤 의미에서는 식민지배와 피식민지배라는 폭력적이
며 획일적인 상호관계와는 또 다른, 보다 복잡하게 얽히고 강화된 측면
도 있을 것이다. 요시자와 후미토시[吉澤文壽]가 '전후한일관계'를 '1945
년 8월 일본의 패전을 기점으로 하여 오늘날에 이르기까지의 식민지지
배 청산이라는 과제에 서로 마주할 수밖에 없는 한일양국의 관계9)'로
정의하고 있듯이, 한일조약에 의해 구축된 체제는 일본의 조선신민지
지배의 역사를 상호간에 만족할 만큼 청산한 체제라고는 할 수 없을
것이다. 이것은 한일양국의 역사인식 문제에서 바람직하지 못한 갈등
과 여러 문제를 일으키고 있는 현 상황으로도 알 수 있을 것이다.

  한일조약체제는 냉전하에서 한일 간의 국교회복 및 일정한 관계성
이 강화되면서도 다른 한편으로는 부[負]의 유산도 재생산되어 가는 불
안정한 체제라 할 수 있다. 한국사회의 민주화와 세계적인 냉전의 붕
괴 후, 한일조약의 문제성을 정면으로부터 제기하려 하는 한국과 그에
마주하려 하지 않는 일본이라는 도식은 한일조약체제의 가장 큰 문제
점이라 할 수 있을 것이다.

  이렇듯 1965년에 형성된 한일조약체제에 대한 인식 및 대응을 조금
거칠게 정리해 보면, 당시 이를 지지한 세력과 반대한 세력으로 나눌
수 있는데, 한일조약을 반대한 세력은 이 체제의 틀 속에서 배제되는

---

9) 吉澤文壽, 『戰後日韓關係－国交正常化交涉をめぐって－』, 図書出版クレイン, 2005,
   17쪽.

존재가 되었다. 적어도 한일조약에 반대한 재일조선인[10]들은 그 배제된 존재 가운데 하나였다. 일본정부는 패전 후부터 재일조선인들을 일본사회에서 배제하려 해 왔고, 한일회담에서도 재일조선인들의 존재가 자국 내에서 '소수민족화'되는 것을 염려해 왔다. 한편 한국정부는 재일조선인 문제에 대해 무관심했고, 더 나아가 재일조선인 문제를 포기하는 듯한 인상마저 보였다. 일본의 조선식민지 지배의 산물이라고도 할 수 있는 재일조선인들은 한일조약체제하에서 한일양국으로부터 흡수, 혹은 배재당하는 존재가 되었다.

3. 한일조약 관련 연구의 현재적 의의

현재 국가 간의 관계로써 한일관계를 규정하고 있는 것은 한일조약이며, 양국 간의 역사인식 문제의 가장 큰 걸림돌 가운데 하나이기도 하다. 한일조약의 문제성에 대해서는 한일회담이 시작된 당초부터 지적되어 왔고, 그 반대운동 역시 활발히 전개되어 왔다. 그러나 한일조약 체결 이후, 그 반대운동은 침정화[沈靜化]되었고 한일조약에 대한

---

[10] 이 글에서 사용하는 '재일조선인'이라는 용어는 일본의 조선식민지 지배에 의해 일본에서 장기간 거주하고 있는 한반도 출신자와 그 자손을 의미한다. 다시 말해, ①식민지시대 혹은, 그 이전 시기라 해도 일본의 정치력이 조선에서 강력한 영향을 행사하던 시기에 한반도에서 강제연행이나 유학, 혹은 돈을 벌기 위한 이유 등으로 일본에 건너 온 사람들, ②해방 후의 혼란 및 6·25전쟁 등의 이유로 밀항, 정치적 망명 혹은 정상적인 루트를 통해 일본에 건너와 장기간에 걸쳐 생활 기반을 일본에 두고 살아온 사람들을 포함한 광의의 개념으로 사용한다. 따라서 고대 도래인 및 1980년대 이후의 일본에 건너 온 이른바 뉴커머 등은 '재일조선인'의 범주에 들어가지 않는다. 본문에서는 '재일한인', '재일한교', '재일교포', '재일동포', '재일한국·조선인', '재일코리언', '자이니치[在日]' 등의 용어도 사용되고 있는데, 이는 원자료에서 직접 인용했을 때에 한정하여 사용하였다. 또한, 재일조선인의 민족단체가 현재 크게 재일본조선인총연합회 및 재일본대한민국민단으로 양분되어 있는 상황을 고려하여 북한을 지지하는 재일조선인들은 총련결성 이전 시기라 해도 총련계 재일조선인으로 통일하여 기술하였고, 한국을 지지하는 재일조선인들은 민단계 재일조선인으로 구분하여 기술하였다.

문제제기 역시 오랫동안 표면화 되지 못했다. 이 문제가 다시금 제기된 것은 한국사회의 민주화와 한일조약체제를 지탱시켜준 세계적인 냉전이 종결되었기 때문이라고 할 수 있다.

한일조약에 대한 문제제기는 한일양국에서 일어났는데, 서동만[11]은 한일조약 체결 이래, 한국정부는 조약의 조문을 자의적으로 해석하려는 '수정해석론'을 전개해 왔다고 정리한다. 또한 한국의 민주화 이후, 전쟁피해자와 학계, 국회에서는 한일조약 폐지론 혹은 개정론마저 전개되어 왔음을 지적하고 있다. 한국에서는 한일조약의 폐지 혹은 개정이 현실적으로 불가능하다면, 양국 간에 미해결 문제를 보완할 수 있는 조치를 취하는 방법도 주장되어 왔다. 한편, 이미 알려진 대로 일본에서는 전후보상운동 등에서 한일조약의 문제성을 지적해 왔다. 정치의 장으로 가보면, 수많은 반발은 있었지만 민주당 정권 당시의 관방장관이었던 센고쿠 요시토(仙谷由人) 씨는 2010년 7월에 열린 일본외국특파원협회와의 기자회견에서 '재한피폭자 문제, 유골수집 및 반환 문제는 상당수 (남아) 있다. 조선총독부 시대에 일본이 가져온 재산을 반환해 달라는 이야기도 있다'고 지적하면서, '법적으로 이것(한일조약)으로 끝났다고 해서 양국관계가 악화된다면, 이를 개선하기 위한 정치적 방침을 만들어 판단해야 할 안건도 있을 것'이라고 발언했다. 이는 한국과의 전후보상 문제가 불충분하였으며, 한일조약의 틀을 넘어서 정치적인 판단으로라도 남겨진 문제에 대한 보상 등을 행하는 것은 가능하다는 생각을 시사한 것으로 평가할 수 있다.[12] 물론 이러한 견해는 소수파에 지나지 않으며, 센고쿠 씨가 정치가가 되기 이전, 변호사로서 전후보상 문제에 관여해 온 경력 등을 생각하면 일본 정치권의 일반적

11) 徐東晩, 「『日韓基本条約』と『日朝国交正常化交渉』の相関関係」, 伊豆見元・張達重編, 『金政日体制の北朝鮮―政治・外交・経済・思想』, 慶応義塾大学出版会, 2004, 121~148쪽.
12) 『朝日新聞』 2010년 7월 7일자.

인 인식이라 할 수는 없지만, 이 발언이 나올 당시까지의 역대 정권 담당자와는 달리 한일회담의 문제성을 인식한 발언이었음은 평가할 가치가 있다.

이렇듯 식민지 지배책임을 명확히 하지 못한 채, 냉전 이데올로기의 대립 구조 속에서 체결된 한일조약은 양국 간의 갈등과 대립의 최대 원인 가운데 하나가 되었다. 해방 후, 가까운 인접국임에도 불구하고 정식 국교가 없었던 비정상적인 관계를 정상화 시킨 한일조약은 그 자체로도 일정한 의의를 갖지만, 한일 간의 역사인식 문제와 관련된 갈등과 대립을 해소해 나가기 위해서는 넘어서야 할 최대의 장애물이기도 하다. 따라서 한일조약과 그 협상과정에 대한 관련 연구는 이러한 장애물을 넘어서기 위해 여전히 현재적인 의의를 갖고 있다고 말할 수 있을 것이다.

제2절 연구사 정리

이 절에서는 재일조선인운동사와 관련된 연구동향과 한일회담 관련 연구동향을 대략적으로 개관한 후, 일본에서의 한일회담 반대운동에 관한 선행연구들을 정리해 보고자 한다.

1. 재일조선인운동사 관련 연구동향

일본에서 재일조선인과 관련한 연구동향은 박경식[13]과 도노무라 마

---

13) 朴慶植, 「解放後時期の在日朝鮮人史研究の現狀と課題」, 在日朝鮮人運動史研究会編, 『在日朝鮮人史研究』第25号, 綠蔭書房, 1995; 「在日朝鮮人史研究の現代的意義」, 在日朝鮮人運動史研究会編, 『在日朝鮮人史研究』第21号, 1991.

사루[外村大][14]가 발표한 적이 있으며, 한국에서의 연구동향은 김인덕[15], 이연식[16], 김광열[17]이 연구사를 정리한 바 있다. 여기에서는 이러한 연구사 정리의 성과를 바탕으로 재일조선인사 연구의 동향을 개관해 두고자 한다.

먼저, 재일조선인들의 역사는 일본사와 한국사라는 양면성을 갖고 있다. 도노무라에 의하면, 전전[戰前] 일본에 거주하고 있던 재일조선인들에 대해서는 동시대적 사회분석의 대상으로서 연구되어 왔지만, 패전 후에는 일본사에서 배제되었다. 1950년대 후반부터 재일조선인들의 손에 의해 일시적으로 연구가 진행되었지만, 곧 정체기에 접어들었고 1970년대 후반부터 재일조선인들에 의해 체계화되어 갔다. 한편, 해방 후의 한국과 북한에서도 역시 재일조선인들의 역사는 배제되어 있었다.[18]

---

14) 外村 大, 「국민도 아닌 민족도 아닌 소수자의 역사―전후 일본의 재일조선인사 연구」, 비판과 연대를 위한 동아시아 역사포럼 기획, 『역사학의 세기―20세기 한국과 일본의 역사학』, 휴머니스트, 2009; 「日本史・朝鮮史研究と在日朝鮮人史: 国史からの排除をめぐって」, 宮嶋博史・金容徳編, 『近代交流史と相互認識Ⅲ―1945年前後』, 慶応義塾大学出版会, 2006; 『在日朝鮮人社会の歴史学的研究―形成・構造・変容』, 緑蔭書房, 2004; 「연구상황: 일본 내 조선인 문제 연구의 발자취」, 한일민족문제학회 편, 『재일조선인 그들은 누구인가』, 선인, 2003; 「朴慶植の在日朝鮮人史研究をめぐって」, 在日朝鮮人研究会編, 『コリアン・マイノリティ研究』 第2号,新幹社, 1999.6; 「近年の在日朝鮮人史研究の動向をめぐって」, 在日朝鮮人運動史研究会編, 『在日朝鮮人史研究』第29号, 緑蔭書房, 1999; 「在日朝鮮人史研究の現状と課題についての一考察」, 在日朝鮮人運動史研究会編, 『在日朝鮮人史研究会』第25号,緑蔭書房, 1995.
15) 金仁徳・坂本悠一訳, 「韓国における在日朝鮮人史研究」, 在日朝鮮人運動史研究会編, 『在日朝鮮人史研究』No.33, 2003.
16) 李淵植, 「解放後 在日朝鮮人'에 대한 國内의 研究成果와 大衆書 叙述」, 한일민족문제학회 편, 『한일민족문제연구』제5호, 2003.12(宋恵媛訳, 「『解放後の在日朝鮮人』についての韓国内の研究成果と一般書の叙述」, 在日朝鮮人運動史研究会編, 『在日朝鮮人史研究』No.34, 2004).
17) 金廣烈, 「韓国社会における在日コリアン像」, 『歴史のなかの「在日」』, 藤原書店, 2005.
18) 外村大, 「日本史・朝鮮史研究と在日朝鮮人史: 国史からの排除をめぐって」, 宮嶋博史・金容徳編, 『近代交流史と相互認識Ⅲ―1945年前後』, 慶応義塾大学出版会, 2006.

전후 일본에서의 재일조선인운동사 연구 역시, 도노무라의 지적대로 재일조선인들의 손에 의해 시작되었으며, 다른 한편으로는 재일조선인 운동을 치안문제로 인식했던 일본 관헌들에 의해 진행되었다. 그들의 연구는 자료적 한계를 보완해 줄 수 있기에 이 역시 주목해야 할 것이다. 재일조선인 측의 연구로는 김두용[19], 임광철[20], 정철[21], 이윤환[22] 등의 연구가 주목되며, 일본 관헌에 의한 연구로는 시노자키 헤이지[篠崎平治][23], 쓰보이 도요키치[坪井豊吉][24], 법무연수소[25] 등의 책자를 들 수 있다.

재일조선인운동사 연구는 1976년 박경식 등에 의해 설립된 재일조선인운동사연구회의 멤버들에 의해 실증적 측면에도, 연구의 체계화에도 상당한 영향을 주었는데, 이러한 연구들 가운데 특히 주목해야 할 것은 박경식[26]의 연구이다. 전후 재일조선인운동사 연구는 박경식에 의해 그 기본틀이 만들어졌으며, 대다수 연구자들이 그 틀 안에서 재일조선인운동사 연구를 진행해 왔다고 말할 수 있다. 박경식이 제시한 재일조선인운동사 연구의 기본틀은 일본제국주의의 억압과 차별에 대항하는 재일조선인상이며, 한반도의 통일된 국민국가의 건설이야 말로 그 억압과 차별에서 해방될 수 있다는 인식에 기초한 것이었다. 1970년대 후반 이후로는, 재일조선인운동사 연구를 주도해 온 박경식 이외에도

---

19) 金斗鎔,『日本に於ける反朝鮮民族運動史』, 郷土出版, 1948.
20) 林光澈,「在日朝鮮人問題」歴史学研究会編,『歴史学研究特集号』, 1953.
21) 鄭哲,『民団－在日韓国人の民族運動』, 洋々社, 1967;『在日韓国人の民族運動』, 洋々社, 1970;『民団今昔－在日韓国人の民主化運動』, 啓衆新社, 1982.
22) 李瑜煥,『在日韓国人60万－民団・朝総連の分裂史と動向』, 洋々社, 1971;『日本の中の三十八度線－民団・朝総連の歴史と現実』, 洋々社, 1980.
23) 篠崎平治,『在日朝鮮人運動』, 令文社, 1955.
24) 坪井豊吉,『在日同胞の動き』, 自由生活社, 1975.
25) 法務研修所,『在日朝鮮人処遇の推移と現状』, 1955.
26) 朴慶植,『解放後 在日朝鮮人運動史』, 三一書房, 1989;『在日朝鮮人運動史－8・15解放前』, 三一書房, 1979.

김광해[27], 한덕수[28], 장정수[29], 양영후[30], 김태기[31], 고바야시 도모코[小林知子][32], 도노무라 마사루[33], 스기하라 도오루[34], 히구치 유이치[35], 정영환[36], 오규양[37], 조경달[38] 등의 연구에 주목할 필요가 있다.

특히 도노무라의 일련의 연구는 박경식의 기존연구에 대한 비판적 성격을 띠고 있다. 도노무라는 박경식의 연구가 '일본제국주의의 억압과 그것에 대한 조선인의 대항'이라는 이항대립적인 구도로 이해하기 때문에, '역사상이 어느 의미에서는 단순'하고, '국민국가 그 자체에 대한 비판으로 향하고 있지 않다'고 비판한다. 그리고 '폭넓게 재일조선인의 동향을 시야에 넣고 그 당시의 상황에 의거하여 의식과 행동을 이해'할 필요성이 있다고 지적한다.[39] 도노무라의 저작은 박경식의 연구를 비판적으로 계승하면서도, '정치사', '경제사', '운동사'가 아닌, '민중레벨의 사람들의 관계와 의식, 행동 그 자체를 대상으로 하는 사회사를 중심으로 재일조선인사를 재구성하는 것을 목표로 삼고 있'는 것이다. 도노무라의 저작은 주로 해방 이전의 재일조선인 사회를 이해하기 위해서는 상당히 중요한 연구이며, 실증적 측면에서나 연구사적 의미

---

27) 金慶海, 『在日朝鮮人民族教育の原点』, 田畑書店, 1979.
28) 韓德洙, 『主体的海外同胞運動の思想と実践』, 未来社, 1986.
29) 張錠壽, 『在日六〇年・自立と抵抗』, 社会評論社, 1989.
30) 梁永厚, 『戦後・大阪の朝鮮人運動1945-1965』, 未来社, 1994.
31) 金太基, 『戦後日本政治と在日朝鮮人問題』, 緑陰書房, 1997.
32) 小林知子, 「8・15直後における在日朝鮮人と新朝鮮建設の課題－在日朝鮮人連盟の活動を中心に－」, 在日朝鮮人運動史研究会編, 『在日朝鮮人史研究』No.21, 1991; 「戦後における在日朝鮮人と, 『祖国』, －朝鮮戦争期を中心に－」, 朝鮮史研究会編, 『朝鮮史研究会論集』No.34, 1996.
33) 外村大, 『在日朝鮮人社会の歴史学的研究－形成・構造・変容－』, 緑蔭書房, 2004.
34) 杉原達, 『越境する民－近代大阪の朝鮮人史研究』, 新幹社, 1998.
35) 樋口雄一, 『日本の朝鮮・韓国人』, 同成社, 2002.
36) 鄭栄桓, 『朝鮮独立への隘路 在日朝鮮人の解放五年史』, 法政大学出版局, 2013.
37) 呉圭祥, 『ドキュメント在日本朝鮮人連盟』, 岩波書店, 2009.
38) 趙景達, 『植民地期朝鮮の知識人と民衆』, 有志舎, 2008.
39) 外村大, 「朴慶植の在日朝鮮人史研究をめぐって」, 在日朝鮮人史研究会, 『コリアン・マイノリティ研究』第2号, 1999.

에서도 상당히 평가받아야 할 노작이라 할 수 있다.

하지만, 도노무라와는 조금 다른 방법으로 박경식의 연구를 비판적으로 계승하려는 움직임도 있다. 그것은 조경달의 연구에서 찾아 볼 수 있다.

> 박경식의 역사학은 민중운동(인민투쟁)의 결과, 국민국가가 탄생한다는 신화 속에서 성립한다. 거기에는 일상적인 민중의 심성[心性] 속에 국민국가의 원리와는 차원을 달리하는 유토피아 사상이 자리 잡고 있는 것이 시야에 들어가 있지 않다. 생활사를 시야에 넣은 운동사야말로 국민국가를 상대화하면서 현실을, 국가를 보다 이상에 다가서게 하려는 역사의식에 의해 담보되어 있다. 박경식이 개척한 운동사 연구를 진정한 민중사적인 것으로 만드는 작업이 남아 있으며, 운동사 연구 일반이 부정되어 좋은 것만은 아니다.[40]

'생활사를 시야에 넣은 운동사'를 제창하는 조경달은 도노무라의 연구를 평가하면서도, 도노무라의 연구는 '재일조선인의 생활사에 대한 관심이 너무 강하여, 결과적으로 재일조선인 민중 속에 일상적으로 존재하는 일본에 대한 숨겨진 적의와 저항의식, 나아가 해방을 원하는 원망[願望] 등에 대해서는 비교적 관심이 적'다는 것을 지적한다. 게다가 '지배와 저항이라는 이항대립적인 인식틀 대신, 지배와 생활이라는 이항병립적인 인식틀이 새롭게 탄생한 것처럼 보인다'고 비판한다. 필자 또한 조경달의 이러한 지적에 공감하는 입장이다. 이는 해방 이전과 이후, 그리고 오늘날에 이르기까지 재일조선인에 대한 거의 모든 분야를 논할 때에, 그들의 운동에 대한 이해 없이 얼마나 정확히 재일조선인의 역사를 이해할 수 있을지에 대한 의문을 갖고 있기 때문이다. 즉, 재일조선인들은 해방 이전부터 해방 이후의 오늘날에 이르기까지 일

---

40) 趙景達, 『植民地期朝鮮の知識人と民衆』, 有志舍, 2008, 234쪽.

본국가 혹은 일본사회의 끊임없는 차별과 억압, 배제 속에서 자신들의 생활을 지켜내기 위해 저항해 왔으며, 이에 대한 이해는 재일조선인을 이해하기 위한 전제가 되기 때문이다. 이는 단순히 한국 내 민족주의 혹은 냉전 이데올로기적 잣대로만은 재단할 수 없으며, 그러한 평가는 또다른 폭력으로 기능할 것이다. 근래 재일조선인 관련 연구는 상당부분 늘어나고 있지만, 운동사적 관심은 서서히 줄어들고 있는 듯하다.

한편 한국에서 대[對]일본문제는 다방면에 걸쳐 중요하다는 견해에 다른 의견을 제시하는 이는 없을 것이다. 한국과 일본은 역사적으로나 사회경제면에 있어서도 떼려야 뗄 수 없는 관계에 있다. 그만큼 한국 내 일본 관련 연구자도 상당수 존재하며, 일본에 관한 연구 역시 상당부분 축적되어 왔다. 그러나 그 가운데 재일조선인 문제를 전문영역으로 하는 연구자는 소수에 지나지 않으며, 관련연구의 축적 역시 그리 많다고는 할 수 없다. 그 이유는 오랜 독재정권하에서 형성된 재일조선인에 대한 한국 내의 편견, 즉 재일조선인은 빨갱이라든가 반쪽발이라는 등의 인식이 반공 이데올로기와 반일주의로 지탱되어 온 독재정권하에서는 연구상의 제약으로 이어졌음을 지적할 수 있을 것이다. 그러나 1980년대 후반 한국의 민주화로 한국 내 재일조선인 문제에 대한 연구상의 제약은 일정 부분 자유로워졌으며, 1990년대 이후부터는 한국 내에서도 재일조선인운동사를 전공한 김인덕[41], 정혜경[42] 등의 박사학위논문이 발표되었다. 또한 이 시기에는, 일본에서 유학생활을 마치고 귀국한 연구자들 역시 활발한 활동을 시작하는 시기이기도 했다. 2000년 6월에 창립된 한일민족문제학회가 한국 내 재일조선인 관련 연구를 주도해 오면서 관련 연구가 활발히 진행되어 왔다고 평가할 수 있을 것이다.

---

[41] 김인덕, 『식민지시대 재일조선인운동연구』, 국학자료원, 1996.
[42] 정혜경, 『일제시대 재일조선인 민족운동연구』, 국학자료원, 2001.

2. 한일회담 관련 연구 동향

한일회담 관련 연구는 2005년 한국정부의 한일회담 관련문서의 공개로 인해 그 연구는 비약적으로 늘어났다. 한국에서는 '태평양전쟁피해자보상추진협의회'를 중심으로 한 시민그룹이 한일회담 문서공개 소송을 일으켜 한국정부의 전면공개라는 성과를 냈다. 이것에 영향을 받은 일본의 역사학자 및 시민들은 '일한회담문서 전면공개를 요구하는 모임[日韓会談文書・全面公開を求める会]'을 조직하고, 일본정부를 상대로 관련 문서의 공개를 요구하는 소송을 일으켰다. 그 결과 한일양국에서는 지금까지 약 10만 장에 이르는 관련 문서의 공개가 이루어 졌다. 하지만, 관련문서의 공개에서 독도, 청구권, 문화재 관련 문서는 부분개시 혹은 불개시된 곳도 많으며[43], 한국 측 공개문서에는 외무부 이외의 관련 부서에서 작성된 문서들이 거의 포함되어 있지 않다.

한일양국의 관련문서 공개를 계기로 특히 한국에서는 많은 연구논문이 발표되어 왔는데, 국민대학교 일본학연구소가 한일회담 관련 연구를 주도해 왔다고 말할 수 있을 것이다. 여기에서는 한일회담 관련 문서공개 이전과 이후로 나눠 관련 연구 동향을 살펴보고자 한다.[44]

한일회담 관련 문서의 공개 이전의 연구로는 먼저, 전체적인 과정을

---

43) 吉澤文寿,「2005年に韓国で公開された日韓会談関連外交文書」, 近現代東北アジア地域史研究会編,『近現代東北アジア地域史研究会 News Letter』第18号, 2006;「韓国政府による日韓会談文書全面公開と日本の課題」,『インパクシ ョン』No.149, インパクト出版会, 2005 및「日韓会談文書・全面公開を求める会」홈페이지(http://www.f8.wx301.smilestart.ne.jp/) 참조.

44) 吉澤文寿,「研究動向日韓会談研究の現状と課題」, 歴史学研究会編,『歴史学研究』No.813, 2006.4;「公開された日韓会談関連外交文書について」, 日本の戦争責任資料センター,『戦争責任研究』No.49, 2005; 中村英樹,「解説－判例・答申判例2: 国交正常化を目的とする日韓会談に関する行政文書」, (財)行政管理研究センター,『季報 情報公開・個人情報保護』Vol.37, 2010.6; 張界満,「判決報告『日韓会談文書公開請求訴訟』」, 宇都宮軍縮研究室編,『軍縮問題資料』No.358, 2010.10.

교섭사의 관점에서 본 연구로 야마모토 다케시[山本剛士]45), 요시자와 세이지로[吉澤清次郎]46), 성황룡47), 다카사키 소지[高崎宗司]48) 등의 연구를 들 수 있다. 또한 한국 및 일본 국내의 정치과정을 다룬 연구로는 이재오49), 이원덕50) 등의 연구가, 미국의 역할에 주목한 연구로는 이종원51) 등의 연구가 있다. 여기에 한일회담과 관련한 특수한 국면에 촛점을 맞춘 연구로 야마모토 다케시52), 다카사키 소지53), 기무라 마사토[木村昌人]54), 오타 오사무[太田修]55), 요시자와 후미토시56) 등의 연구를 확인할 수 있다.

앞서 말했듯이 한일회담 관련문서의 공개는 1차 자료를 충분히 활용한 연구를 다수 등장시키게 되었다. 2005년 이후의 연구로 주목되는 것은 국민대학교 일본학연구소에서 발행하는『일본공간』을 중심으로 발표되어 왔는데, 이들 연구를 엮은 국민대학교 일본학연구소 편『외교문서 공개와 한일회담의 재조명1─한일회담과 국제사회』및『외교문서 공개와 한일회담의 재조명2─의제로 본 한일회담』(도서출판 선인, 2010) 이 있다. 또한 일본에서는 이종원·기미야 다다시[木宮正史]·아

45) 山本剛士, 「第3章日韓国交正常化」, 『戦後日本外交史2: 動きだした日本外交』, 三省堂, 1983.
46) 吉澤清次郎, 「第1章日韓関係」, 『日本外交史28』, 鹿児島平和研究所, 1973.
47) 성황룡, 『일본의 대한정책 1800-1965』, 명지사, 1973.
48) 高崎宗司, 『検証日韓会談』 岩波書店, 1996.
49) 이재오, 『한일관계사의 인식─한일회담과 그 반대운동』, 학민사, 1985.
50) 이원덕, 『한일과거사처리의 원점─일본의 전후처리 외교와 한일회담』, 서울대학교 출판부, 1996.
51) 李鐘元, 「韓日会談とアメリカ『不介入政策』の成立を中心に」, 日本国際政治学会編, 『国際政治』第105号, 1994.1.
52) 山本剛士, 「日韓関係と矢次一夫」, 日本国際政治学会編, 『国際政治』第75号, 1983.10.
53) 高崎宗司, 「日韓会談の経過と植民地化責任」歴史学研究会編, 『歴史学研究』, 1985.9.
54) 木村昌人, 「日本の対韓民間経済外交─国交正常化をめぐる関西財界の動き」, 日本国際政治学会編, 『国際政治』第92号, 1988.
55) 太田修, 『日韓交渉─請求権問題の研究─』, 図書出版クレイン, 2003.
56) 吉澤文寿, 『戦後日韓関係──国交正常化交渉をめぐって──』, 図書出版クレイン, 2005.

사노 도요미[浅野豊美] 편『역사로서의 일한국교정상화 I - 동아시아 냉전편』및『역사로서의 일한국교정상화 II - 탈식민지화편』(法政大学 出版局, 2011)이 다양한 각도에서 한일회담을 바라보고 있다. 이 외에도 이케다 정권의 외교정책을 중심으로 논한 김두승[57], 한일회담에서 식민지지배 책임문제가 청산될 수 없었던 이유에 착목한 장박진[58], 이승만 정권기의 대일정책을 중심으로 논한 박진희[59]의 연구가 있다.

3. 한일회담 반대운동에 관한 선행연구

마지막으로 이 글의 주제와 직접적으로 관련되는 한일회담 반대운동에 관한 선행연구를 살펴보고자 한다. 먼저, 한국 내의 반대운동에 관한 선행연구를 간단히 소개한 후, 일본에서의 한일회담 반대운동과 관한 선행연구를 살펴보겠다.

한국에서의 한일회담 반대운동에 관한 연구는 대부분 한국의 민족운동과 민주화운동의 흐름 속에서 이루어지고 있다. 주로 이재오[60], 오타 오사무[61], 요시자와 후미토시[62]의 연구를 주목할 필요가 있다. 이재오는 1964년부터 65년을 중심으로 반외세 반독재운동으로 한일회담 반대운동을 정당화시켜, 그 전개과정을 분석하였으며, 오타는 한국 내

---

57) 金斗昇,『池田勇人政権の対外政策と日韓交渉』, 明石書店, 2008.
58) 장박진,『식민지 관계 청산은 왜 이루어질 수 없었는가』, 논형, 2009.
59) 박진희,『한일회담 제1공화국의 對日정책과 한일회담 전개과정』, 선인, 2008.
60) 이재오, 앞의 책, 1984;「한·일회담반대 학생운동」,『해방후 한국학생운동사』, 形成社, 1984;「1960년대 한국학생운동사 시론 - 한일회담반대 학생운동을 중심으로」,『民族·統一·解放의 論理』, 형성사, 1984.
61) 太田修,『한국에서의『한일조약』반대투쟁의 논리에 관한 연구(1964~65)』, 고려대학교 대학원 석사학위청구논문, 1993.
62) 吉澤文寿,「韓国における日韓会談反対運動──一九六四~一九六五年を中心に」,『戦後日韓関係──国交正常化交渉をめぐって』, 図書出版クレイン, 2005(초출,「한국에서의 한일회담반대운동의 전개 - 1964~65년을 중심으로」,『중한인문과학연구』제6집, 2001.6.

26 일본에서의 한일회담 반대운동 : 재일조선인운동을 중심으로

의 반대운동을 '반제반일투쟁의 측면'과 '박정희 정권에 대한 전면적인 부정의 관점'이라는 두 가지 측면이 있음을 지적하면서, 그 두 가지 측면 가운데 특히 '반일투쟁'의 논리에 주목하여 한국 내의 반대운동을 고찰하고 있다. 요시자와는 한국 내 한일회담 반대세력의 주체와 반대 논리에 대한 분석을 통해, 그들의 운동이 한일회담에 미친 영향을 검토했다.

한편, 일본에서의 한일회담 반대운동에 관한 논고로는 하타다 시게오 [畑田重夫][63]의 연구가 선구적이라 할 수 있다. 가장 이른 시기부터 한일회담 반대운동에 주목한 하타다는 일본 국내의 혁신세력과 일조[日朝]우호단체 등의 반대운동을 중심으로 1962년부터 1965년의 비준반대운동까지 면밀히 검토하고 있다. 하타다는 일본인의 한일회담 반대운동에는 식민지 지배에 대한 반성이 결여되어 있으며, 식민지 지배에 대한 반성이 있다 해도 상당히 희박했음을 지적하고 있다. 다카사키 소지[64]의 연구는 일본 국내의 반대운동과 관련하여 일본공산당, 일본사회당, 일본노동조합총평의회[日本労働組合総評議会(이하, 총평)], 조선사연구자 및 역사연구자의 활동 등에 관해 다루고 있지만, 기본적으로는 한일회담의 교섭사적 성격을 갖기 때문에 일본국회내의 반대논의를 중심으로 간단히 기술하고 있을 뿐이다. 이원덕[65]의 연구는 일본의 정책논의의 구도를 조기타결론과 신중론, 반대론으로 나눠 설명하고 있으며, 반대론에서는 일본공산당, 일본사회당 등의 이른바 혁신세력의 논리를 고찰하고 있다. 하지만, 다카사키와 같이 문제의 관심이 한일회담 반대운

63) 畑田重夫,「日韓会談反対闘争の発展とその歴史的役割」, 旗田 巍 他, アジア・アフリカ講座,『日本と朝鮮』, 勁草書房, 1965.3;「日韓会談反対運動の歴史的意義と役割」,『朝鮮研究月報』No.25, 1965.8.
64) 高崎宗司,『検証日韓会談』, 岩波書店, 1996.
65) 이원덕,『한일과거사 처리의 원점－일본의 전후처리 외교와 한일회담』, 서울대학교 출판부, 1996.

동에 있는 것은 아니며, 일본의 전후처리외교로써의 한일회담에 주된 관심을 갖고 있기 때문에 교섭사적 성격이 강하다 할 수 있다.

　재일조선인의 대응을 처음 시야에 넣은 연구는 요시자와 후미토시[66]의 연구일 것이다. 요시자와는 일본에서의 반대운동을 제1고조기(1962년 후반에서 1963년 초)와 제2고조기(조약조인 후)로 나눠 설명하면서, 일본 내 반대운동의 전개과정과 각 단체의 반대논리를 고찰했다. 여기에서 처음으로 재일본조선인총연합회[在日本朝鮮人總聯合會(이하, 총련)]계 재일조선인들의 반대논리를 고찰하고 있다. 하지만, 연구 대상시기가 1960년대로 한정되어 있고, 재일본대한민국민단[在日本大韓民國民團(이하, 민단)]계 재일조선인의 대응은 고찰하고 있지 않기 때문에 재일조선인 사회 전반의 대응을 파악하기에는 한계가 있다. 도노무라 마사루[67]는 해방 후의 재일조선인의 법적지위 및 처우 문제를 개관하고, 한일회담에서의 재일조선인의 법적지위 및 처우 문제에 대한 재일조선인의 대응 등을 중심으로 고찰하고 있지만, 요시자와의 논고와 겹치는 부분이 많다. 이타가키 류타[板垣竜太][68]는 일본조선연구소, 특히 데라오 고로[寺尾五郎]를 중심으로 식민지지배 책임론의 맥락에서 주로 일본인의 한일회담 반대운동의 문제점을 고찰하고 있다. 박정진[69]은 한일국교정상화 과정을 역으로 전후 북일관계의 형성사로

66) 吉澤文寿, 「日本における日韓会談反対運動──九六〇年代を中心に」, 『戦後日韓関係─国交正常化交渉をめぐって─』, 図書出版クレイン, 2005(초출, 「日本에서의 韓·日条約 反対運動─1960년대를 중심으로」, 한일민족문제학회 편, 『한일민족문제연구』 제3집, 2003).
67) 外村大, 「한일회담과 재일조선인─법적지위와 처우문제를 중심으로」, 역사문제연구소 편, 『역사문제연구』 No.14, 2005, 105~134쪽.
68) 板垣竜太, 「日韓会談反対運動と植民地支配責任論─日本朝鮮研究所の植民地主義論を中心に」, 『思想』 No.1029, 岩波書店, 2010.1.
69) 朴正鎮, 『日朝冷戦構造の誕生─1945~1965 封印された外交史』, 講談社, 2012(『冷戦期日朝関係の形成(1945~65年)』, 東京大学大学院総合文化研究科博士学位請求論文, 2009.7); 「북한과 일본혁신운동─일본 한일회담반대운동의 발생(1960~1962년)」한림대학교일본학연구소 편, 『翰林日本學』 Vol.17, 2010.12, 141~159쪽.

파악하면서 재일조선인의 귀국운동, 일조우호운동 및 북한과 총련의 관계에 주목하면서 총련의 한일회담 반대운동을 고찰하고 있지만, 여기에서도 민단계 재일조선인 운동에 관해서는 논하고 있지 않기 때문에 운동의 전체상을 보기 어렵다. 이 밖에도 재일조선인의 민족단체와 관련된 단체사[70] 및 재일조선인통사[71] 등에서도 한일회담에 대한 재일조선인의 대응은 단편적으로 언급되고 있는 정도이다.

제3절 이 연구의 목적

이 연구의 문제의식은 다음 두 가지에서 출발한다. 먼저, 일본에서의 한일회담 반대운동에 관한 선행연구를 살펴봤을 때, 일본인에 의한 한일회담 반대운동, 혹은 총련계 재일조선인에 의한 한일회담 반대운동이 단편적으로 검토되어 왔음은 확인할 수 있었다. 그러나 일본에서의 한일회담 반대운동이 총체적으로 검토되어 왔는가에 대한 의문이 남는다. 또한 선행연구에서는 재일조선인(민단계와 총련계를 포함한)들의 다양한 대응양상이 선명히 설명되고 있지는 않다. 다시 말해 일본인과 재일조선인의 운동이 개별적으로 논의 되어 왔기 때문에, 일본에서의 한일회담 반대운동에 대한 전체상이 명확하지 않다는 것이다. 다음 두 번째는, 운동사적 시각이 빠진 채 재일조선인들의 역사를 논하는 것이 과연 얼마나 유효할 것인가에 대한 의문이다. 재일조선인 문학 및 재일조선인의 아이덴티티 등 여러 영역에서도 운동사는 그 근간에

---

[70] 在日本大韓民国居留民団,『民団20年史』(1967);『民団30年史』(1977);『民団40年史』(1987);『民団50年史』(1997);『ドキュメンタリー韓国民団(DVD)』(2008); 재일본조선인총련합회중앙상임위원회,『総聯』, 朝鮮新報社, 2005.

[71] 朴慶植,『解放後 在日朝鮮人運動史』, 三一書房, 1989; 梁永厚,『戦後・大阪の朝鮮人運動1945-1965』, 未来社, 1994.

있어야 한다. 왜냐하면, 적어도 해방 후 재일조선인들의 생활은 일본국가 혹은 일본사회의 억압과 차별에 대항하는 운동과 밀착되어 있기 때문이다.

이러한 문제의식에서 이 글의 목적은, 첫 번째로 한일회담의 내용(예를 들면 법적지위협정의 조문 분석 등)을 주요 대상으로 삼는 것이 아니라, 당사자로서의 재일조선인들의 한일회담 인식 및 그들의 운동을 역사화하는 것이다. 두 번째로는 재일조선인운동을 중심축으로 하면서 일본에서 전개된 한일회담 반대운동의 전체상을 그려가는 것이다. 한일회담에서는 적어도 일본의 조선식민지 지배에 대한 과거청산이 커다란 과제로 인식되어 있었으며, 한일회담 최대의 난관이었던 청구권 문제 역시 식민지지배 청산과 직결되는 문제였다. 당시 한일 양국 내에서 전개된 반대운동은 여러 입장과 이유로 전개되었지만, 문제의 핵심은 역시 과거청산에 있었음은 부정할 수 없다. 한일회담 반대운동에서 그 당사자적 위치에 있었으며, 그것을 비판했던 재일조선인이었음을 상기할 필요가 있기 때문이다.

세 번째로는 재일조선인 문제가 한일회담에서 어떻게 다뤄졌는지, 그리고 그 논의의 변화와 운동의 변천에 주목하는 것이다. 이 연구의 검토기간은 한일회담의 개시부터 한일조약의 체결에 이르는 14년간이다. 재일조선인운동에 있어 한일회담 반대운동의 논의가 한반도의 국제정치 정세의 변화에 따라 변화해 가는 과정을 살펴보는 것으로 이 운동의 성격을 밝히고자 한다.

네 번째로는 공개된 한일회담 관련문서의 검토를 통해 한국정부의 재일조선인에 대한 인식 및 변화를 밝히고자 한다. 재일조선인은 스스로 자기들이 처한 입장을 '기민[棄民]'이라 말한다. 한일회담에서 한국정부의 재일조선인 문제에 대한 논의의 변화는 재일조선인에게는 서서히 '기민'이 가시화되어가는 과정이었으며, 또한 그것을 서서히 자각해 가는 과정이었다고도 말할 수 있을 것이다.

　이상의 목적을 달성하기 위해 이 연구에서는 먼저, 재일조선인 민족
단체의 기관지 및 간행물을 적극적으로 활용하고자 한다. 예를 들면
총련중앙위원회의 조선문제자료시리즈는 총련계 재일조선인의 한일회
담에 대한 인식과 반대논리를 알기 위한 중요한 자료이다. 그리고 민
단 기관지인『한국신문[韓国新聞]』(현,『민단신문[民団新聞]』)은 축쇄
판(1964년~69년)으로도 출판되어 있으며, 총련 기관지로는『조선신보』
도 있다. 재일본한국청년동맹의 간행물, 재일본한국학생동맹의 학습자
료 및 각 대학 조선문화연구회와 한국문화연구회의 간행물도 1차자료
로서의 활용 가치가 높고, 당시의 재일조선인 청년학생들의 논리와 주
장을 살펴 볼 수 있는 자료이다. 여기에 각종 자료집 역시 적극적으로
활용할 것이다. 박경식의『조선문제자료총서[朝鮮問題資料叢書]』,『재
일조선인관계자료집성〈전후편〉[在日朝鮮人関係資料集成〈戦後編〉]』은
1950년대 재일조선인 관련 각종 자료가 수록되어 있으며, 이 시기의 운
동양상을 파악하는 데도 중요한 자료이다. 거기에 재일조선인 관련 신
문, 잡지, 연감 등도 활용할 것이다. 대표적인 것으로는『통일조선신
문72) [統一朝鮮新聞]』(현,『통일일보[統一日報]』),『통일조선연감[統一
朝鮮年鑑]』등이 있다. 이러한 자료들을 통해 각 운동의 전개상과 전개
이유 등을 간접적으로나마 확인할 수 있을 것이다. 또한 일본인의 한
일회담 반대운동과 관련해서는 일조협회[日朝協会] 등의 일조우호단체
의 간행물을 사용할 것이다. 일조협회의 기관지『일본과 조선[日本と
朝鮮]』및 각종 소책자는 일조우호운동과 한일회담의 관계성을 생각하
는데 중요한 자료이다. 또한 일본사회당 및 일본공산당 등 각 정당이

---

72) 통일조선신문은 1955년에 일본에서 결성된 조국평화통일촉진협의회(이하, 통협)의
　　일부 멤버와 진보당 사건에의 연좌[連座]를 피해 한국에서 일본으로 망명해 온 활
　　동가들이 1959년 1월 1일에 창간한 신문이다(李順愛,『二世の起源と「戦後思想」ー
　　在日・女性・民族ー』, 平凡社, 2000, 111쪽).

발행한 간행물과 국회의사록 역시 적극적으로 활용할 것이며, 이것들을 통해 일본인의 반대운동과 그 논리, 그리고 재일조선인의 움직임 역시 파악 가능하다. 마지막으로는 일본관헌 자료가 있다. 내각관방내각자료실[內閣官房內閣調査室] 및 공안조사청[公安調査庁]의 간행물은 이 시기 재일조선인의 움직임을 파악하는데 있어 유익하다. 이는 재일조선인 운동과 관련한 1차 자료들이 체계적으로 보존되어 있지 않기 때문에 이를 보완하기 위한 수단이지만, 일본의 관헌자료는 재일조선인 문제를 치안상의 문제로 인식하고 있기 때문에 많은 편견이 들어 있다는 점에 주의를 기울여야 할 것이다. 2005년 이후 한일양국정부에서 공개한 한일회담 관련 자료도 일부 출판되어 있다. 한국에서는 해제집이, 일본에서는 한국정부 공개문서 및 일본정부 공개 문서가 자료집으로 출판되고 있다.

제4절 이 연구의 구성

먼저, 제1장에서는 재일조선인에게 조국의 해방이란 것이 단지 환희[歡喜]라는 단어만으로 표현할 수 없는 더 복잡하고 길항적이었으며, 구체적으로는 자신들의 생활과 생명에 관련한 공포감마저 있었다는 점을 확인하고, 이러한 상황에서 재일조선인 민족단체가 결성되어 갔지만, 다시 분열되기도 했던 과정을 검토할 것이다. 해방 후 일본 전국 각지에서 우후죽순처럼 생겨난 재일조선인 민족단체는 통합과 분열의 과정을 거쳐, 현재의 재일본대한민국민단과 재일본조선인총연합회의 2대민족 단체로 나눠져 간다. 그 과정을 고찰하는 것은 한일회담 개시 이후의 양 단체의 대응의 차이를 이해하기 위한 밑거름이 될 것이다.

또한 여기에서는 한일회담이 시작된 1950년대 민단계 및 총련계 재일조선인의 서로 다른 대응을 검토할 것이다. 특히 총련계 재일조선인의 한일회담에 대한 대응양상은 1955년 총련의 결성을 분기점으로 커다란 변화가 보였던 것에 주목해야 할 것이다.

제2장에서는 1960년대의 민단계 재일조선인의 대응을 한일조약의 체결전후의 시기까지를 대상으로 검토할 것이다. 1960년대에 들어서 한일회담을 둘러싼 민단운동이 다양화되어 가는 양상을 재일동포법적지위대책위원회 및 재일한국청년학생운동을 통해 살펴보고자 한다.

제3장에서는 한일조약의 체결 전후 시기까지를 대상으로 한일회담의 진행상황 및 한국 내의 반대운동과 보조를 맞춰 변화해가는 총련계 재일조선인 운동의 전개과정을 살펴 볼 것이다.

제4장에서는 한일회담에 대한 일본인의 반대운동을 확인하는 것으로 일본에서의 한일회담 반대운동의 전체상을 명확히 하고, 그 반대논리를 확인하고자 한다. 이를 위해 일본인의 한일회담 반대운동에서 중요한 역할을 한 일조협회의 활동을 중심으로, 그리고 당시 일본 내 소위 혁신세력으로 말해져 온 일본사회당, 일본공산당, 총평 등의 반대운동에 주목하며, 비준국회에서의 반대론도 검토하고자 한다.

제5장에서는 공개된 한일회담관련문서를 활용하여 한국정부의 재일조선인 문제에 대한 인식의 변화에 주목하여 한일회담 14년이 재일조선인들에게 어떠한 의미를 갖는지에 대해서 살펴보고자 한다.

그리고 마지막 종장에서는 각 장에서의 검토를 바탕으로 일본에서의 한일회담 반대운동의 특징을 정리하고, 이러한 운동의 한계 및 의의에 대해 생각해 봄으로써 일본에서의 한일회담 반대운동의 전체상을 총괄하고자 한다.

1950년대 재일조선인운동과 한일회담

한일회담 예비회담이 개시된 1951년은 세계적으로는 냉전이 격화되고, 한반도에서는 남북이 첨예하게 대립하여 6·25전쟁이 발발한 다음 해였다. 남북이 전쟁 중이라는 특수한 상황임에도 불구하고 한일회담이 시작된 이유는 한미일 3국의 서로 다른 생각이 존재했기 때문이었다. 샌프란시스코 강화조약(이하, 강화조약)에 정식 조인국으로 참가할 수 없게 된 한국 측은 GHQ점령하에 있던 일본정부와 교섭하는 것이 보다 유리할 것이라는 인식이 있었고, 일본정부는 강화조약 체결 전에 재일조선인 문제를 해결하려는 의도가 있었다. 게다가 미국정부는 대[對]공산권 봉쇄정책의 일환으로서 동아시아에서의 한미일 동맹체제를 확고히 구축할 필요가 있었다. 미국을 중심으로 한 동맹체제 구축에 관한 한미일 3국의 위정자[爲政者]들은 그 필요성에 대해 공통된 인식을 공유하고 있었다. 그러나 한일 양국관계에서는 일본의 조선식민지 지배에 대한 역사인식 문제가 커다란 장벽이 되었고, 1950년대의 한일회담은 갈등과 대립이 반복되면서 고착 상태에 빠지게 되었다.

그런데, 1960년대 초 한국 내 군사정권의 등장과 함께 한일회담은 급속히 진전되었다. 한일회담 반대운동이 한일 양국 내에서 활발히 전개되게 된 것은 바로 이 시기부터이며, 관련 연구도 대부분 1960년대 이후를 대상으로 하고 있다.

여기에서는 1960년대 한일회담에 대한 반대운동이 고조되기 전인 1950년대에 주목하고 있으며, 그 중에서도 특히 한일회담 반대운동이 가장 활발히 전개되었던 1950년대 전반기를 중심으로 살펴보고자 한다.

제1절 해방과 재일조선인 사회

본론에 들어가기에 앞서 우선 한일회담에 대한 재일조선인의 다양한 대응양상을 이해하기 위한 기초 작업의 일환으로 해방 후 일본에서 결성된 재일조선인 민족단체의 결성과 그 변천 과정에 대해서 검토해 두고자 한다.

1. 일본의 패전과 조국의 해방 : '환희'와 '공포'의 시공간

1945년 일본의 패전은 식민지 조선에 해방을 가져왔다. 당시 한반도에 거주하고 있던 사람들 대부분은 앞으로의 생활에 대한 불안감은 있었을지언정, 해방 그 자체는 일반적으로 환희[歡喜]에 찬 것이었다고 할 수 있을 것이다. 하지만, 일본열도에 거주하며 가혹한 식민지 지배하에서 하루하루 자신들의 생활을 지키기 위해, 혹은 살아남기 위해 필사적이었던 재일조선인들에게 해방은 환희와 공포가 교차하는 시공간[時空間]이었으며, 해방을 맞이하는 심정 또한 복합적이고 다양한 것이었다.

군마현청[群馬県庁]에서 나가노[長野]로 기차를 타고 돌아오는 도중에 기차가 멈췄다. '뭐지?'라고 생각했다. 가까운 라디오에서 옥음[玉音] 방송을 하고 있었다. 모두가 '졌다! 졌어!'하면서 엉엉 울어댔다. 뭐에 졌다는 건지 모르겠다. 정확히 12시였을 것이다.

나가노에 돌아오자 한바[飯場](노무자 합숙소)]의 감독이,

'이와모토 군[岩本君](김태환의 일본 이름), 이리 와 봐!'

라고 말했다. 그래서 가 보니,

'일본이 졌어! 어쩔 수 없어. 결국 졌다. 일본이 졌다!'

'뭐에 졌죠? 전쟁하고 있었나요?'

라고 내가 말했다.

폭탄 떨어지는 거야 알고 있었지만, 전쟁하고 있던 거, 난 모른다. 어떻게 된 일인지 전혀 모른다. 굴속에만 들어가 있었기 때문에 전쟁하고 있었는지, 그건 모르지. 당시는 일해야지. 일은 매일 있으니까, 모르는 일이지.[1]

나가노현[長野県]에서 해방을 맞이한 김태환의 위와 같은 증언은 일본이 전쟁하에 있었던 것에 대한 무관심을 엿볼 수 있다. 전쟁을 하든 말든, 자신의 생활을 지키기 위해 매일같이 가혹한 노동을 견뎌 온 김태환에게 어쩌면 해방은 별다른 의미가 없었을 지도 모른다.

또한 해방은 생명의 위기를 느끼게 하는 공포로도 나타났다. 일본에서 해방을 맞이한 재일조선인들은 해방 당시를 회상할 때 공통적으로 말하는 기억이 있다. 아래의 증언들 속에서 그 공통점을 확인해 보자.

시골에서는 일본인이 모든 조선인을 죽인다는 소문이 많이 퍼졌던 것 같다. 친척 아주머니 일가가 나가노에 있었는데, 나가노현은 단체(민족

---

[1] 金泰煥, 「日本は戦争やっとったんか」, 「百萬人の身世打鈴」編集委員会編, 『百萬人の身世打鈴』, 東方出版, 1999, 63쪽.

단체)가 거의 없었다. 그래서 부락에서 조선에 돌아가겠다고 모두 배를 타고 돌아가는 도중에 배가 침몰해 버려서 친척 아주머니 일가 모두 돌아가셨다.[2]

전쟁이 끝나고 조선은 해방되었지만, 귀국길에 있던 일본인들이 조선에서 큰 일을 당했다고 해서, 일본에 있는 조선인들에게 보복한다든가, 조선인들을 때려 죽인다든가 하는 여러 소문들이 들려왔다. 그 당시 우리 가족은 소개(疎開(대도시에의 공습을 피해 지방으로 이주했던 것)) 되어 도치키[栃木]의 시골에 있었는데, 시골에는 무서워서 있을 수 없었다. 가와사키[川崎]에 있으면 우리 사람이 많으니까 걱정 없을 것 같아서 모두 가와사키로 나오기로 했다. 그 때는 일본인들이 낫을 들고 있는 것만으로도 무서웠다. 그걸로 찌르지 않을까 싶어서.[3]

패전(1945년)의 혼란 속에서 재일조선인에 대한 수많은 억측이 난무했다. 조선에서 큰일을 당하고 돌아온 일본인이 일본에 있는 조선인을 죽인다는 등의 소문으로 많은 재일조선인들은 일본에 남아야 할 것인가, 돌아가야 할 것인가로 동요했었다. 우리 집은 어느 쪽을 선택해야 할 것인가로 몇 날 며칠 고민을 거듭한 끝에 귀국을 강하게 희망하는 부모님의 의향에 따르게 됐다.[4]

(도쿠시마현[徳島県] 이케다시[池田市] 야마시로초[山城町]) 거기에서 해방을 맞이했는데, 일본에 돌아 온 군인들이 조선인을 죽이러 온다는 것을 듣고 무서워서 가가와현[香川県]에 있는 마루가메[丸亀]에서 비밀리에 배가 뜬다 해서 갔는데, 당시에는 배가 없어 여기에 돌아왔다. 조선인이 나쁜 짓을 했다든지, 당시에는 엄청났다.[5]

2) かわさきのハルモニ・ハラボジと結ぶ2000人ネットワーク生活史聞き書き・編集委員会編, 『在日コリアン女性20人の軌跡』, 明石書店, 2009, 124쪽.
3) 위의 책, 56~57쪽.
4) 安藤富夫, 「日本国籍を取って」(「百萬人の身世打鈴」, 編集委員編, 앞의 책, 1999, 110쪽).
5) 在日本大韓民国青年会中央本部, 『「歴史を伝える運動」中間報告書 2001年度版』, 2002.9. 97쪽.

1945년 8월 15일. 일본 패전의 날, 많은 사람들이 허탈한 상태에 있었
다. 아버지는 관동대지진을 경험했기 때문에 '빨리 고향에 돌아가자'고
말했다. 일본인이 전쟁에 진 한풀이로 또다시 조선인을 학살할지도 모른
다고 생각한 것이다. 가까운 친척들 사이에서는 대지진 후에 우에노[上
野] 공원에 조선인들의 사체가 쌓여 있었다든지 하는 참담한 상황이 회
자되고 있었다.[6]

위 증언들의 공통점은 전쟁에서 패한 일본인들의 화풀이가 재일
조선인들을 향하게 될 것이라는 공포감이 재일조선인 사회에 널리
퍼져 있었던 점이다. 일본인들이 조선인들을 죽인다는 소문이 재일
조선인 사회에 널리 퍼진 것은, 1923년 관동대지진 때 수많은 재일
조선인들이 학살되었던 경험에 기초한 공포였다. 하지만 이러한 소
문은 소문 그 자체로 끝났던 것만도 아니었다. 실제로 1945년 8월
17일, 미에현[三重縣] 구와나[桑名]시에 소재한 방공호에서는 조선인
노동자가 일본군 장교에게 살해되었으며, 18일에는 사할린 가미시
스카[上敷香]의 경찰서 유치장에서 조선인 노동자가 총살되어 사체
가 불태워지는 등의 사건이 발생했다. 이 밖에도 오키나와[沖繩], 지
바[千葉], 교토[京都] 등에서도 경찰 및 군인들이 조선인들을 살해하
는 사건이 연달아 일어나고 있었다.[7] 재일조선인들이 모여 살고 있
던 대도시 지역이 아닌 지방의 시골에 소개되어 거주하고 있던 재일
조선인들의 공포감은 더욱 심했고, 앞서 살펴본 증언들과 같이 귀국
을 서두르거나 동포들이 모여 있는 대도시로 이동하는 사람들도 많
았다.

해방의 기쁨도 잠시, 그들은 자신들의 생명과 재산을 지키고, 귀
국대책을 위해 일본 각지에서 자주적인 조직 만들기에 착수하게 된

---

6) 小熊英二·姜尚中編, 『在日一世の記憶』, 集英社新書, 2008, 462~463쪽.
7) 張錠壽, 『在日六〇年·自立と抵抗』, 社会評論社, 1989, 229쪽.

다.[8] 한 때는 그 수가 약 300여 개를 넘었다고 하는 재일조선인들의 각 조직들은 지역적으로 통합되어 가면서 하나의 전국적인 조직체로 재편되어 갔다.

2. 재일조선인 민족단체의 결성과 분열

1) 재일조선인연맹의 결성

1945년 9월 10일, 도쿄 시부야구[渋谷区] 센다가야[千駄ケ谷]에 위치한 도쿄 중앙 요요기[代々木] 교회의 세이가료[菁莪寮]에는 14개 단체 36명의 대표들이 모여, 재일본조선인연맹[在日本朝鮮人聯盟(이하, 조련)]중앙준비확대위원회를 개최했다.[9] 이 모임에서는 24명으로 구성된

---

8) 1945년 8월 15일 도쿄도 니혼바시구[日本橋区(현, 中央区)]의 재일본조선건국촉진동맹[在日本朝鮮建国促進同盟]을 시작으로 재일본조선인대책위원회[在日本朝鮮人対策委員会](8월 18일 · 도쿄도 스기나미쿠[東京都杉並区]), 관동지방조선인회[関東地方朝鮮人会](8월 18일 · 가나가와현 요코하마시[神奈川県横浜市]), 재일본조선인귀국지도위원회[在日本朝鮮人帰国指導委員会](8월 22일 · 도쿄도 시부야구[渋谷区]), 재일본조선인대책위원회[在日本朝鮮人対策委員会](8월 22일 · 도쿄도 이타바시구[板橋区]), 재일본조선인거류민연맹[在日本朝鮮人居留民連盟](8월 22일 · 도쿄도 간다구[東京都神田区](현, 千代田区)], 재일본조선인거류민단[在日本朝鮮人居留民団](8월 23일 · 도쿄도 고이와가와구[小石川区](현, 文京区)], 일본거류고려인중앙협의회[日本居留高麗人中央協議会](8월 28일 · 오사카시 이마자토쵸[大阪市今里町]), 효고현조선인협회[兵庫県朝鮮人協会](9월 6일 · 효고현 고베시[兵庫県神戸市]). 이 밖에 재일본교토조선인거류민단[在日本京都朝鮮人居留民団], 메구로조선인협의회[目黒朝鮮人協議会], 사이타마조선인협의회[埼玉県朝鮮人協議会], 도쿄와세다유지회[東京早稲田有志会] 등의 단체가 조직되었다(「在日本朝鮮人聯盟 第三回全国大会議事録 総務部経過報告」, 1946.10, 8~12쪽(朴慶植, 『朝鮮問題資料叢書 第9巻−解放後の在日朝鮮人運動Ⅰ』, アジア問題研究所, 1983)). 상기 단체들의 단체명 및 결성일 등은 저자들에 따라 약간 차이가 보인다. 예를 들면 재일본조선인연맹 총무부 경과보고[朝聯総務部経過報告]에서는 1945년 8월 15일, 도쿄도 니혼바시구의 재일조선건국촉진동맹에 관한 기술은 있지만 다른 저서에서는 보이지 않는다. 이들 단체의 정식명칭 및 결성일 등의 확인은 앞으로의 과제로 삼고, 이 책에서는 재일본조선인연맹 총무부 경과보고의 기술에 따르기로 한다.

9) 李瑜煥, 『在日韓国人60万−民団・朝総連の分裂史と動向』, 洋々社, 1971, 2쪽. 坪井豊吉, 『在日同胞の動き』, 自由生活社, 1975, 79쪽; 朴慶植, 『解放後在日朝鮮人運動史』, 三一書房, 1989, 50쪽.

중앙준비위원회와 17명으로 구성된 중앙준비상무위원회가 결성되었고[10], 사무소는 요도바시구[淀橋区] 쓰노하즈1초메[角筈一丁目](현, 신주쿠구[新宿区] 니시신주쿠[西新宿1초메])에 위치한 조선장학회 안에 두게 되었다.[11] 중앙준비상무위원회의 임원[12]으로는 위원장에 조득성[趙得聖], 부위원장에는 권혁주[権赫周(権逸)]와 김정홍[金正洪]이 선출되었고[13], 중앙준비상무위원회를 5회, 중앙준비위원회를 2회, 전국대회준비위원회를 2회에 걸쳐 개최하여 선언 및 강령, 그리고 규약의 초

---

10) 「在日本朝鮮人聯盟 第三回全国大会議事録 総務部経過報告」, 1946.10, 12쪽(朴慶植, 앞의 자료총서 第9卷).

11) 李瑜煥, 앞의 책, 1971, 2쪽.

12) 중앙준비상무위원회[中央準備常務委員會]는 위원장 1명, 부위원장 2명, 그 외 7개 부가 설치되어 있었으며, 부장 및 차장 각 1명으로 구성되어 있었다. 7개 부서의 임원은 다음과 같다(朴慶植, 앞의 책, 1989, 50~51쪽).
　庶務部長 金麗煥　次長 朴斉變　地方部長 康慶玉　次長 金 薫
　外務部長 権赫周　次長 金 鎮　情報部長 李能相　次長 申鴻湜
　財務部長 金正洪　次長 卞栄宇　厚生部長 金光男　次長 宋明九
　文化部長 南浩栄　次長 柳 茂

13) 부위원장 권혁주(권일)는 해방 전에는 만주국 판사[審判官]와 일본에서 변호사로 활동했으며, 해방 후에는 민단 단장과 한국에서 국회의원이 된 인물로 널리 알려져 있지만, 조득성과 김정홍에 관해서는 그다지 알려진 사실이 많지 않다. 최영호에 의하면, 조득성은 기독교 활동과 영어 강사 이외에는 그 밖의 사회활동 경험이 없고, 일반적으로 재일조선인 사이에서도 그다지 알려지지 않은 인물이었지만, 점령군의 주둔을 고려하여 영어에 능통한 조득성을 위원장으로 추대한 것이며, 김정홍은 한 때 공산주의 활동을 한 경력은 있지만 권일에 대항할 수 있는 이론이나 조직력은 없었다고 한다(「재일본조선인연맹(조련)의 한반도 국가형성 과정에의 참여」, 강덕상·정진정 외, 『근·현대 한일관계와 재일동포』, 서울대학교출판부, 1999, 365쪽). 이 밖에도 '조득성은 목사이고, 부인은 미국인이다. 권혁주는 만주국 판사, 대정익찬회[大政翼賛会] 조사부 주사, 중앙흥생회[中央興生会] 지도과장 등을 역임, 김정홍은 좌익활동가이다. 그리고 강경옥[康慶玉], 이능상[李能相]은 "지하공장 건설 일심회[地下工場建設一心会]" 임원으로 친일파이며, 김려환[金麗煥], 박제섭[朴斉變], 남지영[南浩栄]은 좌익활동가(朴慶植, 앞의 책, 1989, 50~51쪽)라는 기술과, '위원장 조득성은 미군 측, 부위원장 권혁주는 일본 측, 동 김정홍은 공산 측으로 각각의 경력과 특징을 살려 연합하는 형태로 되어 있었다'(李瑜煥, 앞의 책, 1971, 2쪽)라는 기술이 보인다. 오규양은 김정홍에 대해 '노동운동 등을 해온 사람과 공산주의를 주장하는 활동가들을 규합하는 데 주축이 되었다'고 하며, '복수의 증언에 의하면, 견실하고 신뢰할 수 있는 활동가이며, 조련을 실질적으로 장악하고 있던 인물'로 평가하고 있다(呉圭洋, 『ドキュメント在日本朝鮮人連盟』, 岩波書店, 2009, 18쪽).

안 등이 작성되었다.[14)

결성대회 준비가 한창이었을 당시 저명한 공산주의자이자, 후일 일본공산당 중앙위원을 역임한 김천해[金天海]가 후추[府中] 형무소에서 출소(1945년 10월 10일)하게 된다. 그의 출소와 함께 좌파 진영은 적극적인 지반강화 활동을 시작해, 조련준비위원회에서 좌파 진영의 발언력이 급격히 강화되어 갔다. 여기에 '친일파를 처단하고 민족반역자를 몰아내라'는 목소리가 점점 더 거세져, 대일협력자의 추방으로 급속히 이어져 갔다. 또한 조련의 성격론 및 귀국대책 등의 문제가 활발히 논의되는 등, 결성대회의 준비는 차질 없이 진행되어 갔다.[15)

1945년 10월 15일(히비야[日比谷] 공회당)과 16일[16)(료코쿠[両国] 공회당) 양일간에 걸쳐 재일조선인 민족단체의 통일적 전국조직체인 재일조선인연맹결성대회가 개최되었다.

결성대회 첫날은, 부위원장 권일의 경과보고가 있었고, 동 김정홍의 사회로 '재일본조선인연맹을 결성할 것'과 '재일조선민족 300만은 3000만 민족의 총의에 의해 수립된 조국의 민주정부를 지지하고, 건국의 위업에 힘쓸 것' 등이 만장일치로 가결되었으며, 준비위원회에서 작성한 대회 선언 및 강령, 규약이 채택되었다.[17)

결성대회에서 채택된 대회선언과 강령은 다음과 같다.[18)

---

14) 「在日本朝鮮人聯盟 第三回全国大会議事録 総務部経過報告」, 1946.10, 12쪽(朴慶植, 앞의 자료총서 第9巻).
15) 坪井豊吉, 앞의 책, 1975, 82~84쪽.
16) 「在日本朝鮮人聯盟 第三回全国大会議事録 総務部経過報告」, 1946.10, 12쪽(朴慶植, 앞의 자료총서 第9巻). 대회 이틀째(16일)의 개최 장소에 대해 李瑜煥은(앞의 책, 1971, 2쪽) 혼조[本所] 공회당으로 기술하고 있지만, 조련 보고서를 참조하면 이는 잘못된 기술로 보인다.
17) 坪井豊吉, 앞의 책, 1975, 84쪽.
18) 朴慶植, 앞의 책, 1989, 55쪽; 坪井豊吉, 앞의 책, 1975, 80~81쪽.

선 언

인류 역사상 유례가 없는 제2차 세계대전은 포츠담선언으로 종결되고
여기 우리 조선도 이윽고 자유와 독립의 영광이 약속되었다. 우리들은
총력을 다해 신조선 건설에 노력할 것이며, 관계 각 당국과의 긴밀한 연
락하에 우리들의 당면한 일본국민과의 우의보전[友誼保全], 재류동포의
생활안정, 귀국동포의 편의를 도모할 것이다. 이를 선언하는 바이다.

강 령
· 우리들은 신조선건설에 헌신적인 노력을 기한다.
· 우리들은 세계평화의 항구유지[恒久維持]를 기한다.
· 우리들은 재류동포의 생활안정을 기한다.
· 우리들은 귀국문제의 편의와 질서를 기한다.
· 우리들은 일본국민과의 호양우의[互讓友誼]를 기한다.[19]
· 우리들은 목적 달성을 위해 대동단결을 기한다.

조련의 선언 및 강령에서 보이는 바와 같이, 조련은 '신조선 건설에
헌신적인 노력'을 다할 의지를 밝히면서도, '재류동포의 생활안정'과
'귀국동포의 편의 도모' 등을 내세우고 있었다. 이는 조련을 단순히 냉
전 이데올로기적인 잣대로만 재단할 수 없으며, 대중적 사회단체의 성
격 역시 강하게 표방하고 있었던 점 역시 확인할 수 있다.

결성 대회 두 번째 날은 좌파 세력에 의해 친일파 및 우파 간부들
을 배제하는 방향으로 흘러갔다.[20] '친일파와 민족반역자를 철저히

---

[19] 조련 강령 가운데 이 항목은 1945년 11월의 조련보고서에는 들어가 있지 않다. 이
에 대해 장정수[張錠壽]는 본국 내 반일감정이 거셌기 때문에 이 항목을 삭제하고,
부산의 인민해방보사[人民解放報社]에서 활판으로 인쇄해 받고, 조선어로 가능한
한 한자를 사용하도록 했다고 회고하고 있다(張錠壽, 앞의 책, 1989, 144~145쪽). 이
회고를 바탕으로 생각하면, 1945년 11월의 조련보고서(朴慶植, 앞의 자료총서 第9
卷)는 아마도 부산에서 인쇄된 것으로 생각된다.

[20] 쓰보이[坪井]에 의하면, 대회 첫날밤에 좌파진영은 이타바시[板橋]에 있는 이병제
[李秉哲]의 집에서 김두용[金斗鎔], 박은철[朴恩哲], 조희준[曹喜俊], 김정홍[金正
洪], 한덕수[韓德銖], 김민화[金民化], 김훈[金薰], 박성광[朴成光], 박흥규[朴興奎],

조련에서 일소하라'는 내용의 『조선민중신문[朝鮮民衆新聞(창간호)]』
과 삐라가 대회장 내에 뿌려졌다.[21] 여기에 친일파 및 우파 간부들을
연행하여 대회에 참석시키지 않은 채, 김정홍의 사회로 대회가 진행
되었다.

　이날 조련의 활동방침으로는 '귀국동포에의 원조, 생활권의 확보, 조
국의 중앙정부수립 촉진' 등이 결의되었다. 그리고 친일파 및 우파 간
부를 배제하고, 위원장에는 윤근, 부위원장에는 김정홍과 김민화가 선
출되었다.[22] 최영호에 의하면 도쿄 조선기독교 회관의 총무였던 윤근
이 위원장에 선출된 것은 무엇보다도 기독교 회관이 점령 당국과의 교
섭에 유리한 단체였기 때문이며, 부위원장에 김민화가 선출된 것은 재
일조선인들이 가장 많았던 간사이[関西]지방에 대한 배려가 작용했기
때문이라고 지적하고 있다.[23]

━━━

　박제범[朴齊範], 이병철[李秉哲], 오우영[吳宇泳] 등이 모여 조희준의 사회로 토론
이 진행되었다고 한다. 여기서는 먼저 ①대회 이튿날의 개회 전에 회장에서 조선
민중신보와 삐라를 배포할 것, ②그 사이 단상에 있는 임원을 무대 뒤로 불러내,
이병철이 지휘하는 청년대가 권일만을 4층으로 납치하고, 그 정황을 다른 임원들
에게 일부러 보임으로써 반격을 억누를 것, ③회의 사회는 김정홍이 맡아 하고,
활동방침 토의 중에 대중들의 '조국 해방과 독립 달성', '친일파 민족반역자의 철
저한 숙청'에 대한 분위기를 고조시킨 뒤, 김천해 동지의 연설을 시작한다. ④각
동지와 청년행동대원들은 회장에 산재하여 성원과 박수로 대중들의 행동의 통일
을 꾀한다. ⑤선언, 강령, 규약은 그대로 하고, 위원장에는 조득성 준비위원장을,
부위원장에는 윤근[尹槿], 김정홍을 추대하고, 중앙상임 멤버도 대체로 예정해 둘
것이라는 5개의 방침을 정해, 다음날 있을 대회 이튿째에 이 방침대로 대회장을
고양시키는 것에 성공하여 조련은 좌파진영이 주도권을 장악했다고 기술하고 있
다(坪井豊吉, 앞의 책, 1975, 85쪽).
21) 朴慶植, 앞의 책, 1989, 56쪽.
22) 각 부서별 임원은 다음과 같다(「1945年11月の朝聯報告書」(朴慶植, 앞의 자료총서
第9卷), 8쪽).
　　總務部長 申鴻湜　次長 韓德銖　外務部長 李秉哲　次長 殷武巖
　　社會部長 鄭奇燮　次長 李鍾泰　地方部長 裵哲　次長 朴齊燮
　　文化部長 李相堯　次長 金萬有　財務部長 朴龍成　次長 韓宇齊
　　情報部長 金斗鎔　次長 申鉉弼
23) 최영호, 앞의 논문, 367쪽.

2) 재일본조선거류민단의 결성

1945년 9월 10일 조련결성중앙준비위원회가 결성되자, 이에 불만을 갖고 있던 서종실[徐鐘実], 허운룡[許雲龍], 이해룡[李海龍], 김상회[金相浩] 등의 우파 청년들은 같은 날 동지 수십 명과 함께 조선건국촉진청년동맹[朝鮮建国促進青年同盟(이하, 건청)]을 결성했다.[24]

좌파 주도의 조련에 대항하려고 한 이들 세력은 1945년 11월 16일 '완전한 독립국가의 급속한 실현을 목적으로 하며, 조선청년의 대동단결을 기한다'는 건청[25]을 전국적인 조직체로 재결성하고, 각 부현[府県]에 하부조직을 만들어 조련에 대항해 갔다.[26] 건청의 결성과는 별도로 재일조선인 우파와 조련으로부터 배제된 일부 인사들은 박열[朴烈]을 단장으로 맞이하여 신조선건설동맹[27][新朝鮮建設同盟(이하, 건동)]을 1946년 1월 20일에 결성했다.

건동의 선언과 강령은 다음과 같다.[28]

---

24) 朴慶植, 앞의 책, 1989, 70~71쪽.
25) 1945년 11월 17일 현재 임원은 다음과 같다(朴慶植, 앞의 책, 1989, 73쪽).
　　委員長 洪賢基　副委員長 徐鐘実 許雲龍
　　宣傳部長 金容太　情報副長 全萬洙　庶務部長 姜順弼　文化部長 李海龍
　　外事部長 李元裕　建設部長 金琮斗　財務部長 李承格　體育部長 蔡洙仁
　　調査部長 金陸男　訓練部長 崔猛虎
26) 朴慶植 앞의 책, 1989, 30쪽.
27) 결성당시의 중앙총본부의 임원은 다음과 같다(朴慶植 앞의 책, 1989, 77쪽).
　　委員長 朴　烈　副委員長 李康勲　總務部長 金光男　財務部長 朴魯楨
　　文化部長 金光男　宣傳部長 鄭泰成　地方部長 李玉童　社會部長 鄭周和
　　外務部長 全斗銖　企劃委員 全斗銖 金光男 権逸 등
28) 朴慶植, 앞의 책, 1989, 76~77쪽(원전은 建同, 『新朝鮮創刊号, 1946.7). 쓰보이(坪井豊吉, 앞의 책, 1975, 246~247쪽)의 저서에서도 위와 같은 행동강령이 게재되어 있지만, 출전을 밝히고 있지는 않으며, '우리들은 민족통일전선을 시급히 완성한다'는 항목이 빠져 있다. 이 책에서는 출전이 명확한 박경식의 저서를 인용했다.

선 언 (요지)

조련의 민족해방을 망각한 신탁통치 지지 태도는 참으로 유감이다. 우리들은 어디까지나 자주자립[自主自立] 조국의 완전한 독립을 위해서 신조선 건설을 목표로 하며, 인방제민족[隣邦諸民族]과 협동하며, 여기 그 선구[先驅]가 될 것이다.

강 령 (3대 원칙)

· 근로대중의 자유를 획득하여 민주주의 체제 확립을 기한다.
· 사회주의(계획)경제를 확립하여 국민생활의 안정과 향상을 기한다.
· 세계의 항구[恒久] 평화를 위해서 국제협조를 기한다.

행동강령

· 우리들은 진정한 민주주의적 건국 의식을 함양한다.
· 우리들은 민족통일전선을 시급히 완성한다.
· 우리들은 세계에 대세[大勢]와 호응하여 사해 동포적 국제협동을 기한다.
· 우리들은 민족의 자주성을 무시하는 신탁통치를 반대한다.
· 우리들은 근로대중의 진정한 동지가 된다.
· 우리들은 재일동포의 현실적 제문제를 급속히 해결한다.
· 우리들은 성실한 각 분야의 운동을 지원한다.
· 우리들은 조국건설의 대강[大綱]과 그 구체안을 하루 빨리 완성한다.

위 선언과 강령에서도 확인할 수 있듯이 건동은 신탁통치안 반대의 슬로건을 내걸면서, 조련과는 대립적인 관계에 있었다. 건동은 조련에 대항하기 위해, 1946년 10월 3일 건청의 일부와 몇몇 단체[29]를 흡수하

---

29) 신조선건설동맹[新朝鮮建設同盟], 재일조선건국촉진청년동맹[在日朝鮮建国促進青年同盟], 건국촉진회[建国促進会], 조선구락부[朝鮮俱楽部], 조선교역사[朝鮮交易社], 조선거류민회[朝鮮居留民会], 대한협회[大韓協会], 조선무역협회[朝鮮貿易協会], 과학연구협회[科学研究協会], 부용회[芙蓉会], 국제신보사[国際新報社], 산업건설단[産業建設団], 신조선건설회[新朝鮮建設会], 자유신문사[自由新聞社], 후생회[厚生会], 조선문화협회[朝鮮文化協会], 조선협회[朝鮮協会], 대한산업개발[大韓産業開発],

여 도쿄 히비야 공회당에서 재일본조선거류민단[在日本朝鮮居留民団]을 결성했다. 재일본조선거류민단은 1948년 한반도 남쪽에 대한민국 정부가 수립되자, 동년 9월 8일 한국정부로부터 공인을 받고[30], 제5회 전체대회(1948년 10월 4일~5일)에서 재일본대한민국거류민단[31]으로 개 칭했다.[32]

3) 조련의 강제해산과 재일조선민주통일전선의 결성

재일조선인 사회에서 막강한 지지를 받고 있던 조련은, 1949년 9월 8일 단체등규정령[団体等規正令] 제4조에 의해 조련중앙 및 48 도도부현[都道府縣] 620개 지부, 1,214개 분회와 민청중앙 및 48 도도부현 본부, 458개 지부, 306개 분회의 재산이 몰수되었다. 또한, 조련중앙간부 윤근, 김민화, 신홍식[申鴻湜], 한덕수, 김천해 등 19명과 민청중앙 간부인 남연양[南延楊] 등 9명이 공직에서 추방되고, 조련은 강제적으로 해산되었다.[33]

박열후원회[朴烈後援会], 상공연맹[商工聯盟] 등 약 20여 단체가 참가했다(在日本大韓民国居留民団, 『民団40年史』, 1987, 38쪽; 金相賢, 『在日韓国人－僑胞八十年史－』, 檀谷学術研究院, 1969, 86쪽; 統一朝鮮新報社, 『統一朝鮮年鑑』, 1964年版, 523쪽; 李瑜煥, 앞의 책, 1971, 94쪽).

[30] 金相賢, 앞의 책, 1969, 87쪽.

[31] 민단은 재일본대한민국거류민단 규약 제1장 총칙의 제2조에서 대한민국의 정부시책에 순응할 것을 명기하고 있다. 다음은 그 내용이다. '第二条 本團은 大韓民國政府施策에 順応하며 日本内에 居留하는 僑胞의 福利와 繁栄 및 親睦을 위하야 本團의 宣言 및 綱領의 趣志達成을 目的으로한다.'(朴慶植, 『在日朝鮮人関係資料集成〈戦後編〉』 第3巻, 不二出版, 2000, 1쪽).

[32] 民団, 『民団20年史』(1967, 24쪽) 및 金相賢(앞의 책, 1969, 87쪽)도 10월 5일에 전국대회를 통해 규약을 개정하고, 명칭도 재일조선거류민단에서 재일대한민국거류민단[在日大韓民国居留民団]으로 개칭했다고 기술하고 있다. 그러나 李瑜煥(앞의 책, 1971, 96쪽)의 기술은 9월 8일로 되어있지만, 정식으로 명칭을 개칭한 것은 제5회 전체대회였기 때문에 李瑜煥의 기술을 틀린 것이다. 또한, 1994년 4월 20일 제44회 정기중앙대회에서 재일본대한민국민단[在日本大韓民国民団]으로 개칭하여 현재에 이르고 있다.

[33] 姜徹, 『在日朝鮮韓国人史総合年表』, 雄山閣, 2002, 278쪽.

이듬해 6·25전쟁이 발발하자, 강제해산된 조련계 재일조선인들은 조국방위위원회[祖国防衛委員会(이하, 조방위)]와 조국방위대[祖国防衛隊(이하, 조방대)]를 조직하여 6·25전쟁을 '미국의 침략전쟁'으로 규정하고, 6·25전쟁 반대투쟁을 목표로 활동해 나갔다. 여기에 조련 해산 이후, 재일조선인의 구심점이 될 민족단체의 필요성이 부각되어 1951년 1월에는 재일조선민주통일전선[在日朝鮮民主統一戰線(이하, 민전)]이 결성되었다. 민전은 조선민주주의인민공화국 사수[34]를 내걸고, 반[反]요시다, 반미, 반재군비, 반이승만 등의 이른바 4반[反]투쟁을 전개해 나갔다. 그리고 동년 10월부터는 한일회담의 예비회담이 시작되었는데, 민전은 개정강령초안[35]과 행동강령초안[36]에서 한일회담에 반대하는 입장을 표명하고 있다.[37]

민전의 활동시기인 1951년부터 1955년 전반까지는 조방위/조방대도 활발한 활동을 전개한 시기였으며, 이들 단체가 좌파계열의 재일조선인운동을 지도하고 있었다. 당시 민전과 조방위/조방대가 어떠한 상호 관계성을 갖고 있었는가에 대해 살펴보면, 먼저 조방위는 기관지『새 조선』에서 다음과 같이 설명하고 있다.

---

[34] 민전의 강령에는 당초 '조선민주주의인민공화국을 사수한다'라는 항목이 있었지만, 1951년 12월에 개최된 제2회 대회에서 일본공산당 민족대책부 및 이강훈의 제창으로 강령에서 위의 항목이 빠지게 되었다. 하지만 그 후 상기 항목을 넣어야 한다는 주장이 강해져, 제3회 대회에서 다시 강령에 넣을 것이 결정되었다(朴慶植,「解放後における在日朝鮮人の民族的統一運動の再檢討」,『在日朝鮮人史研究』第15号, 1985.10, 104쪽).

[35] '二.우리는 재일조선인민의 一체의 민주적민족권리를 박해유린하는 일정의 팟쇼적 제악법령과 미·일·한제협정을 반대하여 그의 정치적 경제적 문화적 사회적 기본 권리를위하여 싸운다.'(朴慶植, 앞의 자료집성 第4卷, 13쪽).

[36] '十四.조국인민들과의 련결강화·일한회담분쇄. 전동포의 자유와 영예고수!'(朴慶植, 앞의 자료집성 第4卷, 14쪽).

[37] 고바야시 도모코[小林知子]의 해제[解題]에 의하면, 이들 초안은 1952년 5월 이후에 쓰인 민전 제3차 전체대회에서 강령 등의 개정을 위해 초안된 것으로 보인다(朴慶植, 앞의 자료집성 第4卷, 3쪽).

조방위는 조국의 해방투쟁이 완전히 승리할 때까지 조국의 방위를 위해 가장 곤란한 투쟁을 조직 지도하고 직접 간접으로 참가하는 투쟁기관이다. 그것은 재일조선민족을 기초로 하여 대중적으로 승인된 기관이지만, 정당도 대중단체도 아니다.[38]

당시 재일조선인운동을 지도하고 있던 최상위 기관은 일본공산당내 소수민족대책지도부[少数民族対策指導部(이하, 민족대책부)]인데, 민족대책부는 '조선인운동 당면의 임무' 가운데 민전에 대해 다음과 같이 기술하고 있다.

민전은 재일조선인운동의 통일적 전선체, 즉 민족적으로 공통된 문제를 중심으로 전 민족이 결집하는 전선체이다. 따라서 민전은 각종 조선인단체를 기반으로 결성되지 않으면 안 된다.[39]

또한, 법무부 특별조사국은 민전과 조방위의 관계에 대해 '조방위는 민전과 표리일체의 관계에 있으며, 민전이 조선인운동의 공식적인 부분[公然面]을 담당하는 것에 반해, 조방위는 그 비공식적인 부분[非公然面]에 있어 과감한 실행 투쟁의 분야를 담당하는 것[40]'이라 기술하고 있으며, 민전과 민족대책부의 관계에 대해서는 '민대(민족대책부)를 기획지도기관이라 한다면 민전은 그 실행기관이라 말해야 할 터인데, 어디까지나 공식적인 부분의 활동에 한정되어 있다[41]'고 기술하고 있다.

이를 토대로 민전 및 조방위/조방대, 민족대책부의 관계를 정리해

---

38) 「祖防委の確立強化に全力を集中せよ!」, 祖防全国委, 『새조선』 No.26, 1951년 5월 15일자(朴慶植, 앞의 자료총서 第10卷, 110쪽).

39) 祖防全国委, 『새조선』 No.25, 1951년 5월 15일자(朴慶植, 앞의 자료총서 第10卷, 110쪽).

40) 法務府特別審査局, 『秘特審月報』 第二卷第八号, 1951.8, 76쪽.

41) 위의 책, 75쪽.

보면, 일본공산당 산하 민족대책부가 최상위기관으로서 재일조선인 운동을 지도하고, 재일조선인의 총의를 결집한 민족단체로서의 민전이 민족대책부의 지도에 따라 이를 실천, 집행하는 공식적인 조직이며, 조방위/조방대는 비공식 조직으로서의 역할을 담당하고 있었다고 말할 수 있을 것이다.

당시 일본에서는 냉전에 대한 인식이 극도로 높아져 좌익탄압이 공공연하게 행해지던 시기였다. 이러한 상황 속에서 활동을 계속해 온 민전과 조방위/조방대는 1955년 5월에 재일조선인운동의 노선전환이 제기되어 총련[42]이 결성됨과 동시에 해체되었다.

이로써 해방 후, 재일조선인 민족단체는 크게 조련-민전-총련으로 이어지는 좌파계 민족단체와 우파계 민족단체로서의 민단이 재일조선인 운동을 지도해 나가게 된다.

제2절 민단의 한일회담 촉진운동

1950년대의 한일회담은 주로 재일조선인의 국적 확인 문제와 식민지 지배를 둘러싼 역사인식 문제 등의 대립으로 거의 진전을 보지 못했다. 특히 제3차 한일회담에서 일본 측 수석대표였던 구보타 간이치로[久保田貫一郎]가 일본의 식민통치는 조선인에게 은혜를 베푼 것이었다는 취지의 발언은 당시 일본사회의 조선식민지 지배에 대한 인식을 노골적으로 표현한 것이었다. 구보타의 발언은 한국 측의 거센 반발을 초래했고, 이는 이후 4년 반에 걸쳐 회담을 중단시키는 주요한 요인의 하나가 되었다.

---

[42] 총련의 운동노선 등, 총련에 대한 기술은 한일회담 반대운동의 전개과정 속에서 논할 것이다.

그런데 한일회담의 예비회담은 1951년 10월 20일, 도쿄 GHQ 사무국에서 개최되었다. 여기에는 GHQ의 시볼트 외무국장이 옵저버로 참가했고, 일본 측 수석대표는 외무성 사무차관인 이구치 사다오[井口貞吉]가, 한국 측 수석대표로는 양유찬[梁裕燦] 주미대사가 참가했다. 예비회담의 시작과 더불어 시볼트는 한일회담에 옵저버로 참가하지만, 회담의 진행에는 어떠한 간섭도 하지 않을 뜻을 밝혔다. 그리고 일본 측 수석대표 이구치는 이 교섭이 한일 양국관계의 새로운 기초가 될 것을 바라며, 특히 재일조선인의 국적문제를 해결하기 위해 열린 회담임을 강조했으며, 한국 측 양유찬 수석대표는 일본의 조선식민지 지배를 비판하고, 일본과의 대등한 관계 수립을 강조하는 인사말을 나눴다.[43] 결국, 일본 측은 한국의 독립승인과 재일조선인들의 국적문제의 해결을, 한국 측은 소위 과거문제의 해결과 동시에 대등한 국가관계의 수립을 이 회담의 목적으로 삼고 있었던 것이다. 이렇듯 한일 양국 대표의 첫 인사말에서부터 한일회담에 임하는 목적이 서로 달랐음을 짐작할 수 있는데, 이러한 인식의 차이로 인해 다음 해 2월 15일에 개최된 제1차 한일회담부터 조약조인에 이르기까지의 14년간이라는 길고도 험한 교섭의 역사를 걷게 될 수밖에 없었다.

당시 재일조선인 사회는 만성적인 실업상태에 놓여 있었는데, 그들이 의지할 수 있었던 곳은 민족단체가 아니면 자기 자신 밖에 없었다. GHQ의 재일조선인에 대한 점령정책은 명확한 기준을 갖고 있는 것이 아니었으며, 때로는 '적국인[敵國人]'으로써, 때로는 '해방국민'으로 취급하고 있었다. 또한 강화조약 체결에 의해 일본이 주권을 회복하게 되면 재일조선인이 일본국적을 상실하게 될 것은 명확한 것이었고, 당시 재일조선인 사회에서도 일본국적에서 이탈하는 것은 당연한 것으

---

43) 太田修, 『日韓交涉－請求権問題の研究－』, 図書出版クレイン, 2003, 81쪽.

제1장 1950년대 재일조선인운동과 한일회담 51

로 인식되고 있었다.[44] 하지만, 외국인등록의 국적란에 '조선', '한국', '대한민국'이라는 표기는 어느 쪽도 명확히 국적으로 인정되고 있지는 않았다.

그래서 한국정부를 지지하며 재일조선인 사회에서 조직적으로 열세에 있었던 민단은 이러한 상황을 타파하기 위한 하나의 수단으로 한일회담 촉진운동을 전개한 것으로 보인다.

민단은 한일 간의 국교정상화를 통해 일본에 계속 거주할 수 있는 법적지위를 확보함과 동시에 민단의 단세 확장과 재정 문제의 해결을 기대했다. 이는 냉전과 6·25전쟁으로 인해 강화된 반공 이데올로기의 확장과 안정적인 법적지위를 확보한다는 현실문제의 해결을 의미하는 것이기도 했다.

한일회담의 예비회담이 시작된 날, 민단은 강화조약의 발효와 함께 예상되던 일본국적 이탈에 대비하여 안정적인 법적지위의 획득을 목표로 일본 내 각지에서 '재일동포 기득권 확보 민중대회'의 개최를 지시했다.[45] 제1차 한일회담이 개최되고 있던 시기, 도쿄에서는 히비야 공회당에 약 900여 명이 모여, 3·1기념 민중대회를 개최하고, '일한회담의 원만한 타결, 대한민국의 국적획득, 일본영주권 취득권의 확보 등을 결의'하고, 교토에서는 '교토 노동회관에서 거류민단 교토부 본부 주최 3·1절 민중대회가 약 천여 명'이 참가해 대회를 치렀다.[46] 하지만, 한일 양국정부는 예비회담과 제1차 한일회담에서 재일조선인의 국적

---

44) 김찬정은 그의 저서에서 다음과 같이 말한다. 일본의 패전 후, 조선반도에 2개의 국가가 탄생하고 정치적인 대립이 계속되는 가운데, 본국의 국적을 유지하고 일본에서 생활하는 것은 불편은 했지만, 그 불편함을 뛰어넘는 자부심이란 에너지가 존재했고, 일본국적을 취득하려고 하는 사람들은 재일에서는 소수파였다. …중략… 많은 재일조선인은 일본국적 취득자들을 "저 녀석은 나라를 팔아먹었다"며 노골적으로 경멸하는 풍조가 있었으며, 일본국적 취득자 재일동포를 '신일본인' 등이라 조롱했다(金賛汀, 『在日という感動』, 三五館, 1994, 88쪽).
45) 坪井豊吉, 『在日同胞の動き』, 自由生活社, 1975, 561쪽.
46) 『朝日新聞』 1952년 3월 1일자(석간).

문제와 법적지위 문제에 대한 의견 차이로 인해 상기 두 문제에 대한 합의에 이르지 못한 채 한일회담은 중단되게 되었다. 일본 법무부[法務府] 민사국장[民事局長] 통달[通達] 민사갑[民事甲] 제38호(1952년 4월 19일)에 의해 강화조약의 발효와 동시에 일본국적을 상실하게 된 재일조선인들은 불안정한 지위에 처하게 되었다.

동년 10월 4일부터 시작된 민단 제15회 전체대회의 집행기관 보고[47]에서는, 한일회담의 결렬은 '재일교포의 지위에 크다란 동요를 주엇고[48]', 더욱이 '민단운동은 재정문제해결 방도가 도절된 채로 그 타개책을 발견하지 못한 채 한 발도 전진되지 못함은 실로 유감[49]'임을 밝혔다. 또한, 민생국[民生局] 보고에서는 '특히 후생문제, 실업대책문제, 상공업자금융문제 등등에 있어는 한일회담의 중절로 인한 일본정부의 악감정으로 인하야 우리들의 험로에 한층 더 곤란을 더하고 있읍니다[50]'라고 보고했다. 대회의장 홍현기[洪賢基] 명의로 일본국 법무대신 앞으로 보내진 '외국인등록 변경에 즈음한 요청사항[51]'에서는, '국적은 일률적으로 대한민국으로 할 것'을 요청하고, '한일회담이 성립하면 필연적으로 역시 국적란은 한국으로 고쳐 써야할 것'이라고 주장하고 있다. 하지만 입국관리국 총무과장 나카무라 시게루[中村茂] 명의로 돌아온 '등록변경에 즈음한 민단 요망사항에 대한 회답의 건[52]'에서는, '실질적으로 구등록증명서의 내용을 옮겨 적는 것으로 처리할 방침'이며, '조선에서 한국으로의 이동은 한국정부의 공적 증명서가 있는 자에 대해서는 변경 종료 후 언제라도 그 이동을 인정'한다고 답신하여, 민단

---

47) 朴慶植, 『在日朝鮮人關係資料集成〈戰後編〉』, 第3卷(不二出版, 2002년), 169~180쪽.
48) 위의 자료집성 第3卷, 169쪽.
49) 위의 자료집성 第3卷, 169쪽.
50) 위의 자료집성 第3卷, 176쪽.
51) 위의 자료집성 第3卷, 202쪽.
52) 위의 자료집성 第3卷, 203쪽.

이 요청한 일률적인 국적 변경은 거부되었다. 이러한 상황 속에서 민단중앙본부 민생국장 나종향羅鐘鄕은 각현본부 단장 앞으로 '외국인 등록 변경에 대한 제2차 교섭경위에 관한 건53)'(1952년 10월 20일)이란 문서를 보냈다. 그 내용은 '한일회담이 체결될 때까지는 현재대로 하되 실질적으로는 한국으로 인정하여 등록갱신 후 본인이 희망하면 한국으로 고치며 현재 한국인의 국적은 법적으로 애매하여 한일회담에서 해결될 것이니 한일회담 재개 촉친을 위하여 상호적으로 노력하자. 국적에 관해서는 한일회담체결 시로 미루고 하루라도 속히 한일회담 재개를 촉진시킴이 선책[善策]이라고 생각54)'한다는 것으로 한일회담 재개의 중요성을 강조하고 있다.

민단이 외국인등록상 한국국적으로 변경하는 문제에 적극적이었던 것은, 대다수의 재일조선인이 한반도 남부 출신자이며, 1948년 한국정부가 수립되고, 또한 각의에서 재일조선인에게 한국국적을 부여하고 그 인권 및 재산을 보호할 것임55)을 명확히 표명했음에도 불구하고, 수많은 재일조선인들이 1947년 외국인등록령(칙령 제207호)에 의해 출신지로 기재된 '조선'표기를 그대로 유지하고 있었기 때문이다. 강화조약의 발효와 더불어 재일조선인들은 일본국적을 이탈하고 기호로써의 '조선'적을 변경할 수 있었지만, 이를 유지하고 있던 것에 대해서는 냉전 하의 반공 이데올로기적 인식에서 '조선'적='빨갱이'로 인식되었다. 당시 수많은 재일조선인들이 '조선'적을 유지하고 있었던 것은 그들의 정치적인 지향성도 무시할 수 없지만, 보다 근본적으로는 생활 그 자체와 직결하는 문제였기 때문이다. 한국적으로의 전환은 그다지 큰 이득이 없었고, 반대로 강제송환의 대상이 될 위험성조차 있었다. 강제송환

---

53) 위의 자료집성 第3卷, 205쪽.
54) 위의 자료집성 第3卷, 205쪽.
55) 『朝日新聞』 1951년 10월 11일자.

문제는 한순간에 자신들의 생활터전을 잃게 되는 것을 의미했으며, 일본정부로부터 생활보호수급을 받고 있던 재일조선인 가운데는 '강제송환이라는 말이 무서워 부조[扶助]를 사퇴하는 자56)'도 나올 정도였다.

민단은 촉진운동을 전개하면서도 한일회담 그 자체에 보다 적극적으로 관여하려 했다. 1952년 4월 3일에 개최된 제12회 전체대회에서는 '본국정부에 요청하는 건의서'가 채택되었고, 동년 9월에는 김재화[金裁華]와 김광남[金光男]이 한국을 방문하여 건의서를 제출했다.57) 이 건의서의 내용58)은 한일회담에 임하고 있는 본국정부의 요구사항이 가장 합리적이고 타당한 조건이기에 어떠한 불편과 억압이 있다 해도 본국의 초지[初志]가 관철될 것을 기원하며, 이를 위해 투쟁할 것을 재삼 확인한다는 내용에 덧붙여 앞으로의 '한일회담에 재일교포 민간인 중에서 대표자를 참가하게 할 것59)'을 요청하는 것이었다.

또한 1953년 1월 5일 당시 이승만 대통령이 방일했을 때, 민단은 본국정부의 전폭적인 원조를 요청했다. 이에 이승만은 ①한국은행으로부터 재일한교에게 200만 달러를 융자해 줄 것, ②한일회담에 민단 대표 2명을 한국 측의 정식대표로서 참가시켜 줄 것, ③민단이 선출한 6명의 민단구매위원은 대표부의 상무관[商務官]과 함께 한국의 정부무역, 민간무역에 상관없이 일본에서 구매해 가는 물자 일체의 규격, 가격, 품질 및 수량을 조사해서 본국정부 당국에 보고 시킬 것 등의 확약의 얻었다. 민단은 이에 대한 구체안을 세우기 위해 동년 10월에 제16차 전체대회를 개최하여 이를 협의할 방침을 세웠다. 제16차 전체대회에서는 대의원 가운데 15명의 심의위원을 선출하고, '본국건의사항심

---

56) 『朝日新聞』 1952년 8월 17일자(석간).
57) 盧琦霙, 「在日民団の本国志向路線と日韓交渉」(李鍾元・木宮正史・浅野豊美 『歴史としての日韓国交正常化 Ⅱ 脱植民地化篇』, 法政大学出版局, 2011), 272~273쪽.
58) 朴慶植, 앞의 자료집성 第3卷, 387~388쪽
59) 위의 자료집성, 388쪽.

의위원회'를 설치했다. 이 위원회에서는 ①한일회담 참가대표로는 김재화와 김광남을, ②재일한교 국회파견 위원에 김광남, 김재화, 조령주[曹寧柱], 오기문[吳基文], 이봉의[李鳳儀], 장총명[張聰明]을, ③민단구매위원에는 김영준[金英俊], 조정국[趙正局], 이현수[李鉉銖] 등을 선출했다. 하지만, 결국 한국정부는 이 약속을 이행하지 않았고[60], 본국 정부에 대한 민단 내 불만은 고조되어 갔다.

앞서 언급했지만, 제3차 한일회담은 구보다 발언에 의해 결렬되어 4년 반에 걸친 중단기를 맞이하게 된다. 평화선을 침범한 일본어선의 나포[61]가 계속되는 가운데, 일본 측은 한국으로부터의 밀입국자 단속과 불법체재자에 대한 검속을 강화하여 부산과 오무라[大村]수용소에는 수용된 사람들로 넘쳐났다.[62] 이는 한일관계의 정치적 악화는 물론, 한국에 대한 일본 국내 여론 역시 악화시키는 결과를 초래했는데, 이러한 상황 속에서 민단은 문화, 예술을 통한 친선활동 및 한일회담의 재개를 호소하는 운동을 전개해 나갔다. 4년 반이란 기나긴 중단기를 지나 한일회담이 재개를 향해 움직이게 된 것은 일본 국내에서 북한에의

---

60) 民団, 『民団20年史』, 1967, 28쪽.
61) 한국에 의한 나포 일본어선수 및 일본어민수(1960년 5월 현재)

	어선(척)	미귀환어선(척)	침몰(척)	승선원(명)	미귀환승선원(명)
1952년	10	5	·	132	·
1953년	47	45	·	585	·
1954년	34	28	·	454	·
1955년	30	29	·	498	·
1956년	19	16	·	235	·
1957년	10	10	·	98	·
1958년	9	9	·	93	·
1959년	9	8	·	91	4
1960년	·	·	1	13	13
합계	169	150	1	2, 199	17

* 출전: 海外事情調査所編, 『朝鮮要覧-南鮮・北鮮・在日朝鮮人運動(1960年版)』(武蔵書房, 1960.8, 71쪽)에서 재구성.
62) 金東祚, 『回想三十年韓日会談』, 중앙일보사, 1986, 85~90쪽.

귀국운동이 활발히 전개된 것이 주요 요인의 하나였다. 한국 측은 귀국운동을 저지하기 위한 하나의 방법으로 한일회담을 재개시키기 위해 움직이기 시작했던 것이다.

1957년 8월, 제4차 한일회담의 예비회담이 시작되자 민단은 일본국민을 상대로 한일회담의 촉진을 호소하는 성명(1957년 12월 31일)을 발표했으며, 이듬해 2월 4일에는 3기관장 연석회의를 개최하여 '한일회담 대책위원회'를 조직했다. 그 후, '한일회담성공촉진운동월간(韓日會談成功促進月間(1958년 2월 15일~3월 15일)'을 설정하고, '3·1절 기념식전 및 한일회담 성공촉진 민중대회(1958년 3월 1일, 도쿄 히비야 공회당)' 등의 각종 대회를 개최했다.[63] 1950년대 중반 이후에는 총련에 의해 추진되고 있던 재일조선인들의 귀국운동이 활발히 전개되고 있었고, 또한 그 실현이 눈앞에 다가오자, 모든 재일조선인들의 한국국적 보유를 주장하던 민단으로서는 이러한 운동이 실현되는 것은 도저히 받아들일 수 없는 것이었다. 민단은 제29회 중앙의사회(1958년 7월 27일)에서 '북송결사반대·저지운동'을 전개할 것을 결정하고, 이후 민단운동의 중심은 '북송반대'운동으로 전환되게 되었다.

제3절 한일회담 반대운동의 개시와 군사동맹 반대론의 등장

한편, 1950년대 전반기 북한정부를 지지하는 민전을 중심으로 한 좌파계 재일조선인들은 한일회담 반대운동을 전개하고 있었다. 제1차 한일회담의 예비회담이 개최되자, 조방위는 '지금 도쿄에서 "한일회담"을 진행하고 있는데, 이는 일미 군사협정의 일환이며, 미제의 소집하에 열

---

[63] 民団西東京地方本部, 『民団西東京四十三年史』, 1990, 80쪽.

린 것(64)'이라고 규정했다. 여기에 1951년 10월 4일자 일본 관보에 발표된 정령[政令] 319호 '출입국관리령[出入国管理令]' 및 동 320호 '입국관리청설치령[入国管理庁設置令]'과 관련시켜, 한일회담은 재일조선인들을 강제추방한다는 것에 '양자(미일)의 의견이 일치하고 있고, 이승만 측도 재일청년을 한국군에 징집하는 것을 환영하고 있다(65)'며 강제추방문제를 한일회담과 연결시키고 있다. 이는 6·25전쟁이 한창이었던 이 시기에 개최된 한일회담의 주체는 미국이며, 그 목적은 군사적인 측면에 있다는 인식에 의한 것이었다. 당시의 한국전쟁 상황은 북한의 계속되는 패배로 한국군과 연합군이 북한과 중국 국경의 압록강까지 이르렀지만, 여기에 중국 인민해방군이 참전하여, 전선은 고착상태에 있었다. 한일회담 반대운동의 핵심논리 중의 하나인 군사동맹반대론이 한일회담의 개시와 동시에 등장하게 된 것은 한반도의 전쟁상태라는 당시의 시대적 배경이 크게 작용했다고 말할 수 있을 것이다. 제1차 한일회담이 시작되기 전인 1952년 1월 25일에 발표된 '한일군사동맹의 음모를 철저히 폭로 분쇄하라!(66)'는 성명에서도 '한·일회담이란 명목하에 요시다[吉田] 반동과 이승만 매국 무리들 사이에서 강제추방과 관련한 군사동맹의 음모가 공공연히 진행되고 있다'며, '매국노들은 회담의 정체를 숨기고 동포들을 기만[欺瞞]하기 위해 강제추방에 찬성하면서 "영주권", "기득권" 등을 외치며 광분하고 있다'고 비판했다. 그리고 '매국노들의 본질을 잘 알고 있는 재일동포는 단호히 한·일군사동맹의 음모에 반대하며 그 진행을 감시'하고 있으며, '전 동포는 경계심을 한층 높여 반대투쟁을 더욱 격화[激化]시켜야 한다'고 호소했다. 또한, '이 회담은 단독강화의 발효와 함께 더 한층 미친 듯이 진행될 것이 예

---

64) 「吉田になめられた韓国代表－韓日会談に民団大衆の不満たかまる」, 祖国防衛全国委員会, 『새조선』 No.70, 1951년 11월 10일자.
65) 위의 신문.
66) 「韓日軍事同盟の陰謀を徹底的にバクロ粉砕せよ」, 『새조선』 No.84, 1952년 1월 25일자.

상'됨으로 '우리들은 강제추방 반대투쟁을 강화하고 조국방위투쟁을 전진시키기 위해 이 한·일군사동맹의 음모와 본질을 철저히 폭로해야 한다'며, 한일회담의 군사동맹적인 성격을 강조했다.

같은 달 30일[67]에도 민전 중앙 조직선전부는 '일한회담을 단호히 분쇄하라![68]'는 제목의 호소문을 발표했다. 이 호소문에서는 '일한회담에 의한 강제추방 음모의 기초가 되는 출입국관리령 파기투쟁과 소위 치안유지법 반대투쟁, 총선거 캄파니아, 평화전선 강화투쟁' 등, '현재 싸우고 있는 각 계층의 각종 요구와 투쟁을 요시다 정부 비판, 주일대표부 및 대표단과 그 주위에 결집하고 있는 민단 악질 간모[奸謀] 분자를 소탕하는 투쟁에 총집중시켜야 한다'고 말하고 있는데, 이는 단지 한일회담 반대뿐만이 아니라 이를 일본 국내의 각종 현안에도 관련시켜 반대운동을 전개할 것을 호소하고 있었던 것이다.[69]

---

[67] 민전의 대응과 관련하여 内閣官房内閣調査室編, 『日韓条約締結をめぐる内外の動向』(第4部, 1쪽)에 의하면, 민전은 '1951년 1월 15일의 제1회 전국대회에서 일한회담반대를 결정'하고, 같은 해 3월 1일에 개최된 제2회 전국대회에서는 '제1회 전국대회결정의 일한회담 반대운동 투쟁을 강력히 추진할 것을 구체적으로 지시했다'고 기술하고 있지만, 이 기술에는 약간의 문제점이 있다고 생각된다. 한국정부가 대일강화조약에서 배제된 것이 정식으로 한국정부에 전해진 것은 1951년 7월경이고, 이 때부터 한국정부는 일본과의 2국 간 교섭을 준비했다. 그리고 GHQ가 일본정부에 재일조선인의 법적지위 문제에 대해 한국정부와 토의할 것을 지시한 것도 1951년 9월 25일(이원덕, 앞의 책, 1996, 42~43쪽)인 것을 감안하면, 1951년 1월이라는 시점은 예비회담이 열리기 10개월 전이니 너무 이른 시기였다고 생각된다. 또한, 민전 제2회 대회가 개최된 날짜도 1951년 3월 1일이 아니고, 1951년 12월 12일(『새조선』1952년 1월 1일자에 개최되었다. 현재 민전 제1회, 제2회 전국대회 문서는 現代日本·朝鮮関係史資料第2輯, 『在日朝鮮人団体重要資料集1948~1952』(湖北社, 1975)에서 일부 확인할 수 있지만, 여기에서도 내각관방내각조사실의 기술 내용은 확인할 수 없었다.

[68] 現代日本·朝鮮関係史資料第二輯, 『在日朝鮮人団体重要資料集一九四八~一九五二』, 湖北社, 1975, 274~282쪽.

[69] 시마네현[島根県] 하마다시[浜田市]에서 개최된 '시마네현조선인대회'에서도 대회가 끝난 후, 국회 및 한일회담사무국에 ①한국국적강요반대, ②강제송환 재산과세반대, ③한일회담반대, 일본재군비반대의 결의 및 일본의 독립과 평화를 위해 민주단체와 공동투쟁할 것을 결의했다(日本共産党中央機関紙, 『平和と独立のために』1952년 2월 28일자(朴慶植, 앞의 자료총서 第15巻, 168쪽).

또한 민전 도쿄위원회는 제1차 한일회담이 개최될 날부터 '일한회담, 강제송환 반대투쟁 월간70)(1952년 2월 15일~3월 15일)'을 설정하고, 그 투쟁방침으로는 '정전[停戰]요구, 일한회담반대, 강제추방반대 서명운동을 전개'할 것과, 항의운동으로는 '국회, 출입국관리청, 외무성, 한국대표부에 대해 연일[連日] 항의 투쟁을 전개'하며, '이와 동시에 한국국적 강요반대와 거주권의 자유를 쟁취하기 위한 각종 대소집회와 일상 활동을 조직'할 방침을 결정했다. 나아가 선전활동으로는 '정전회담의 진행상황과 미제의 음모, 일한회담의 본질, 미군의 잔학행위 등을 일본인과 중국인에게 철저히 폭로하고 동포대중의 애국심을 앙양[昂揚]'시키며, 또한 '각 지역에 조직된 강제추방 반대투쟁위원회는 이 월간투쟁의 실행위원회의 역할'을 할 것을 지시했다. 이는 한일회담과 강제추방 문제를 결부시킴과 동시에 강제추방반대투쟁위원회가 이 시기 월간투쟁의 실행위원회의 역할을 담당할 것을 결정한 것이었다.

1952년 10월에 실시된 총선거를 앞두고 민족대책부는 기관지『북극성[北極星]』(1952년 9월 6일자 호외)을 통해 재일조선인의 선거강령으로 11개 항목을 내걸었다. 그 내용을 살펴보면, '단독강화·일미안전보장조약·일미행정협정파기, 일한회담분쇄, 포츠담선언의 완전실시'와 '재일조선민족에 대한 악질적인 선언폭동반대, 강제송환 강제격리반대', '재일조선인의 생활보장, 차별 없는 일자리와 자재[資材]의 획득', '민족교육과 문화 옹호' 등, 한일회담 반대와 일본 내 각종 현안 문제 및 재일조선인들의 생활에 관련된 각종 문제가 등장하고 있다.71) 이는 당시 재일조선인 운동이 일본공산당 산하 민족대책부의 지도를 받고 있었음은 앞서 확인했는데, 민족대책부는 그 성격상 반재군비, 반요시다, 반미의 이른바 '3반[反] 투쟁'을 내걸고 있던 일본공산당의 노선에

---

70) '日韓会談粉砕斗争に立つ!', 『새조선』 No.84, 1952년 1월 25일자.
71) 公安調査庁, 『公安調査月報』第一巻第四号(1952년 10월), 133~134쪽.

따라 일본사회의 각종 문제에도 깊이 관여하면서 재일조선인 운동의 방향성을 제시하고 있었기 때문이다.

제4절 한일회담 반대운동의 고양[高揚]과 한국정부의 정당성[正當性] 부정

1950년대 재일조선인 사회의 한일회담 반대운동이 가장 활발히 전개된 것은 1953년 1월 이승만의 방일을 전후한 시기였으며[72], 이 시기는 제2차, 제3차 한일회담이 진행되는 시기이기도 했다.

1952년 12월 18일부터 개최된 민전 제3차 전체대회(도쿄 시바[芝] 공회당)에서는 행동강령의 하나로 '조국인민들과의 연대강화, 일한회담 분쇄, 전동포의 자유와 영예고수[榮譽固守][73]'를 내걸었다. 여기에 당면한 투쟁 목표로는 '조국방위를 위한 투쟁', '민주민족권리옹호를 위한 투쟁', '평화옹호를 위한 투쟁', '전선확대강화를 위한 투쟁'이라는 4대 목표를 설정하고, 활동방침의 하나로 세워진 '일한회담과 일한군사동맹 반대투쟁'은 '조국방위를 위한 투쟁'의 일환으로 인식되었다.[74] 이 대회에서 결정된 '일조친선 평화월간'투쟁과 관련해 일본 공안[公安] 측의 자료를 참고하면, 이 월간투쟁은 '1953년 1월 1일 시작하여 그 최종일인 3·1기념을 목표로 성대히 고조시키기 위한 기획'이라며, '명목은 일·조친선'이지만, 이 운동의 중심을 이루는 것은 '조국방위, 민족해방 투쟁'이며, '그 투쟁을 일·조 양국민의 연대에 의해 추진함과 동시에 나아가 이 투쟁을 통해 일·조 양국민과의 친선강화를 그리려하는 두 개의 목적이 있다는 점에 주의해야 한다'고 기술하고 있다. 또한 '1월

---

[72] 이승만은 1953년 1월 5일에 방일하여 한일회담 재개를 희망하는 내용을 포함한 성명을 발표했다(『朝日新聞』 1953년 1월 6일자).

[73] 公安調査庁, 앞의 월보, 第二巻第一号(1953년 1월), 145쪽.

[74] 위의 월보, 145~146쪽.

5일 이[李]대통령의 방일을 계기로 발전하고 있는 일·선[日·鮮(韓)]회담 반대투쟁 및 조선인 취학 적령기 아동에 대한 취학통지서의 전폐[全廢]를 둘러싸고 발전하고 있는 민족교육투쟁 등 어느 것도 일·조친선평화월간운동의 목적 가운데에서도 당면한 가장 중요한 투쟁 과제'였다고 지적하고 있다.[75]

이승만의 방일을 예측하고 있던 민전 및 재일본조선민주애국청년동맹[在日本朝鮮民主愛国青年同盟(이하, 민애청)] 중앙상임위원회는, '(1952년) 12월 29일자 긴급통달을 통해 "이승만의 방일은 재일조선인들의 징병문제, 강제송환의 촉진과 일본 군국주의를 부활하고 일본의 군사력을 조국침략에 도입하려는 음모를 목적으로 하는 것이기 때문에 모든 선전방법을 통해 그 음모를 폭로 분쇄하라"는 지령'을 내렸다. '오사카[大阪], 시가[滋賀] 등의 지방에서는 1월 5일 민전 주최하에 각각 "일·미·한 회담분쇄 인민대회"를 개최하고 기세를 올려 제1차, 제2차 항의대표단을 선출해 그 즉시 상경시키'는 등, 1월 6일에는 "도쿄도 미나토쿠[港区] 산별회관[産別會館]에 집합한 북선[北鮮(북한)]계 분자 약 160명은 "일·한회담분쇄"라고 검은 글씨로 쓴 빨간 띠를 두른 수십명의 급진분자를 선두로 3대의 자동차에 나눠 타고 미국대사관, 총리대신 관저, 외무성 등으로 향해 결의문을 전달하고 물러났지만, 이 회합에 전국에서 상경한 약 70명의 민전 지방간부들은 해당지역 민전 도쿄위원회 간부 및 구성원의 참가가 지극히 소수분자에 지나지 않았던 것에 대해 현저히 감정을 상한 듯, 시가현 대표 2명은 민전중앙 및 도쿄도위원회 간부들의 태도를 비난'했다. 그 내용은 '민전활동이 최근 현저히 저하된 것은 민전중앙 간부들의 기회주의적 태도에 원인이 있으며, 이 대통령의 방일은 일·한회담의 재개를 촉진하고 조선전쟁을 지연시

75) 公安調査庁, 앞의 월보, 第二巻第二号(1953년 2월), 121쪽.

켜 재일조선인들의 입장을 불리하게 몰아넣는 것이며, 우리들로서는 이에 대해 대중적인 일대[一大] 항의운동을 전개해야 함에도 불구하고, 도쿄도의 간부들은 물론 동지적 대중이 참가하지 않았기 때문에 투쟁의 고조를 성취할 수 없었던 것은 참으로 유감[76]"이라 비판하고, 한일회담 반대운동을 더욱 활발히 전개할 것을 촉구했다. 또한 이날은 전일본산별노동조합회의[全日本産業別労働組合会議], 재일조선통일민주전선[在日朝鮮統一民主戦線], 세계노련일본연락사무국[世界労連日本連絡事務局], 일본민주청년단[日本民主青年団], 일본국민구원회[日本国民救援会]의 5개 단체에 의한 공동성명이 발표되었다. 이 성명에서는 ' "아시아에서는 아시아인들끼리 싸우게 한다"는 미제 식민지 정책을 실현하기 위해 자신들의 요구에 대립하고 있는 요시다 매국정권과 이승만 괴뢰정권을 복종시키기 위한 것'이며, '그들의 계산이 성공하면 재일조선인들은 강제송환, 징병 징용에 의해 조국에 총을 겨눌 것을 강요받고, 일본 청년들도 현실적으로 전장[戦場]에 끌려가게 되어 일본의 산업과 인력 모두를 동원해 조선전쟁에 전면적으로 참가하게 되어 버린다'고 비판했다. 1953년 1월 7일 민전 중앙위원회 성명서에서도 이승만의 방일에 대해, '미제의 일본 앞잡이 기관인 클라크 대장과 머피 대사의 지도 아래 정치적, 군사적 목적 달성에 지장이 되고 있는 일·한 간의 대립 모순관계를 조정하고, 소위 반공전선통일을 달성하여 미제의 조선침략 야망의 달성에 조력하고자 하는 것[77]'이라 비난했다. 나아가 민전중앙 서기국에서 동년 2월 26일에 내린 지령 제75호 '긴박한 정

---

76) 위의 월보, 129쪽. 당일 상황에 대해서 『朝日新聞』(1953년 1월 7일자)은 '민전중앙 의장 윤덕곤[尹德崑], 동 사회경제부장 문동건[文東建] 씨 등 오사카, 교토, 사가, 효고 재주[在住] 조선인 일행 120명은 "미일한회담반대"라는 띠를 두르고 6일 오후 1시 수상관저, 동 2시 반 외무성을 방문했다. 또한 동 별조직 100명은 동일 오후 클라크 대장과 머피 미국대사에게도 진정을 갔지만, 어느 쪽도 만나지 못했다'고 보도하고 있다.
77) 위의 월보, 126쪽.

세에 비춰 당면한 투쟁을 한층 발전시켜 돌아오는 3·16에 적에게 일대 타격을 주기 위하여'에서는 '1월 이후 강력히 전개되어 온 일조친선 평화월간의 성과와 교훈을 살려 축적된 투쟁력' 및 '거양擧揚된 조직력을 3·16에 집결시켜 적의 중앙권력에 일대타격을 입히고, 이를 나아가 4.2~5.1투쟁으로 발전시키기 위해 일본의 평화애호인민세력과 굳게 단결하여 미제와 그 앞잡이 요시다 정권 타도를 위해 일대 투쟁을 전개하지 않으면 안된다[78]'고 지시했다. 그 투쟁 계획은 '민전중앙 서기국 지령 제76호'에서 구체적인 지시를 내리고 있는데, 명칭은 '일한매국협정 일본국민 조선출병 반대항의단'으로 할 것과, 각 지방에서는 '항의단을 급속히 조직하여 출발에 있어서는 오사카를 시작으로 각 주요 지방에서는 성대한 배웅을 받아 상경'시킬 것을 지시하고, 당일은 약 3천여 명이 집결했다. 항의단은 '국회 앞 광장에서 북선 노래를 합창하고 기세를 올린 후, 일본국민의 조선출병반대, 매국 일한회담 반대라고 크게 쓴 막을 붙인 버스 3대에 나눠 타'고, 외무성 및 수상 관저, 미대사관 등 10여 개소에서 항의 진정활동을 전개했다.[79] 그리고 '한·일매국협정 반대, 일본국민 조선출병 반대투쟁위원회' 명의로 '소위 한·일회담을 재개하는 것으로 달성하려 하는 모든 계획을 즉시 중지하라. 일본국민의 조선출병에 반대한다[80]'는 항의 성명서를 전달했다.

제2차 한일회담이 시작된 당일에는 '약 200여 명이 외무성에 몰려가 때마침 열리고 있던 일한회담에 반대하며 양국대표에게 면담을 요구'하고, 외무성 '정문 앞에는 북선기[北鮮旗]를 들고 재일조선통일전선 중앙위원의 이름으로 동 회담분쇄 삐라를 뿌리며, 또한 북선 노래 등을 합창, 기세를 올렸기 때문에 무장경찰관 4백 명이 출동, 경계에 임했지

---

78) 公安調査庁, 앞의 월보, 第二卷第四号(1953년 4월), 163쪽.
79) 위의 월보, 163~167쪽.
80) 『解放新聞』 1953년 3월 21일자.

만 정오경에 산별회관으로 퇴각[81]'했다. '일한회담 재개반대 항의집
회[82]'라 명명된 이 집회에서는 민전대표 3명이 외무성 아시아국 마에
다[前田] 국장과 회견하고, '모든 조선인과 일본국민이 반대하는 한·일
회담을 즉시 중지할 것과 조선과의 국가적 교섭은 조선의 정당한 정부
인 조선 민주주의 인민 공화국 정부와 하고, 재일조선인 문제에 관해서
는 민전과 교섭하라[83]'는 항의문을 낭독하고 항의했다. 이 집회에서는
한국정부의 정당성을 문제 삼고, 교섭 상대로는 '정당한 정부인 조선
민주주의 인민 공화국 정부'를, 그리고 재일조선인 문제에 대해서는 민
전과 교섭할 것을 주장한 것이 주목된다. 민전중앙본부는 이미 4월 13
일, 중앙위원회 명의로 '이[李]정권은 미국의 괴뢰정권으로 현실의 조선
인 3천만을 대표할 자격이 없다'고 밝혔고, '우리들은 재일 60만 조선인
유일의 대표기관인 민전의 이름으로 회담재개를 즉시 중지할 것을 요
청'함과 동시에, '재일조선인의 실질적인 대표기관인 민전을 당사자로
합리적인 해결책을 강구해야만 한다'는 서간을 외무대신 앞으로 제출
했다.[84] 이는 6·25전쟁하에서 제기된 군사동맹반대론에 휴전협정 체
결을 전후한 시기부터 한국정부의 정당성 문제가 반대 이유의 하나로
서 새롭게 등장한 것이다.

나아가 동년 4월 17일, 민전은 '노동조합 및 좌익단체에 "일한회담반
대"에 대한 공투[共鬪]를 제의[85]'하고, 한편으로는 18일에 외무성을 방
문하여 15일의 항의집회와 동일한 취지의 항의문을 재차 낭독하고 즉
답을 요구하는 등의 운동을 전개했다.[86] 동월 20일에는 재일조선인 상

---

81) 『読売新聞』 1953년 4월 15일자(석간).
82) 『解放新聞』 1953년 4월 18일자; 内閣官房内閣調査室編, 『日韓条約締結をめぐる内
外の動向』(第四部), 1996.7, 4쪽.
83) 『解放新聞』 1953년 4월 18일자.
84) 公安調査庁, 앞의 월보, 第二巻第五号(1953년 5월), 221쪽.
85) 内閣官房内閣調査室編, 앞의 책(第四部), 4쪽; 「戦争拡大のための日韓会談粉砕を
共に闘いぬきませう」(公安調査庁, 위의 월보), 222쪽.

공업자들에게 '조국의 정전기운과 일한회담재개에 즈음하여 재일 전체 조선인 상공업자들에게 호소한다'는 호소문을 발표하고, 이튿날 21일 에는 '재경[在京]각국대공사들에게 서간을 보내, 조선의 즉시 정전 촉진 에 협력해 주기 바란다는 요청과 함께 재개되고 있는 일한회담에 극력 반대하고 있음을 양해해 주기 바란다는 취지'를 제의했다.[87]

제5절 한일회담의 중단과 북한정부의 대일접근외교

제2차 한일회담은 6·25전쟁의 휴전성립 후에 회담을 재개하기로 하고 7월 23일부터 일시적으로 중단, 동월 27일에는 휴전협정이 조인되었다. 동년 8월 민전 제11회 중앙위원회의 '현정세와 당면한 임무[88]'라 명명된 보고에서 '일본의 군사기지 철거투쟁', '재군비와 군국주의 부활에 반대하는 투쟁', '소위 한일회담과 이승만 역도들과 반동 요시다정부 사이에서 체결하는 일체의 매국조약에 반대하는 투쟁을 과감히 전개하지 않으면 안된다'며, 계속하여 한일회담 반대운동을 전개해 나갈 것을 결의했다.

앞서 말했듯이 동년 10월 6일에 재개 된 제3차 한일회담은 구보타 발언에 의해 불과 2주일 만에 중단되었다. 또한 제3차 한일회담의 결렬 이후, 평화선을 침범한 일본어선의 나포 문제 등으로 한일관계가 악화 일로에 빠진 것도 이미 언급했는데, 민전은 한일양국이 평화선 문제를 정치적으로 이용하고 있다는 견해를 보이고 있었다. 이는 한국정부는 한국민들의 '이승만 정권에 대한 불만을 일본에 향하게'하여, '지배체제

---

86) 『解放新聞』 1953년 4월 18일자.
87) 公安調査庁, 앞의 월보, 222쪽.
88) 「民戦第十一次中央委員会報告書」(朴慶植, 앞의 자료집성 第四卷, 18쪽).

를 유지'하려 하는 것이며, 일본정부는 '재군비를 촉진시키는 구실로 이용'하여, '국민들의 불만을 조선인민들에게' 향하게 하려 하는 것이라는 인식이었다.[89]

한일관계가 악화하고 있던 이 시기, 일본의 국내정치에서는 요시다 내각이 총사직(1954년 12월 7일)하고, 동년 12월 10일에는 민주당 하토야마 이치로[鳩山一郎] 내각이 성립했다. 하토야마 내각은 자주외교와 중국, 소련과의 관계 개선을 내세우고 있었다. 여기에 북한정부는 1955년 2월 25일, '대일관계에 관한 남일 북조선 외상 성명'을 발표하고, '일본정부와 무역, 문화관계 및 그 외 조·일관계의 수립, 발전에 관련한 제 문제를 구체적으로 토의할 용의를 갖고 있다[90]'는 대일접근 메시지를 보냈다. 이에 일본국회의원방조단[日本国会議員訪朝団]의 방북(동년 10월 20일)이 실현되고, '일조국교정상화 교섭에 관한 양국의원단 공동성명[日朝国交正常化交渉に関する両国議員団共同声明[91]']이 발표되는 등, 북한정부는 대일접근을 향해 다각적인 노력을 하고 있었다.

이 무렵 재일조선인 운동에도 커다란 변화가 보인다. 북한정부는 1954년 8월에 재일조선인을 공화국 공민으로 인정한다는 '일본에 거주하는 조선인민에 대한 일본정부의 부당한 박해에 반대하며 항의한다'고 명명된 성명을 발표했다. 이 성명은 '일본공산당이 재일조선인을 일본 국내의 소수민족으로 규정하고, 조련·민전의 운동을 지도해 온 것에 대한 부정[92]'을 의미하는 것이기도 했다. 민전 운동을 이끌어온 '민

---

89) 『解放新聞』 1953년 10월 6일자.
90) 『解放新聞』 1953년 3월 1일자.
91) 이 공동성명은 먼저, '조일양국은 국교의 정상화를 실현하기 위해 적극적으로 노력할 것'에 합의하고, '아직 국교관계가 정상화 되지 않았다고는 하나 무역, 문화교류, 쌍방의 교민이 자유롭게 자신들의 본국에 양국의 자유왕래 실현을 위해 적극적으로 노력할 것'에 합의했다(鹿島平和研究所編, 『日本外交重要文書·年表(一)1941~1960』, 原書房, 1983, 729쪽).
92) 梁永厚, 『戦後·大阪の朝鮮人運動 一九四五~一九六五』, 未来社, 1994, 153쪽.

대파[民對派]'는 한덕수 등의 '조국파[祖國派]'에 의해, 이제까지 재일조선인들이 일본의 민주혁명에 참가해 온 것은 내정간섭이라 부정되고, 또한 당시 운동의 비합법적 폭령성에 대한 비판이 제기 되었다. 1955년 5월 민전은 해산하고 총련이 결성되었다.

총련은 내정불간섭, 합법성의 견지, 계급해방운동에서 민족해방운동을 우선시하는 원칙을 내세워, 이른바 재일조선인 운동의 노선전환이 이루어 졌다.

제3차 한일회담 이후 한일관계의 악화와 북한정부의 대일접근 외교의 전개, 일조우호운동, 귀국운동에 이르는 1950년대 후반은 한일회담 반대운동을 적극적으로 전개할 필연성도 적었기 때문에 귀국운동의 실현을 목표로 한 총련운동의 역량은 귀국운동에 집중되어 있었다. 다만 1959년 6월에 개최된 총련 제5차 전체대회에서 한덕수는 '제5차 전체대회에 제출하는 중앙위원회의 총괄보고와 금후방침[93]'이라 명명된 보고를 했는데, 한일회담과 관련하여 주목되는 것은, '일본 인민에 대한 기시[岸]정부의 대미예속정책에 반대하고 조선문제를 소·일, 중·일, 월(베트남)·일문제와 같이 추진하면 해결된다는 자신을 갖고 이 운동을 원조'하고, '북조선의 대일정책에 충실하여 일본인민중에 북조선을 선전하고 각계인사의 방조[訪朝]를 알선'하는 것과 '조일직접무역을 타개하고 최승희무용단초청실현과 합작영화제작, 조국학술문헌을 번역 소개', '일조협회와 귀국협력회의 사업을 원조'하고, '한일회담의 군사적 성격을 철저히 폭로하고 반대한다'는 내용으로[94], 북일 간의 국교정상화 문제도 시야에 넣은 북한 주도의 대일정책을 중시하는 태도를 엿볼 수 있다. 또한 동년 8월에 개최된 제19회 확대중앙위원회[95]에

---

93) 田駿, 『朝総聯研究(第二卷)』, 高麗大学亜細亜問題研究所, 1972, 330쪽.
94) 위의 책, 335쪽.
95) 「総聯第十九回拡大中央委員会における韓徳銖の演説」(위의 책, 342~348쪽).

서는 '현재 미제국주의자와 이승만은 귀국방해를 위한 음흉한 책동에 광분하고, 일본정부는 한일회담을 재개시키고 있'지만, '이는 귀국문제를 일본정부가 정치거래에 이용하려 하는 것'이며, '우리들은 "한일회담"을 분쇄하기 위해 투쟁하지 않으면 안된다'는 한덕수의 보고에서도 알 수 있듯이, 실현된 귀국사업을 성공리에 계속하기 위해서는 한일회담의 분쇄가 필요하다는 인식에서 한일회담 반대의 입장은 변함없었다. 총련 결성 이후 1950년대 후반의 총련계 재일조선인 운동은 공화국 공민이라는 주체적 입장에 서서 일조우호운동에 힘쓰고 있었으며, 또한 일조우호단체를 움직여 북일 양국의 무역 및 문화교류를 요구하는 등, 북일관계의 개선을 요구하는 운동으로 그 중심축이 옮겨져 있었다고 볼 수 있을 것이다.

제2장 　　1960년대의 민단운동과 한일회담 반대운동

제1절 민단의 군사쿠데타 지지와 한일회담 촉진운동

1960년대에 들어서면서 한일양국의 국내정치 상황은 크게 변화했다. 일본에서는 1960년 6월에 정점을 이룬 미일안보투쟁의 여파로 기시 노부스케[岸信介] 정권이 퇴진하게 되었고, 그의 뒤를 이은 이케다 하야토[池田勇人] 정권이 한일회담에 임하게 되었다. 한편 한국에서는 1948년 대한민국 정부수립 이후, 오랜 기간 정권을 장악해 온 자유당 이승만 정권이 4월 혁명으로 무너지고, 새롭게 민주당 장면 정권이 등장하게 되었다. 장면 정권은 이승만 정권기와는 달리, 총련이 전개했던 귀국사업에 보다 유연하게 대응하며 적극적인 대일외교를 전개해 나갔다.

한국에서 새로운 정권이 수립되자, 이케다 정권은 고사카 젠타로[小阪善太郎] 외무대신을 경축사절단으로 한국에 보내기로 했다. 그리고 장면 정권이 이를 받아들여 해방 후 처음으로 일본정부 공식사절단의 방한이 이루어졌다. 고사카의 방한 등을 계기로 제5차 한일회담을 개

최하기로 합의했고, 1960년 10월 25일부터 제5차 한일회담이 시작되었다. 그러나 1961년 5월 16일 한국 군부에 의한 쿠데타가 일어나자, 대한민국 주일대표부는 당일(16일) 예정되어 있던 어업 및 평화선에 관한 비공식 회담의 중지를 일본 측에 신청했다. 일본 측이 이를 받아들여 제5차 한일회담은 그대로 중단되었다.[1]

쿠데타에 성공한 한국 군부는 처음부터 한일회담과 관련한 대일외교에 적극적이었던 것으로 보인다. 1961년 5월 19일자『아사히신문』을 살펴보면, 한국군사혁명위원회가 '대일관계정상화를 위한 노력을 가능한 한 신속히 재개할 것'이며, '동 위원회에는 반일적인 성격이 있다든가, 쿠데타 때문에 도쿄에서의 한일회담을 중지한다는 등의 징후는 보이지 않는다'고 보도하고 있다. 5월 21일 한국에서 신내각이 조각되고, 22일 김홍일 외무부장관은 '일본과 국교를 정상화하는 것은 필요하며, 한일회담은 중단되어 있지만, 조속히 재개하고 싶다. 일본이 성의를 보인다면 우리도 그러한 성의와 노력으로 임할 것[2]'이라며 한일회담 재개를 위한 의사를 표명했다. 또한, 6월 1일 박정희 국가재건최고회의[3] 부의장은 외국기자단과의 인터뷰에서 한일회담과 관련하여 다음과 같이 말했다.

> 이승만 시대, 장면과 같이 '일본인은 과거를 사죄하고 그 이상의 성의로 회담에 임해야 한다'는 등은 지금 시대에서는 통용되지 않는다. 그러한 방법으로 국교정상화가 된다고는 생각하지 않는다. 우리들은 한일양국 어느 쪽도 커다란 손해 없이, 또한 어느 정도의 욕구만 충족된다면, 옛 일은 물에 흘려보내고 국교정상화를 하는 것이 현명하다고 생각한다.[4]

---

1) 『朝日新聞』1961년 5월 16일자(석간).
2) 『朝日新聞』1961년 5월 22일자(석간).
3) 1961년 5월 19일, '군사혁명위원회'를 '국가재건최고회의'로 개칭.
4) 『朝日新聞』1961년 6월 2일자.

나아가 장도영을 밀어내고 국가재건최고회의 의장에 취임한 박정희 의장은 7월 19일, 취임 후의 첫 기자회견에서도 '연내에는 모든 문제를 해결할 생각으로 노력하고 있다[5]'고 밝혀, 한일회담 문제를 연내에 해결하고자 하는 의사를 보다 강력히 표명했다. 이러한 한국 측의 적극적인 자세에 의해 1961년 8월 7일에는 한일회담을 재개할 것이 결정되었고, 동년 10월 20일부터 제6차 한일회담이 시작되게 되었다.

　한국에서 군사쿠데타가 일어난 1961년 5월 16일, 민단은 도쿄 다쿠다이[拓大(다쿠쇼쿠대학교)] 홀에서 제27회 전국대회를 개최하고 있었는데, 이때 한국군부의 쿠데타 뉴스가 보도되었다. 대회에서는 김광남 대회의장으로부터 군사정권 성립에 대한 경과보고에 이어, 대회 명의로 군정지지 성명을 발표했다.[6] 이후 권일 집행부는 군사정권의 대일외교에 적극적으로 협력하여 한일회담 촉진운동을 전개해 나가게 된다. 1961년 8월 14일, 민단 히로시마현[広島県] 본부의 광복절 기념 전야제에서는 '한일회담 성립시켜 반공체제 확립하라![7]'는 슬로건 아래 전야제가 개최되었고, 동년 10월 20일, 제6차 한일회담이 개최되자, 민단은 회담재개에 대한 환영성명과 선전활동 및 집회, 강연회 등의 방법을 통해 한일회담 촉진운동을 활발히 전개해 나갔다.[8] 11월 28일에는 아라카와[荒川] 공회당에서 '한일회담 촉진 민중대회'를, 12월 11일에는 민단, 일한친화회[日韓親和会], 일한경제협회[日韓経済協会], 일한무역협회[日韓貿易協会], 아시아토모노카이[亜世亜友之会] 등과 함께

5)『朝日新聞』1961년 7월 19일자 석간.
6) 民団,『民団20年史』, 1967, 30쪽.
7) 위의 책, 1967, 43쪽.
8) 공안조사청의 자료에 의하면, 한일회담에 대한 민단의 동향과 관련하여, 민단은 '조기타결을 희망하고 있으며 한국은 다소 희생을 지불하여도 지금 타결해야만 한다는 의견을 갖고 있는 자도 상당수 보인다'고 기술하고 있다(公安調査庁,『内外情勢の回顧と展望』, 1961.1, 75쪽).

지요다[千代田] 공회당에서 '한일회담의 성립을 요망하는 강연회'를 개최했다.

그 다음 해 1월 24일에는 고라쿠엔[後楽園]에서 재일본대한부인회[在日大韓婦人会], 전일본부인연맹[全日本婦人連盟], 전일본불교부인연맹[全日本仏教婦人連盟] 등 민간단체가 합동으로 주최한 '한일회담촉진 간담회'가 개최되었다.[9] 그리고 7월 8일에 개최된 민단 제28회 전체대회에서는 '한일양국의 국교정상화를 금년 내로 결실을 맺자![10]'는 슬로건이 내걸렸으며, 8월 15일에 개최된 '광복절 제17주년 기념 중앙민중대회'에서는 '촉진하자 한일회담 타결하자 금년 내로![11]'라는 슬로건을 내걸고 한일회담의 조기타결을 촉구했다. 동년 10월 31일에는 한일회담의 연내 조기타결의 촉진을 촉구하기 위해 도쿄 히비야 야외 음악당에서 '한일회담 타결 촉진 중앙민중대회[12]'가 개최되었다. 이 대회에서는 한일회담 타결 촉진 결의문과 박정희 최고회의 의장, 이케다 수상 및 일본사회당에 보내는 메시지를 채택하고, 대회가 끝난 후에는 5천여 명의 단원이 데모행진에 나섰다.

이 대회에서 결의된 사항[13]은 다음의 3항목이다.

    1. 우리들은 한일회담을 파괴하기 위해 광분하고 있는 조총련이라든가, 공산세력의 음모를 분쇄하고 자유 아시아 방위와 세계 민주 평화의 실현을 이루기 위해, 이 한일회담을 조속히 타결시키고, 한일 국교정상화를 조속히 성취시켜 양국민의 친선을 더 한층 강화하도록 노력한다.

---

9) 民団, 『民団40年史』, 1987, 952쪽.
10) 民団, 『民団20年史』, 1967, 111쪽.
11) 위의 책, 45쪽.
12) 民団, 앞의 책, 1987, 91쪽.
13) 위의 책, 95쪽.

2. 우리들 60만 재일교포가 일본에서 법적지위를 정당히 받아 사회적
   차별 없는 권익, 즉 영주권 취득, 융자문제, 취직문제, 교육문제 등
   의 모든 권익을 주장하며 오늘날의 불안정한 생활을 하루 빨리 타
   개하기 위해 이 한일회담을 적극적으로 추진시킨다.
3. 우리들은 본국정부의 새로운 기운하에서 국민전체가 일치단결하
   여 국가 재건 경제 5개년 계획의 완수에 전력을 다하고 있음을
   명심하고, 현재 진행 중인 제6차 한일회담이 10년 회담의 종지부
   를 끊어 한일양국의 국교정상화가 즉시 실행되도록 총력을 경주
   한다.

민단중앙 조직국에서는 1964년 광복절을 맞이하여 각 현본부에 광복
절 기념식을 성대해 거행할 것을 지시했다. 그리고 그 실시 요강으로
'기념강연, 강연내용은 민족정신을 선양[宣揚]하는 동시에 한일회담의
촉진과 대동단결을 결부시켜 대국적 견지로 이것을 강조할 것[14]'을 제
시했다. 또한 중앙 선전국에서도 광복절 슬로건의 하나로 '자유진영의
연대를 강화하기 위해 한일회담을 계속 촉진하자![15]'는 항목을 내걸고
선전활동을 전개해 나갈 것을 지시했다.[16]

1964년 8월 15일 민단 간토[關東]지구협의회 주최로 개최된 '8·15 광
복 기념 경축 중앙대회'는 도쿄 도시마[豊島] 공원 야외극장에 약 6천여
명이 모여 성대히 개최되었다. 이 경축대회에서는 '우리들은 조국의 경
제발전과 우방국가와의 연대를 강화하기 위한 한일회담의 촉진운동을
강력히 추진한다[17]'는 결의문이 채택되었다.

1965년 권일 단장은 신년사에서 '1965년에 우리들에게 주어진 과업
가운데 가장 중요한 과업은 한일양국 간의 국교 정상화'라고 강조했다.

---

14) 『韓国新聞』, 1964년 7월 30일자.
15) 위의 신문.
16) 위이 신문.
17) 『韓国新聞』 1964년 8월 15일자.

또한, 이는 '양국 간의 번영에 국한되는 것이 아니라 세계평화와 자유 진영의 연대강화를 이루기 위해서라도 긴급을 요하는 것'이라 주장했다. 나아가, '우리들 재일 60만 동포가 처해져 있는 불안정한 지위에서 보더라도 일각[一刻]의 유예도 용납될 수 없는 것'이라며, '우리들 모든 재일동포는 하나가 되어 일대[一大] 거족적 운동을 전개해야 한다'고 촉구했다.[18]

1965년 1월 15일 민단 도쿄 본부가 주최한 '한일회담 촉진 도쿄지구 대회'에서는 '한일회담을 성공시켜 법적지위를 확보하고 희망에 가득 찬 내일의 생활을 확보하자!', '사랑하는 자손을 위해 법적지위에서 우리 민단의 요구사항을 관철하자!'라는 슬로건을 내걸고, 약 천여 명이 지요다 공회당에 모였다.[19] 이 대회에서는 '재일동포법적지위대책위원회(이하, 법대위)'의 김영준[金英俊] 간사위원(민단중앙 사무총장)이 법적지위문제에 관해 법대위가 어떠한 요구를 하고 있는가에 대해 설명했다. 그리고 '전국적으로 이 요구를 일본 측의 각급 의회에 이해를 침투시켜, 일본 국내의 타결 기운을 드높일 방침인데, 도쿄지구의 단원도 이 취지에 따라 각각의 입장에서 일본인들에게 사정을 호소해 주기 바란다'고 요청했다.[20]

민단은 '한일회담을 성공시켜 법적지위를 확보하자!'는 슬로건을 필두로, 한일회담 반대세력의 주장을 반박하면서 한일회담 촉진운동을 전개해 나갔다. 특히 한일 간의 국교정상화는 한국의 통일을 방해하며, 일본의 경제침략을 초래하는 것이라는 반대세력의 주장에 대해서는 다음과 같이 반론하고 있다.

---

[18] 『韓国新聞』 1965년 1월 8일자.
[19] 『韓国新聞』 1965년 1월 28일자.
[20] 위의 신문.

한국정부는 국토 통일에 대해서 한국의 국력이 북한을 능가할 때에 국제연합의 감시하에서 자유선거를 통해 달성한다는 통일방안을 내걸고 있다. 자유민주주의의 통일방안으로써 국력의 배양을 선결 조건으로 한 것은 당연한 것이라 할 수 있다. 만약, 국력이 충실하지 않은 채 북한과 통일하게 되면, 그들의 전략에 넘어가 전 한국이 적화될 것은 명백한 사실이다. 따라서 일본과 제휴하여 국력을 배양하는 것은 그들이 말하는 통일을 방해하는 것이 아니라, 오히려 통일을 앞당기는 것이 되는 것이다. 이렇게 보면 그들의 선전은 자기들이 의도하는 한국 나아가 일본의 적화가 한일양국의 제휴에 의해 어렵게 되고, 나아가서는 그들의 종극적인 목표인 세계 적화가 좌절되기 때문에 취해진 모략이라 단정하지 않을 수 없다. …중략… 또한 한일양국의 경제교류가 일본에게 한국에 대한 경제침략을 허용하는 것이라는 것도 일본의 개화기에 일본이 어떻게 서구의 기술과 자력[資力]을 도입했는가를 상기하면 명료한 것으로, 후진국의 영역을 벗어나지 못한 한국으로써는 동양의 선진국 일본으로부터 당연히 많은 것을 배우고, 또한 받아들이지 않으면 안 된다. 단지 여기에서 문제가 되는 것은 경제침략 즉, 일본에 의해 한국이 일본경제의 종속국 위치에 놓이게 되는 것이 문제가 되지만, 이것은 과거 일본이 좋은 본보기이다. 일본은 진취적인 기상을 갖고 제외국으로부터 기술을 배움과 동시에 자본을 빌려 근대 공업국가의 건설에 착수하고, 그 과정에서 자신들이 처해진 종속적 위치를 탈피하여 세계열강에까지 진출하게 되었다. 이것으로도 알 수 있듯이 한국이 일본의 경제적 종속국이 될 것인가 아닌가는 오로지 일본의 기술과 자력을 어떻게 받아들이고, 또한 어떻게 소화하는가에 달려있다고 생각한다.[21]

이러한 주장은 사실상 박정희 정권의 '선[先]건설, 후[後]통일'의 방침하에 경제를 발전시키기 위해서는 앞선 일본을 본보기로 하여 일본과 연대해야만 한다는 인식과 일맥상통하는 것이며, 한국이 빠른 시일 내에 경제발전을 이룩하는 것이야 말로 한국이 주도하는 통일을

[21] 위의 신문.

앞당길 수 있다는 논리였다.

1965년 2월 20일, 기본조약의 가조인이 이루어지자, 민단에 의해 전개되던 한일회담 촉진운동은 일본정부에 대한 진정[陳情] 운동으로 전환되었다. 3월 3일부터 4일까지 이틀에 걸쳐 도쿄 신주쿠 야스다[安田]생명 홀에서 개최된 법적지위 요구관철 전국대표자회의에서는 일본정부에 대한 진정활동을 전개하기로 합의했다.[22]

1965년 4월 3일에는 도쿄에서 청구권, 어업, 재일한국인의 법적지위에 관한 협정의 합의사항에 대한 가조인이 이루어 졌는데, 이로써 앞선 2월 20일에 기본조약이 가조인 된 이후, 양국 간의 핵심문제에 대한 처리는 조약상 일단락되었다. 이에 대해 민단은 성명[23]을 통해 먼저 '한일회담의 조기타결을 10여 년에 걸쳐 추진해 온 민단은 이것을 환영한다'는 입장을 밝혔다. 하지만, 가조인 내용과 관련해서는 '우리들이 몹시 불만스러운 것은 재일한국인의 법적지위 및 처우문제가 우리들의 요구로부터 크게 동떨어져 있는 점이며, 일본정부가 우리들의 절실한 실정을 이해하지 못한 것은 참으로 유감스럽기 그지없다'며 불만의 뜻 역시 표명했는데, 불만의 대상은 한국정부가 아닌 일본정부의 재일조선인에 대한 이해 부족으로 치부되었다. 또한, '일본당국과 일본국민에 대한 친선의 기운을 한층 더 높임과 동시에 이러한 이해를 높이는 운동을 통해 본조인까지 요구관철 운동을 계속하여 전개할 것을 또다시 강조한다'고 성명을 발표했다. 나아가 5월 7일에는 '가조인에 즈음한 민단 제4회 임시중앙위원회 성명[24]'이 발표되었는데, 여기에서 민단은 한일회담 타결을 계기로 본국정부에 대해 '재일교포 대책에 관한 기본정책의 책정을 강력히 요구함과 동시에 특히 2세 교육문제에 관해서는

---

22) 金相賢, 『在日韓国人－同胞80年史』, 檀谷学術研究院, 1969.95쪽.
23) 『韓国新聞』 1965년 4월 18일자.
24) 전문은 在日韓国青年同盟中央本部, 『在日韓国人の歴史と現実』, 洋々社, 1970, 104~106쪽을 참조.

교육재단의 설립 등, 근본정책의 수립을 더불어 요청'했다. 이는 그동안 한국정부의 재일조선인에 대한 정책의 부재를 지적하는 것이기도 했다.

제2절 법대위의 결성과 법적지위 요구관철 운동의 전개

그런데 1962년 11월 '김·오히라 메모' 합의에 의해 청구권 문제는 이미 어느 정도 정치적 해결을 본 상태였다. 한편 당시 재일조선인의 법적지위 문제에 관해서는 1962년 12월 5일 민단 제37회 중앙이사회에서 법적지위대책위원회의 설치가 검토되어[25], 동년 12월 12일에는 재일동포법적지위대책위원회(이하, 법대위) 제1차 회의가 개최되었다. 이때 법대위가 제기한 문제점은 첫째, 재입국허가의 제한문제 둘째, 협정영주권자의 가족에 대한 강제퇴거문제 셋째, 양국정부의 공동발표 사항의 대부분이 실현되고 있지 않는 문제, 마지막 넷째로는 영주권 허가의 수속이 복잡하고 허가 기준이 매우 엄격하다는 문제였다.

1963년 5월 24일에서 25일 이틀에 걸쳐 도쿄 구보[久保] 강당에서 열린 제29회 전체대회에서 권일 집행부는 민단규약을 정부여당 체제에 맞춰 개정하려 했다. 이에 대한 비판을 받은 권일 단장은 낙선되고[26], 새롭게 김금석[金今石]이 단장으로 선출되었다. 권일파에 반대하는 김금석이 단장이 됨과 동시에 민단의 법적지위 요구 운동은 보다 근본적인 문제로 파고들면서 이전보다 활발히 전개되었다.

---

25) 民団, 『民団40年史』, 1987, 954쪽.
26) 朴慶植, 『解放後在日朝鮮人運動史』, 三一書房, 1989, 445쪽.

법대위는 1963년 9월 4일부터 1개월간에 걸쳐 법대위 위원 박성진[朴性鎭]과 정철[鄭哲] 등을 중심으로 법적지위 문제 각 지방 본부 순회공청회27)를 여는 등, 활발한 활동을 전개해 나갔다. 또한 김금석 집행부는 1964년 1월 21일과 22일 이틀 동안 도쿄 야스다 생명 홀에서 제1회 중앙위원회를 개최하고, 여기서 특별위원회28)를 구성하여 본국정부에 대한 진정활동 및 공청회 개최29) 등을 통하여 법적지위 요구관철 운동을 전개해 나갔다. 후일 김금석 집행부하에서의 법적지위 요구관철 운동은 '전국에서 십 수만 명의 교포를 동원하여 과감한 의사 표시를 했다30)'고 평가되기도 한다.

특히 1964년 2월 1일 민단 긴키[近畿]지방협의회가 '법적지위 요구관철 민중대회'를 오사카 나가노지마[中之島] 공원에서 개최했는데, 이 대회에서는 '대일굴복반대'를 표명했다. 이를 계기로 각지에서 이와 비슷한 운동이 속출했다. 이러한 움직임에 주일한국대표부는 민단의 진정단을 대표부에 입장시키지 않는(1964년 2월 3일) 등의 조치를 취해, 주일한국대표부와 민단 사이에서 갈등을 빚었다. 민단은 동년 2월 14일 히비야 공회당에서 '법적지위 요구관철 민중대회'를 개최하고, 주일한국대표부의 '일본퇴거'를 요구하며, '대일교섭반대'를 요구하는 등 대규모 데모행진에 나섰다. 또한 민단은 3월 27일, 재일동포의 법적지위 문제를 본국에 직소하기 위한 진정단을 본국에 파견하기도 했다. 그 결과 한국정부는 1964년 4월 3일, 재일한국인 대표를 한일회담 법적지위 전문위원회에 고문이란 명목으로 참가시킬

---

27) 民団, 앞의 책, 1987, 956쪽.
28) 이날 구성된 특별위원회는 법적지위대책위원회(위원 9명), 규약수정위원회(위원 9명), 전체대회 대의원배정위원회(위원 11명)이다(民団, 앞의 책, 1987, 91쪽).
29) 1963년 9월 4일 민단중앙은 법적지위문제와 관련하여 각지방본부에서 순회공청회를 개최했다.
30) 韓学同中央総本部 資料, 『法的地位問題－第3回総合文化祭－』, 1966, 53쪽.

것을 결정했다.[31]

하지만 1964년 7월, 김금석 집행부는 내부자에 의한 '공금부정 소비
사건'으로 퇴진하게 되고, 동년 7월 12일 도쿄 도시마 공회당에서 열린
제30회 임시대회에서 권일 체제가 부활하게 되었다.[32] 다시금 민단중
앙을 장악한 권일 집행부는 먼저 도쿄올림픽(1964년 10월 10일부터 10
월 24일)의 후원사업에 힘쓸 것과 법적지위 요구운동은 한일회담의 촉
진을 전제로 한 운동이어야 할 것임을 확인했다.

1964년 12월 3일, 제7차 한일회담에 앞서 민단 권일 단장이 한국 측
대표단 고문에 내정(제7차 회담에 고문으로 참석)되고, 제2회 전국지방
본부 단장회의가 소집되었다.[33] 12월 5일부터 6일 양일간에 걸쳐 일본
내 34현 본부대표가 모여 민단중앙본부 회의실에서 열린 이 회의의 의
제는 도쿄올림픽 후원사업에 대한 총괄보고와 법적지위문제의 연구
및 토의 두 가지였다.

먼저 첫날에는 '제7차 한일회담을 열렬히 지지하며 현재 국제정세에
비춰 자유우호국가인 한일양국의 국교정상화 문제는 매우 중대한 의
의를 갖는 것이며 이번 기회에 성공시킬 것을 갈망하여 마지않는다[34]'
고 성명하고, '한일회담 현안의 하나인 재일교포의 법적지위 문제에 관
해서는 재일 60만 동포가 지대한 관심을 갖고 있으며, 어디까지나 우리
들의 요구에 합치할 것을 바라고 있다[35]'며, 박정희 대통령에게 보내는
메시지를 채택하고 바로 본국에 전달할 것을 결정했다.

회의 둘째 날에는 한일회담 법적지위위원회의 한국 측 이호[李鎬

31) 民団, 『民団40年史』, 1987, 93쪽.
32) 1964년 7월 12일, 민단 제28회 임시대회가 도쿄 이케부쿠로[池袋] 도시마[豊島] 공회
당에서 개최되어 제28대 단장으로 권일, 부단장으로는 한회준[韓檜俊], 정형화[鄭炯
和]가 선출되었다.
33) 『韓国新聞』 1964년 11월 28일자.
34) 『韓国新聞』 1964년 12월 18일자.
35) 위의 신문.

(한국법무국장) 대표로부터 법적지위에 관한 설명이 있었으며[36], 또한 권일 단장은 법적지위 문제의 확립을 통해 ①영주권 소유자에게는 본국 왕래의 자유를 인정한다. ②본국으로 보내는 송금에 대한 제한

[36] 한국정부 주장과 민단 요망 사항

	한국정부 주장	민단 요망 사항
영주권문제	① 부여범위-1945년 8월 9일 이전부터 거주하는 자(거주 시점 시기는 1945년 8월 9일로 한다.) ② 자손에 대해서는-발효일부터 일정 연한 내에 출생한 자는 부모와 동등한 협정상 영주권을 부여해야 한다.(이산가족, 배우자에 관한 문제는 별도로 인도적 견지에서 해결해야만 한다.) ③ 종전 이후부터 일본에 거주하는 재일한국인도 상당한 기간 계속하여 거주한 자에 대해서는 일본 국내법에 의한 영주권을 부여해야 한다.	① 종전일 이전부터 계속 거주하는 자 및 그 자손에 대해서는 거주유래의 특수사정을 감안하여 당연히 영주권을 부여할 것. ② 샌프란시스코 강화조약일 이전부터 계속 거주하는 자에 대해서도 거주 실적을 고려하여 전항과 같은 영주권을 부여할 것. ③ 강화조약 이후 입국한 자 가운데, 특별재류허가를 취득한 자에 대해서는 현행법상의 영주권을 부여할 것. ④ 거주 한국인 가운데 아직 취득하지 못한자라하여도 전항과 같은 조치를 강구할 것. ⑤ 거주 한국인의 이산가족에 대해서는 인도적 조치로서 재회의 기회를 주고, 또한 일본입국 후는 법률상의 거주권을 부여할 것. ⑥ 재입국은 영주권의 효력으로 발생하는 당연한 권리로 허가할 것. 이 경우 본국 여행 시에는 무조건 또한 즉각 허가하고, 외국 여행 시에는 일본인과 동등하게 취급할 것.
강제퇴거문제	일본 측의 주장과 동문[同文]으로 동의한다. 특정경우의 범위에 관해서는, ① 파괴활동에 관한 범죄(내란, 외환의 죄를 범해 2년 이상의 실형을 받은 자) ② 흉악범(10년 이상의 수형자에 한함) ③ 마약범(마약범에 관해서는 고려해 봄)	① 폭력범의 범위는 내란죄 및 외환죄에 한정할 것. ② 파방법 제4조 2항 각호의 적용은 절대로 용인할 수 없다.

을 두지 않는다. ③대한민국 국적을 갖지 않는 자는 금후 일본에서 살기 어렵게 한다는 등을 들고, 이런 기준에 따라 문제를 추진해 가겠다는 것을 보충 설명했다. 나아가 '회담을 지지하는 운동은 크게 전개해 주길 바란다'며 한일회담 촉진운동을 적극적으로 전개해 줄 것을 당부했다.

1964년 12월 18일, 권일 집행부는 '법적지위대책위원회'를 재구성하고 권일 단장이 동 위원회의 위원장에 취임했다.[37] 그리고 '1965년 2월

처우 문제	재산권 및 직업권-한국인이 사회적, 경제적 활동시에 참정권이라든가 공무담당권과 같은 권리 자체의 성격이 그 국민에게만 허용되는 권리를 제외하고는 내국민과 동등한 대우를 부여한다. 사회보장문제-의료, 보험 그 외 사회보장 전반에 걸쳐 일본인과의 차별이 없도록 주장.	① 일반적으로 공민권을 제외한 모든 권리를 내국민과 동등하게 처우한다는 원칙에 입각해, 특별한 경과 조치를 강구할 것. ② 특히 재산권 및 직업권의 취득에 대해서는 전회[前號]의 원칙을 확실히 적용할 것. ③ 재일한국인의 영업권의 확보 및 일본정부가 부여하는 금융 조치는 일본인과 동등하게 대우할 것. ④ 의료(화재, 생명) 그 밖의 사회보장은 일본국민과 차별 없이 적용할 것.
교육 문제	소학교[小學校], 중학교의 의무교육과정은 동등 대우한다. 합의.	의무교육과정은 내국민과 동등하게 대우할 것. 고교, 대학에의 진학은 기회균등으로 할 것. 재일한국계열의 각종 학교에 대해서는 법률 제1조에 해당하는 학교로 인가하고, 그 때까지의 잠정 조치로 일본의 각 급 학교와 동등한 자격을 부여할 것.
재산 반출 문제	재산반출에 대해서는 합의. 현금 반출에 대해서는 1세대 단위로 최초 송금액 1만 달러를 반출할 수 있도록 주장. 이상 합의.	귀국자에 대해서는 본인의 희망에 따라 현금 전액과 모든 동산을 귀국과 동시에 인정할 것.
국적 확인 문제	재일교포는 전부 대한민국국민임을 일본정부는 확인한다.	재일한인은 전부 한국국민이라는 원칙을 확인할 것.

* 1964년 12월 18일자 『韓国新聞』을 참고하여 작성.

말까지 한일회담 촉진운동을 전개해 나가는 것과 동시에 당면한 운동
방법으로 일본정부 관계당국에 우리들의 입장을 호소하고, 권익을 옹
호하는 진정운동을 추진할 것을 결정'했다. 또한 중앙의 진정운동과 병
행하여 각 지협[地協] 단위에서도 일본 각 지방의회, 지사[知事], 국회의
원 등에게 우리들의 의사가 반영될 수 있도록 운동을 고조시키며, 이
운동에 필요한 일본정부에의 요망[要望]을 문서로 배포한다[38]'는 운동
의 당면 방침을 결정했다.

　1964년 12월 31일 권일 단장은 본국정부에 법적지위 요구사항을 제
출했다. 조금 길지만 여기에 전문을 인용해보도록 하겠다.

　　본국정부에 대한 재일한국인의 법적지위 및 처우문제에 관한 요구
　사항

　　1. 영주권문제
　　「부여범위」
　　① 협정상의 영주권
　　　가. 샌프란시스코 평화조약 발효일 이전부터 계속 거주하고 있는 자.
　　　나. 전기 조약 발효일 후에 입국한 자 가운데 종전 이전에 생활 실적
　　　　을 갖고 있으면서 전쟁의 원인(소개[疎開], 징병, 징용 등)으로 일
　　　　시 일본국을 출국한 자, 또는 생활의 본거를 일본에 두면서 일시
　　　　본국에 귀국한 자.
　　　② 현행법상의 영주권
　　　　샌프란시스코 평화조약 발효일 이후에 출국한 자 가운데 거주의

委 員 長　権 逸
　　幹事委員　金正柱(主務幹事)　長聰明　金英俊　金己哲　金今石　文慶韻　金八雄
　　委　　員　朴 玄　鄭炯和　尹致夏　金今石　金英俊　許弼奭　李根馥　金正柱
　　　　　　　朴根世　鄭 哲　金八雄　裵東湖　安八竜　李熙健　長聰明　鄭煥禧
　　　　　　　金德淳　文圭準　金寬植　金己哲　姜柱重　裵石福　吳世経　文慶韻
　　　　　　　吳允台　吳基文　金信三　金宰淑　朴炳憲　朴太煥　申 灘　陳斗鈜
38)『韓国新聞』1965년 1월 28일자.

목적으로 특별재류허가를 받아 계속 거주하고 있는 자.

③ 재류허가의 미취득자

아직 재류허가를 취득하지 않은 자에 대해서도 그 거주 실적에 따라 전기①②의 각 항목에 준하여 행정조치를 강구할 것.

④ 자손의 영주권

자손에 대해서는 부모와 동일한 영주권을 계승시키도록 할 것.

「부대문제」

① 이산가족 및 배우자에 관한 문제는 인도적 견지에서 해결하지 않으면 안 된다. 재회한 이산가족(직계가족에 한함)은 초청세대주와 친척의 입국배우자는 초청배우자와 동일한 여주권을 부여할 것.

② 영주권의 당연한 효력으로서 본국여행시의 일본재입국은 무조건 그리고 즉시 허가되어야 하며, 외국여행시의 출입국은 일본국민과 동일하게 취급되어야 한다.

2. 강제퇴거문제

① 파괴활동에 관한 범죄로는 내란, 외환에 관한 죄에 한정한다.

②「외교상의 이익방행행위」와 같은 추상적 항목은 절대로 용인할 수 없다.

③ 흉악범(10년 이상의 실형자), 마약범(협정발효일 이후 3범 이상)에 대한 것은 정부안에 찬동한다.

3. 처우문제

① 재산권 및 직업권

가. 참정권 또는 공무원 취임권을 제외하고 일본국민과 완전히 동등한 대우를 받도록 할 것.

나. 특히 영업권의 보호에 있어서는 재일한국인의 사회적, 경제적 기반이 전반적으로 취약한 점을 고려하여 허가, 금융, 과세 등에서 차별이 없도록 조치할 것.

② 사회보장문제

의료 또는 보험, 그 외 모든 사회보장은 전반에 걸쳐 일본인과 동일하게 적용하도록 강력히 주장할 것.

③ 교육문제

　　가. 의무교육과정의 내국민 대우, 고교, 대학진학의 기회균등은 이의[異議] 없음.

　　나. 재일한국계열 각 학교에 대해 일본학교교육법 제1조에 해당하는 학교로써 인가취득이 불가능할 때에는 본국정부가 부여하는 동등의 자격을 일본정부가 인정하도록 할 것.

4. 재산반출문제

① 귀국자에 대한 재산의 반출은 현금 전액과 동산의 전부를 일시에 반출하도록 할 것.

② 본인의 희망에 따라 분할반출도 무방하다.

5. 국적확인문제

재일한국민은 모두 한국국민이라는 원칙을 확인한다.

　〔특별요망사항〕

① 한일회담 성립 시에 일정액을 교포 자녀 교육자금으로 염출[捻出]하고 교포의 기부금과 합하여 교육재단을 설립하도록 할 것.

② 민단이 일본정부에 요망한 각 항목 가운데 특별은행설립 허가의 건은 특히 정부교섭에서 취득해 받을 것.

③ 한일회담 성립을 계기로 하여 재외주민의 자치기관에 대한 권위의 확립과 재정 확보에 관한 방법을 입법조지하여 강구할 것.

　1965년 2월 9일과 10일 이틀 동안 도쿄 신주쿠 야스다 홀에서 민단 제3회 중앙위원회가 열렸다. 여기에서는 '앞서 중앙집행부가 구성한 법적지위위원회는 정식 승인한다. 그리고 위원의 임명권을 동 위원회에 맡긴다[39]'는 것을 결정했다. 또한 다카스기 신이치[高杉晋一] 발언과 관련해서는 안영과[安泳科] 효고현[兵庫県] 위원이 '다카스기 발언을 어떻게 생각하는가'에 대한 질의가 있었다. 이 문제에 대해서는 그 발언이 사실

---

39) 『韓国新聞』 1965년 2월 18일자.

무근이라는 다카스기 대표의 공개장이 낭독됨으로써 종지부를 찍었다.

1965년 2월 20일 기본조약이 가조인 되고 청구권, 어업, 법적지위 문제[40]의 가조인이 다가오자, 1965년 3월 3일 신주구 야스다 홀에서 법적지위 및 처우문제에 관한 요구관철 전국대표자회의가 개최되고, 뒤이어 동년 3월 15일에는 제3회 전국 지방본부 단장회의(전국 지방본부단장 및 사무국장 연석회의)가 나고야[名古屋]에 있는 아이치현[愛知縣] 본부에서 개최되었다.[41] 권일 단장은 한일회담의 진행상황으로 보아 법적지위 문제는 중요한 단계에 들어섰다는 견해를 밝히고, '우리들은 거단적[擧團的]인 단결력을 갖고 우리들의 요구를 관철시켜야 한다'고 주장했다. 이 회의에서는 총액 1,460만 엔을 법적지위 대책 긴급자금으로 각 현본부별로 할당 지불할 것을 결정했

---

[40] 법적지위 문제에 관한 한일양국정부의 주장

	일본정부 주장	한국정부 주장
법적 지위 문제 관련	①샌프란시스코 평화조약이 발효한 날까지 일본에 거주하고 있던 한국인의 자손은 영주권 부여를 원칙으로 하지만, 법적지위가 발효하는 날까지 일본에서 출생하는 재일한국인의 자손에게도 영주권을 부여할 수 있다. ②7년 이상의 체형을 받든가, 또는 내란, 외환, 소요죄 등 외교상 중대한 이익을 해하는 자는 강제퇴거 시킨다. ③재일한국인의 재산 반출은 5천 달러를 한도로 하여 설정한다. ④재일한국인의 처우는 가능한 한 공평을 기하지만, 협정상의 최혜국대우를 할 수 있다.	①재일교포로 전전은 물론 일본에 계속 거주하는 자의 자손에게 영주권을 부여하는 것을 원칙으로 하지만, 법적지위협정이 발효되고, 영주권의 신청기한이 종료하는 5년 내에 출생한 자의 자손에게도 협정상의 영주권을 주는 것으로 타결한다. ②강제퇴거 사유는 내란죄, 외환죄 또는 10년 이상의 체형을 받은 자로 한다. ③영주권자가 귀국할 때에는 1만 달러 이상의 재산반출을 허용하지 않으면 안 된다. ④교포의 경제활동에 차별대우를 없애고, 참정권을 제외한 내국민 대우를 해야 한다.

* 『韓国新聞』 1965년 12월 18일자 참고 작성.

[41] 여기에서는 기본재정의 확립문제, 법적지위 대책위원회의 활동자금, 올림픽 후원회의 사후처리, 한청 및 한학동에 대한 지도체계의 확립 등에 관한 문제가 토의되었다(『韓国新聞』 1965년 3월 18일자).

다.[42] 또한 3월 30일에는 윤치하[尹致夏] 감찰위원장을 단장으로 9명의 진정단을 본국에 파견하고, 앞서 제출한 요망사항에 관해 다시한 번 강력히 요청했다.[43]

한일회담의 정식조인에 앞선 1965년 6월 16일에는 '재일한국인 법적지위 및 처우요구관철 오사카지구 민중대회'가 모리노미야[森の宮] 중앙공원에서 약 7천여 명이 참가하여 개최되었으며, 대회가 끝난 뒤에는 오사카시의 중심부를 시위 행진했다.[44] 또한 17일에는 1만5천여 명의 군중이 히비야 야외 음악당에 모여 '재일한국인 법적지위 및 처우요구관철 중앙민중대회'를 개최했다. 이 대회에서 선출된 진정단은 일본정부 및 대한민국주일대표부에 요청결의문을 직접 건네고, 가스미가세키[霞ヶ関], 도라노몬[虎ノ門], 신바시[新橋] 및 도쿄의 번화가에서 시위행진을 전개했다.[45]

제3절 재일한국청년학생의 법적지위 요구관철 운동의 전개

민단중앙이 군사정권을 지지하고 군사정권의 대일외교에 적극적으

---

[42] 법적지위대책 긴급자금의 각 현 본부별 할당금액

현본부	금액(円)	현본부	금액(円)	현본부	금액(円)
福 岡	500,000	大 阪	3,000,000	神奈川	1,000,000
山 口	500,000	京 都	1,000,000	青 森	300,000
広 島	1,000,000	愛 知	1,500,000	栃 木	300,000
岡 山	500,000	東 京	2,000,000	商工会	1,500,000
神 戸	1,000,000	北海道	500,000	합 계	14,600,000

* 출전:『韓国新聞』1965년 3월 18일자.

[43] 権逸,『権逸回顧録』, 刊行委員会, 1987, 341쪽.

[44] 양영후에 의하면, 6월 16일 오사카에서 열린 집회에서는 민단중앙의 권일 단장으로부터 '법적지위위원회 교섭에서는 100%까지는 아니라도 80%의 성과는 얻었다고 믿고 있다. 중요한 것은 한일회담의 타결이 제1목적이고, 회담반대의 조총련 선전에 놀아나지 않도록 요망하고 싶다'며, 한일회담의 타결을 중점적으로 강조한 것이 주목되었다고 기술하고 있다(梁永厚,『戦後・大阪の朝鮮人運動1945~1965』, 未来社, 1994, 214쪽).

[45] 民団,『民団20年史』, 1967, 408~409쪽.

로 협력했던 것과는 달리, 재일본한국학생동맹[在日本韓国学生同盟(이하, 한학동)]은 1961년 5월 27일에 열린 제20회 대회에서 4월혁명의 계승과 군사정권 타도를 결의하였고, 재일본한국청년동맹[在日本韓国青年同盟(이하, 한청)] 역시 이를 뒤따랐다.[46] 하지만, 당시 한학동은 조직내의 분열이 생긴 것을 계기로 민단 권일 집행부로부터 한학동 집행부의 대다수가 정권처분[停權處分(1961년 12월 11일)]을 받았기 때문에 눈에 띄는 활동은 거의 볼 수 없었다. 그 후 한학동은 1963년 6월 8일 아자부[麻布] 공회당에서 열린 제24회 정기중앙대회에서, '과거 2년간에 걸친 분열상태를 청산하고 한학동 내부의 대동단결에 의한 기반을 확보, 전진적 운동의 첫발[47]'을 내딛게 되었다.

더욱이 1964년 2월에 들어서자, 한청 및 한학동은 '한일회담에서 재일한국인의 법적지위 요구를 관철시키자![48]'라는 성명을 발표했다. 이 성명에서 그들은 '우리들은 이제까지 한일회담의 촉진을 환영해 왔지만, 이것으로는 반대로 일본정부의 차별정책을 합리화'시키는 것이 되며, '지금이야말로 우리들은 우리 자신의 권익을 지키기 위해서라도, 한일양국의 진정한 우호관계를 수립시키기 위해서라도, 우리들 재일동포가 일본에 거주하기에 이른 역사적 배경과 현재의 입지 조건 등을 충분히 고려해, 이 회담에서 우리들의 요구가 관철되도록 한일양국 정부에 강력히 요구'할 것을 호소했다.

또한 요구 사항으로 내건 것은 ①영주권의 무조건 부여, ②강제송환 반대, ③귀국 시 전 재산의 반출을 인정할 것, ④일본정부의 재일한국인에 대한 중과세정책을 멈출 것, ⑤일본정부의 재일한국인에 대한 차별대우를 멈출 것 등, 재일한국인이 인간으로서 살아가기 위한 최소한

---

46) 朴慶植, 앞의 책, 1989, 443~444쪽(한학동에 의한 '5·16 쿠데타 반대성명'은 統一朝鮮新聞社, 『統一朝鮮年鑑』, 1965~66年版, 499~500쪽을 참조).
47) 韓学同中央総本部 1966年夏期キャンプ, 『在日僑胞史』, 1966, 32쪽.
48) 韓青中央, 『在日韓国人の歴史と現実』, 洋々社, 1970, 75~78쪽.

의 요구를 한일양국 정부가 즉시 받아들여야 할 것이라 주장했다.

동년 3월 16일에는 한학동이 재일한국학생 '한일회담반대 투쟁위원회'를 결성하고, 3월 21일 도쿄 신바시의 도라노몬에 있는 닛쇼회관[日消会館]에서 '한일회담 요구관철 청년학생 궐기대회'를 개최했다.[49] 당일은 한국정부에 보내는 요청문과 선언문이 채택되었고, 신주쿠 와카마쓰초[若松町]까지 시위행진을 하고난 후, 당시 김종필이 방일하여 머물고 있던 힐튼호텔까지 찾아갔지만 김종필과의 면담은 이뤄지지 않았다. 한학동은 동년 6월 6일에도 본국학생들의 총궐기에 호응하여 '재일한국인학생지원대회'를 개최하는 등 한국 내 반대운동에도 강한 연대감을 표명했다.

한일기본조약의 가조인을 위해 서울로 출발하는 시이나 에쓰사브로[椎名悦三郎] 일본외상에 대해 한청 및 한학동은 1965년 2월 17일, '시이나 외상은 방한을 중지하라![50]'라는 성명을 발표했는데, 여기서 그들은 '한일국교정상화는 과거의 역사적 사실을 직시하고 이것을 청산하는 것이 되어야 한다'며, 한일 간의 국교정상화는 과거청산이 전제되어야 함을 주장했다. 또한 '일본정부는 과거 36년간의 죄악을 전 한국민 앞에서 사죄할 것, 다카사키 발언을 취소하고 한일회담에서 추방할 것, 시이나 외상의 방한을 중시할 것'을 요구했다.

3월 3일 민단전국대표자회의 및 법대위 총회가 끝난 후, 한청 및 한학동은 '법적지위 요구관철 비상실행위원회'를 구성하고[51], 이 위원회 명의로 결의성명을 발표했다. 나아가 3월 8일에는 한학동 중앙이 '굴욕적 한일회담반대 투쟁선언[52]'을 발표했다.

---

49) 『조선신보』, 1964년 3월 25일자.
50) 韓青中央, 앞의 책, 1970, 82~83쪽.
51) 위의 책, 69쪽.
52) 韓学同中央 資料, 『法的地位問題-第3回総合文化祭-』, 1966, 122쪽; 統一朝鮮新聞社, 『統一朝鮮年鑑』, 1965~66年版, 1965, 513쪽.

이 투쟁선언에서 한학동은 한일회담에 대한 기본적 태도[53]를 명확히 했는데, 그 내용은 '①우리 재일교포 60만의 권익을 옹호하고 교포의 법적지위 요구를 받아들이지 않는 한일회담은 있을 수 없다. ②100만 어민의 권익, 생명선(평화선)을 수호하지 않는 한일회담은 있을 수 없다. ③전 민족의 권익을 팔아넘기는 매국적 회담은 있을 수 없다'는 세 가지 항목을 밝혔다. 나아가 '재일교포의 법적지위 요구관철 운동을 기축으로 하는 우리들의 투쟁은 전 국민의 굴욕적 한일회담 반대투쟁의 일환이며, 궁극적으로는 민족의 자주적, 민주적, 평화통일이 존재한다[54]'고 주장했다.

또한 한학동은 그 투쟁선언에서 그들의 한일회담 반대운동을 하나의 '민족운동'으로 규정했다. 그 내용은 다음과 같다.

> 명심하자. 일찍이 침략과 착취와 탄압에의 반항이 그 강인한 항일제[抗日帝] 독립투쟁을 전개시킨 것처럼 현재의 기만과 치욕과 매국에 대한 우리들의 투쟁을 계속하게 하는 것이다. 우리들은 이 민족투쟁을 본국의 동포 및 청년학생과 함께 최후까지 싸워 나가자.[55]

한청 및 한학동은 1965년 3월 9일부터 11일까지 도쿄에 있는 아자부 공회당에서 '법적지위 요구관철·평화선 사수 중앙민중궐기대회'를 개최했다. 여기에서 그들은 '우리들의 요구가 관철되지 않는 한일회담은 용인할 수 없다'는 슬로건을 내걸고 민단중앙과 대립하는 입장을 선명히 했다. 또한, 이날의 성토대회에서는 '권일은 매국노다. 3천만을 살리기 위해 60만을 희생시키라는 것은 이완용과 같은 놈이다', '3천만 민족의 이름으로 권일의 국적을 박탈해야만 한다', '권일을 추방하라!', '민단

---

53) 韓青中央, 앞의 책, 1970, 89~90쪽; 民団, 『民団20年史』, 1967, 567~568쪽.
54) 韓青中央, 위의 책, 90쪽.
55) 위의 책.

중앙 집행부는 우리들의 권익을 옹호하고 있지 않다', '민단중앙 집행부에 불신임안을 제출하라', '음험한 한국정부 대표들과 서로 이야기하기 위해서는 어떻게 해야 할 것인가'는 등의 발언이 쏟아져 나왔다.[56] 이튿날 후인 3월 11일 한청 및 한학동은 '법적지위 요구관철 및 평화선 사수 제3회 궐기에 즈음하여[57]'라는 특별성명을 발표했다.

이 성명에서는 '재일교포 60만의 사활을 좌우하는 법적지위 문제를 민족적 견지에서 결사 요구관철코자 하는 우리들의 애국운동과 평화선의 사수를 외치는 대한민국 국민으로서의 당연한 주장이 현재 말살되려 하고 있다'고 주장했다. 나아가 '민단중앙대회, 중앙위원회에서 법적지위 요구관철을 결정했음에도 불구하고, 어떤 구체적인 성과를 얻을 수 있는 운동을 전개하고 있지 않다'는 등, 민단중앙을 거세게 비판하고, '함께 법적지위 요구관철을 위해 싸움을 전개하지 않으면 안 될지언정 책임 회피에 급급하고, 끝내 실질적인 방해 공작을 궁리하는 등은 정녕 재일교포의 기본적인 입장을 망각한 반민족적 폭거라 단정 지으지 않을 수 없다'며, '우리들의 권익옹호의 기관이어야 할 민단중앙은 그 사명을 포기하고 있다'고 단죄[斷罪]했다. 그리고 주일한국대표부에 대해서는 '즉시 민족적 입장에 서기 바란다'고 요구하고, 일본정부 및 경찰에 대해서는 '우리들의 정당한 권리 행사를 침해하며 폭력을 일방적으로 행사한 것'과 '일본경찰관이 행진중인 우리 동료들에게 갑자기 폭력을 가하고 우리 국기를 빼앗고, 훔쳐가 짓밟는 것은 용서할 수 없는 폭거'라고 거센 비난을 하고 있다.

이 성명의 마지막에는 '우리들은 우리 대표단이 한일회담에 이 이상 굴욕적인 태도로 참가할 필요는 인정할 수 없다. 우리들은 독립국가의

---

56) 『韓国新聞』, 1965년 3월 18일자.
57) 韓学同中央 資料, 『法的地位問題－第3回総合文化祭－』, 1966, 123~125쪽; 民団, 『民団20年史』, 1967, 568~569쪽.

일원으로써 대한민국을 열렬히 지지한다'고 끝내고 있다.

이러한 한청 및 한학동의 반대운동에 대해 민단은 다음과 같이 비판하고 있다.

> 그들의 일련의 이러한 행위는 진리를 추구하는 청년학도의 순진함을 넘어, 법적지위 요구라는 이름을 빌려 한일회담을 반대하는 방향으로 운동을 전개하려 하는 것이며, 조국의 현상과 민단이 처한 입장을 무시한 것으로, 그 결과가 한일회담의 타결을 저지하고 전 한국의 적화를 도모하는 북한, 조총련에 이로운 행위임은 말할 것도 없다.[58]

이런 민단중앙의 비판에도 아랑곳하지 않고 한청 및 한학동은 '유설보도반遊說報道班'을 조직하여 동포 계몽활동을 전개함과 동시에, 체포된 청년학생에 대한 구원활동 등을 각지에서 전개해 나갔다.[59]

3월 23일, 당시 이동원 외무부장관이 방일했을 때에는 '학생 대표 50여명이 60만 교포의 요구를 등에 업고 하네다 공항에 갔지만, 일본관헌에 저지[60]'당했다. 이튿날 24일에는 지요다 공회당에서 '법적지위 요구 관철·평화선 사수 중앙민중궐기대회'(도쿄·300명, 검거 1명, 부상학생 10명)를 개최했으며, 그 다음 날인 25일에도 닛쇼회관에서 청년학생 약 500여명이 참가하여 '법적지위·평화선 굴욕적 가조인 반대 중앙민중궐기대회'를 개최했다. 대회를 마친 후에는 가두데모 및 주일한국대표부 진정데모로 이어졌다.[61] 이때 발표된 '굴욕적 한일회담 반대 결의문[62]'에서는 '비밀외교의 베일 속에 감싸여 있던 한일회담의 굴욕성과

58) 『韓国新聞』, 1965년 3월 18일자.
59) 韓青中央, 앞의 책, 1970, 125쪽.
60) 韓学同中央, 1966年夏期キャンプ, 『在日僑胞史』, 1966, 34쪽.
61) 위의 자료, 1966, 35쪽.
62) 韓学同中央 資料, 『法的地位問題－第3回総合文化祭－』, 1966, 126쪽; 民団, 『民団20年史』, 1967, 569쪽; 統一朝鮮新聞社, 『統一朝鮮年鑑』, 1965~66年版, 1965, 513쪽.

침략성은 청천백일하에 폭로되었다'며, 다음과 같은 사항을 결의하고 있다.

· 평화선을 파는 가조인 절대 반대!
· 우리들의 요구가 관철되지 않는 법적지위 가조인 절대 반대!
· 배족적[背族的] 회담을 하고 있는 대표단은 즉시 귀국하라!
· 이동원[李東元] 외무장관은 굴욕적 협상을 중단하고 즉시 귀국하라!
· 평화선을 양도한 차[車]농림부장관은 민족의 이름으로 추방하자!
· 굴욕적 한일회담을 즉시 중단하라!
· 삼천만 동포는 구국투쟁에 총궐기하라!

법적지위 요구관철 운동을 중핵으로 하는 한청 및 한학동의 운동은 3월 26일의 '한일회담에 대한 법적지위 요구관철 항의행동'(도쿄 70명, 검거 7명)을 기점으로 하여, 4월 3일 청구권, 어업, 법적지위에 관한 제협정이 가조인된 이후는 조약의 비준반대 운동을 전개해 나가게 되었다.

4월 6일, 아자부 공회당에서는 학생 약 200여 명이 참가하여 '굴욕적 가조인 반대 민중궐기대회'을 개최했다. 이 대회에서는 '신을사오적 장례식[新乙巳五賊葬式]'이 거행되었고, 그 후에는 장의[葬儀]데모가 거행되었다.[63] 또한 18일에는 오사카 모리노미야 시민회관에서 '4·19학생혁명 5주년 기념 및 굴욕적 가조인 반대 간사이 청년학생 궐기대회'를 열고, 결의문을 채택했다.[64] 결의문에서는 '"법적지위요구관철", "평화선 사수", "굴욕외교반대"등 신성하며 또한 정당한 요구는 전혀 무시되었다'며 다음과 같이 결의했다.

63) 韓学同中央, 1966年夏期キャンプ, 『在日僑胞史』, 1966, 35쪽.
64) 전문은 韓青中央, 앞의 책, 1970, 102~104쪽을 참조.

· 60만 교포의 권익에 배치[背馳]하는 법적지위 가조인을 폐기하라!

· 평화선을 팔아넘긴 어업협정 가조인을 폐기하라!

· 배족적[背族的] 한일회담을 백지화하고 민족 자세로 외교에 임하라!

· 본국 정부는 학생, 청년, 시민의 애국운동을 탄압하지 말라!

· 4·19 정신을 계승한 본국 학생의 구국운동을 열렬히 지지한다!

· 애국애족, 김중배[金仲培]군의 뒤를 따르자!

· 민단 지도부는 교포를 위해 싸우는 한청, 한학동을 탄압하지 말라!

· 대한민국만세!

6월 22일 본조인에 앞선 20일, 한청은 '결사 법적지위 관철'이란 슬로건을 내걸고 단식투쟁에 돌입했다. 21일에는 '굴욕적 본조인 중지요구, 평화선 사수, 법적지위 요구관철 중앙궐기대회'를 개최하고, 한학동 중앙에서는 '한일회담무효선언'을 발표했다.[65]

제4절 한일조약의 체결 – 민단과 재일한국청년학생의 대응

1. 민단의 한일조약 지지성명과 일본 국회비준 촉진운동

1965년 6월 22일, 기본조약 및 4개의 협정이 조인되었다. 민단은 조약조인과 관련해 다음과 같은 지지 성명을 발표했다.

국제정세가 격동하는 현시기, 자유우방의 연대를 강화하고, 조국경제의 조기부흥을 염원하는 대국적 견지에서 이것을 환영한다. 재일교포의 불안의 씨앗이었던 법적지위 문제와 처우 문제가 법적으로 확립되고, 특히 자손에 대한 영주권 문제, 전후입국자 문제와 이산가족의 재회 및 재입국허가 등에 관한 우리들의 요구가 반영되어 있는 점은 기쁘게 생각한

---

65) 韓学同中央, 1966年夏期キャンプ, 『在日僑胞史』, 1966, 36쪽.

다. 미해결된 모든 것에 대해서는 계속적으로 외교교섭을 통해 해결하고, 본국정부의 이해 있는 배려와 함께 일본의 양심 있는 우호적인 조치를 요망한다.

또한 민단중앙을 비롯하여 각 지부에서는 본조인 축하회가 성대하게 개최되었다.[66] 동년 7월 2일에는 법적지위 협정의 해석과 일본 정부와의 우호친선을 다지기 위한 축하회 개최 등의 사전협의를 위해 일본 내 전국 30현 본부 사무국장이 참석해 민단 전국 사무국장회의가 개최되었다.[67] 이 석상에서 권일 단장은 이번 본조인은 '재일동포에게 있어서는 "제2의 해방"이라 말하고 싶다'며, 그것은 '법적으로 명확하지 않았던 우리들의 지위가 협정체결에 의해 확립되었기 때문'이라는 소견을 밝혔다.

나아가 7월 초순경에 본국정부에 제출하고 있던 특별요망사항(시중은행의 설립, 교육재단의 설립 등)에 대해서는 보다 구체적인 진정을 행하기 위해 권일 중앙단장 외 9명이 본국을 방문했다. 이와 관련해 권일 단장은 이 방한에는 또 다른 목적이 있었음을 본인의 회고록에서 다음과 같이 밝히고 있다.

일행의 본국방문의 또 하나의 목적은, 제51회 임시국회가 열리고 있던 시기였기 때문에 재일동포의 입장을 본국 동포들에게 알리는 동시에 재일동포가 일본정부로부터 부당한 취급을 당하고 있는 현실에서 벗어나기 위해서는 한일협정이 조속히 발효될 필요가 있음을 알리고, 야당이

---

[66] 7월 12일에는 민단중앙, 도쿄본부, 상공연합회의 주최로 도쿄 마루노우치[丸の内]에 위치한 도쿄회관에서 한일조약의 본조인 '축하회'가 성대히 개최되었다. 한국 측에서는 주일한국대표부대사 및 공사를 비롯하여 주일공보관장, 민단 각 기관대표들이 참석했고, 일본 측에서는 정계 및 언론계의 저명인사, 주일각국대사 및 공사들이 참석했다. 또한 오사카(6월 29일), 나고야(7월 13일), 후쿠오카(6월27일)에서도 각종 축하회가 개최되었다(『韓国新聞』1965년 7월 18일자).
[67] 『韓国新聞』1965년 7월 8일자.

정쟁의 도구로 삼지 말고, 조속히 비준을 끝내는 것은 본국의 경제발전을 위해서도, 아시아 자유진영의 연대강화를 위해서도 필요한 것임을 역설함으로써, 국회에서의 비준을 촉진시킬 목적이었다.[68]

민단은 또한 본국국민들에게 '한일국교정상화를 호소한다[69]'는 성명을 발표했다. '우리들 재일교포는 고국의 동포들에게 우리들의 입장과 심경을 솔직히 피력[披瀝]하고, 더 이상 우리들을 방치하지 않도록 간절히 호소하는 의미에서 한일협정이 조속히 비준될 것을 요망'하며, '우리들 재일교포는 한일국교정상화의 그날이 온다면 이국만리에서 피와 땀으로 쌓아온 교포재산을 모국에 반출하여 산업건설에 투자해 조국 대한의 경제발전에 기여할 것을 굳게 맹세한다'는 내용의 성명이었다.

7월 14일, 민단중앙본부 조직국에서는 '제20주년 8·15광복절'을 맞이하여 성대한 행사를 개최할 것을 지시하고[70], 기념 강연의 내용에 관해 '민족정신을 선양함과 동시에 한일협정 본조인에 이른 의의 및 새로운 우호친선의 정신을 확립시킬 것'을 지시했다. 또한 다음과 같은 슬로건을 제시했다.

· 재일동포는 한일협정을 계기로 국가건설에 더 한층 진력하자.
· 한일협정에서 확보한 영주권과 대우는 전교포가 받도록 하자.
· 우리들은 한일양국의 새로운 우호친선을 도모하자.
· 우리들은 한일협정의 조기비준을 요구한다.
· 한일협정에 반대하는 모든 세력을 분쇄하자.
· 대한민국만세.

68) 権逸, 『権逸回顧録』 刊行委員会, 1987, 351쪽.
69) 『韓国新聞』 1965년 7월 18일자.
70) 민단 중앙본부 조직국의 지시사항에 관한 상세한 내용은 『韓国新聞』(1965년 7월 28일자)을 참조.

8월 15일 도쿄 시부야 공회당에서는 '제20주년 광복절기념 중앙경축대회'가 성대해 개최되었다. 이 자리에서는 한일조약의 체결과 본국에서의 조약비준을 환영하며, 한일국교정상화에 반대하는 총련의 음모를 철저히 분쇄할 것과 한일양국의 가교적 역할을 다할 것을 결의했다.[71]

9월 7일과 8일 이틀 동안 도쿄 시나노마치[信濃町]의 동의건보[東医健保] 회관에서는 민단 제5회 정기 중앙위원회가 개최되었다. 여기에서는 먼저, 1965년 6월 22일에 조인된 한일조약을 지지할 것과 법대위를 해산하고 새롭게 '처우문제 전문위원회'를 설치할 것, 한청 및 한학동에 대한 경고와 직할[直轄]결정, 일반교포 및 중립계 교포에 대한 선전 계몽 활동을 확대 강화할 것, 그리고 산하 단체의 지도체계 확립 등이 결정되었다.[72]

민단은 지방에서도 '한일우호촉진 합동현민대회'를 개최했는데, 야마구치현[山口県] 합동대회에서는 '태극기와 자민당기를 선두로 시내행진'을 하는 등, 일본 내 국회비준 촉진운동을 전개해 나갔다. 또한 한국정부를 가리켜 '권력을 훔친 군사정권'이라는가, '한국민중의 지지를 얻지 못한 비합법정권'이라는 일본사회당 야마모토 고이치[山本幸一] 중의원 의원의 발언(10월 15일 중의원 본회의에서의 질의)에 대해, 국욕적[國辱的] 망언이라 하여 철저히 규탄할 것을 결정했다. 권일 단장은 10월 28일에 사회당 야마모토 의원의 발언에 대한 기자회견을 열어, 그 발언은 '악질적인 지배자 근성'에 기인한 '한국 내정에의 편견적인 비방'이라 주장했다.[73] 또한, 11월 2일에는 히비야 야외 음악당에서 중앙항의집회[74]를 개최하는 등, 한일회담 반대세력의 반대이유 가운데 하나였던 박정희 정권의 정당성 문제에 적극적으로 대응해 나갔다.

---

71) 『韓国新聞』 1965년 8월 18일자.
72) 중앙위원회 결정사항에 대해서는 『韓国新聞』(1965년 8월 18일자)을 참조.
73) 기자회견 내용에 대해서는 『韓国新聞』 1965년 11월 18일자를 참조.
74) 『韓国新聞』 1965년 11월 18일자.

11월 12일, 일본 중의원에서는 한일조약이 비준되었다. 이에 민단은 '비준통과를 환영한다'는 성명을 발표하고, '앞으로는 한일우호협회와 같은 것을 만들어 보다 적극적으로 우호친선의 가교적 역할을 다하고 싶다'고 밝혔다.[75] 나아가 12월 11일 참의원 본회의에서도 한일조약이 비준되자, 민단은 전국지방단장단 회의를 개최하여, 국교회복 후의 문제에 대해 적극적으로 토의하고, 앞선 제5회 중앙위원회에서 결정한 5대사업(중앙회관 건설, 재정확립을 위한 기금모금, 한국신문의 일간화, 은행 설립, 교육재단 설립)을 재확인함과 동시에 국민등록 수속의 민단 일원화, 민단 중심의 발전을 기할 것 등을 결정했다.[76]

동년 12월 28일에는 서울에서 한일조약의 비준서가 정식교환되었으며, 민단은 '진정으로 이를 경축한다[77]'는 성명을 발표했다.

2. 재일한국청년학생의 한일조약 반대운동

1965년 6월 22일 오후 5시에 한일조약의 본조인이 체결되었다. 이미 동년 6월 20일 밤 8시부터 '법적지위 요구관철 단식투쟁'에 돌입해 있던 한청중앙은 23일 정오까지 '본조인 항의 단식투쟁'을 이어갔으며, 한학동 유지[有志]도 이에 참가했다.[78]

본조인이 체결되었다는 소식을 들은 한청중앙은 성명[79]을 통해 '오늘 성립한 한일회담은 한국정부의 "패배 외교"이며, 전 국민의 실망과 비판을 피할 수 없는 것'이라고 항의하고, '이대로 승인할 수는 없다.

---

75) 위의 신문.
76) 『韓国新聞』 1965년 12월 18일자.
77) 성명 전문은 『韓国新聞』 1965년 12월 28일자를 참조.
78) 韓学同中央 1966年夏期キャンプ, 『在日僑胞史』 1966, 36쪽.
79) 韓学同中央 資料, 『法的地位問題－第3回総合文化祭－』, 1966, 127~128쪽; 民団, 『民団20年史』, 1967, 569~570쪽; 韓青中央, 앞의 책, 1970, 115~117쪽.

우리들은 요구가 전면적으로 받아들여지길 바란다'고 밝혔다. 또한, 한일조약의 구체적인 내용에 대해서는 다음과 같이 비판했다.

먼저, 기본조약 문제와 관련해서는 '일본군국주의의 대한[對韓] 침략 행위를 깨끗이 청산한다는 기본적 목적이 명문화되어야만 한다'고 주장했다. 하지만, '이 조약에서는 고의로 제거되어 있다'며, 이것은 '우리나라에 대한 일본제국주의의 지배를 합법화하려 하는 것'이며, '전후 일본에서 꽃핀 민주주의를 부정하는 것이라 할 수 있다'고 거세게 비판했다.

청구권 문제에 관해서는 '일본정부가 청구권이라는 용어를 극단적으로 싫어해 무상공여, 유상공여라는 식의 표현을 고집하여 처리'한 것은 '대한[對韓] 제국주의 통치를 정당화 또는 미화, 나아가 이를 통해 앞으로 한국에 대한 경제침략의 발판을 공고히 하려는 간계[奸計]'라 비난하고, 청구권 문제의 처리에 '국민의 비판이 집중하고 있는 것은 당연'하다고 비판했다.

어업 문제와 관련해서는 '어족 보호선으로서의 주권선, 국방선으로서의 우리 한국민이 과거 15년간을 통해 반드시 사수해야 한다고 절규하며 지켜 온 평화선을 이 어업협정에 의해 포기하려 하고 있다'며, 이것으로 인해 '황금어장의 거의 대부분을 빼앗기게 되'며, '백만 어민은 사실상 생활권을 빼앗기게 되었다'고 강하게 비난했다. 또한 독도문제와 관련해서는 '독도는 한국 영토'임을 주장했다.

그리고 법적지위 문제에 관해서는 '우리 민단 요구와 거리가 있는 것은 대단히 불만'이라며, '가. 협정상의 영주권 부여에 커다란 제한이 있는 것은 불만이다. 특히 자자손손에 대한 보장이 없는 것은 불만이다. 나. 협정영주권자에 대한 강제퇴거 4항목은 실질적인 거주권의 박탈이 되며 반대한다. 다. 민족학원의 보장이 없는 것은 불만이다. 라. 국민건강보험 이외의 사회보장이 확보되지 않은 것은 커다란 불만'이라며 항의했다.

9월 7일과 8일 이틀 동안 개최된 민단 제5회 중앙위원회[80])에서는 민단의 조직 강화와 관련하여 한청의 '오늘에 이르기까지의 행동에 대해 경고를 하며, 금후 민단의 방침에서 일탈할 경우에는 민단 각 기관에서 직할할 것'과, 나아가 '한학동 중앙본부는 민단 중앙본부가, 또한 한학동 지방본부는 각 지방본부가 직할한다'는 것을 결정했다.[81] 이리하여 한청 및 한학동의 운동은 민단에 의해 억제되게 되었다. 여기에 한청 및 한학동 내부에서도 한일회담에 대한 대응을 둘러싸고 전면적인 한일회담 반대파와 한정적인 법적지위파로 분열[82])되어 있었기 때문에 운동의 역량은 급격히 분산되어 갔다. 전면적인 한일회담 반대파는 한국의 반체제적인 학생운동과 공투[共鬪]한다는 의식이 강했기 때문에 민단으로부터 '과격파'로 지명되어 제명당하게 되었다. 한편 한정적인 법적지위파는 4월 혁명의 이념을 '동포사회의 권익옹호 운동'에 실천적으로 환원하고자 하는 '온건파'로 인식되어 민단 산하에 받아들여지게 되었다.

---

80) 民団, 『民団20年史』 1967, 408쪽.
81) 韓青中央, 앞의 책, 1970, 121~122쪽.
82) 朴慶植, 『解放後 在日朝鮮人運動史』, 三一書房, 1989, 414~415쪽.

제3장

1960년대 총련운동과 한일회담 반대운동

1960년 일본열도를 뒤흔든 안보투쟁이 거세게 전개되었지만, 총련은 이에 적극적으로 참가하지 않았다. 총련 조직 내부에서는 미일안전보장조약이 한미일을 연결하는 군사동맹으로 발전할 가능성이 있으며, 이는 '내정간섭'이 될 성격의 문제가 아니기 때문에 안보투쟁에 적극적으로 참가해야 한다는 비판도 존재했다. 그러나 총련 중앙은 이러한 논의에 대해 '총련이 안보투쟁에 참가하면, 내정간섭이라는 이유로 귀환[歸還] 중단의 구실을 일본정부에 줄 뿐만 아니라, 예전의 황거[皇居] 앞 광장 메이데이 투쟁에서 보듯이 재일조선인이 선두에 서지 않을 수 없게 될 뿐더러, 그 결과 되돌릴 수 없는 탄압을 받게 될 것이므로 참가하지 않을 방침을 취할 것[1]'이라 답변했다. 여기에는 총련결성과 동시에 내세워진 내정불간섭의 원칙이 강하게 작용하고 있던 점과 시기적으로도 1959년에 실현된 귀국사업에의 영향 및 조직 방위에 총련이 좀 더 비중을 두고 있던 점을 엿볼 수 있다. 또한 1960년대를 전후한 시기,

---

[1] 公安調査庁, 『内外情勢の回顧と展望』, 1961, 70~71쪽.

총련의 한일회담 반대운동은 주로 일조우호단체 및 일본 내 혁신세력 등을 움직여 한일회담 반대운동을 전개함과 동시에, 귀국사업에서 조국자유왕래 실현운동으로 이어지는 일련의 총련운동을 통해 간적접으로 한일회담을 비판해 온 것은 앞서 살펴본 대로이다.

제1절 1960년대 초기의 한일회담 반대운동

안보투쟁으로 퇴진한 기시 정권을 뒤이은 이케다 정권은 한국의 군사정권과는 달리, 한일회담에 그다지 적극적으로 나서지 않았다. 이케다 정권이 움직이기 시작한 것은 1961년 6월 이케다·케네디 회담(6월 20일부터 21일)을 전후한 시기부터였다.[2] 동년 7월 1일에는 이케다 수상이 한국 측으로부터 회담재개를 위한 교섭이 있다면 이에 응하겠다는 뜻을 언명했고[3], 같은 달 4일에는 한국 측 친선사절단의 방일이 이루어졌다. 그러나 일본정부가 같은 달 21일에 재한일본정부대표부의 서울 설치를 요구하자, 이에 대해 한국 군사정권은 이를 거부(8월 2일)했다. 군사정권이 재한일본정부대표부의 설치를 거부한 이유는 일본에 대한 한국민의 국민감정을 고려한 조치에 불과했고, 한일회담에 대한 적극적인 태도에는 변함없었다.

한편 7월 27일에 미국 러스크 국무장관은 박정희 정권의 지지를 공식적으로 표명하고, 뒤이어 한국정부는 동월 31일에 이동환[李東煥] 공사를 통해 한일회담의 재개를 일본정부에 타진했다. 이에 일본정부는 8월 7일 마에다 도시카즈[前田利一] 외무성 아시아과장을 한국 정

2] 이원덕,『한일과거사처리의 원점─일본의 전후처리외교와 한일회담』, 서울대학교 출판부, 1996, 133쪽.
3] 『朝日新聞』1961년 7월 2일자.

세 시찰(8월 7일부터 16일)을 위해 한국에 파견하며, 한일회담은 회담 재개를 향해 급속도로 움직이게 되었다. 그리고 8월 24일에는 제6차 한일회담의 개최가 결정되었다. 이렇듯 회담재개를 향한 움직임이 가속화되어 가는 가운데, 총련은 1961년 9월 20일에는 '한일회담반대 대책연락회의 재일조선인 중앙궐기대회'를, 10월 14일에는 '한일회담반대 재일조선청년학생 중앙궐기대회'를 개최하는 등, 20일에 재개될 제6차 한일회담의 직전(18일)에는 '《한일회담》의 즉시 중지를 요구하는 성명[4]'을 발표했다.

1961년 11월 11일, 한일회담의 조기타결을 위해 박정희 의장은 미국을 방문하는 길에 이케다 수상과 회담하기 위해 방일했다. 이에 총련은 하네다[羽田]공항 주변에 약 5천3백여 명의 청년학생을 중심으로 한 항의데모대를 보냈다. 총련 결성 이후 '한일회담 반대투쟁 등에서는 일본 측의 좌익계 제단체를 이용하여 이를 대행시키는 교묘한 전술을 사용하고 있었다[5]'고 보고 있던 일본 공안은, 총련의 이러한 움직임에 대해 '조총련이 단시일 내에 5천 명에 이르는 동원으로 직접 항의데모를 감행한 것은 지난 몇 년간 없었던 일이고, 박의장 방일과 일한회담의 진전에 대단한 관심을 갖고 있다는 증거[6]'라 기술하고 있다.

1962년 3월 1일 히비야 야외 음악당에서는 '3·1절 제43주년 기념식'이 개최되었는데, 이 기념식의 주요 의제는 '한일회담 반대와 귀국연장 요구'였다.[7] 이 밖에도 이 시기 '인민군 창건기념 중앙대회', '김일성원수 탄생기념', '공화국 창건기념' 등의 각종 대회에서도 한일회담 반대와 귀국연장 문제가 주요한 의제로써 다뤄졌다. 나아가 재일여성중앙

---

4) 이 성명의 전문은 日本朝鮮研究所, 『当面の朝鮮に関する資料』(第1集, 1961, 8~10쪽)를 참조.
5) 公安調査庁, 『内外情勢の回顧と展望』, 1961, 76쪽.
6) 内閣官房内閣調査室編, 앞의 책, 1966.7, 31쪽.
7) 田駿, 앞의 책, 1972, 372쪽.

대회, 상공인대회, 청년학생대회 등, 총련 산하 각종단체의 대회가 동일한 의제로 개최되었으며, 이 시기에는 각종 중앙대회가 한 달에 한 번 정도로 빈번하게 개최되었다.[8]

10월 6일부터 12일까지 총련중앙은 한일회담 반대와 결부시켜 귀국협정의 무수정 연장을 요구하는 제1차 통일행동[9]을 개시했다. 11월 8일, 북한에의 귀국사업은 규모를 축소하여 1년간 연장하는 것으로 일본 측과 합의했다. 이에 대해 총련은, ' "미제의 쿠바 봉쇄 등 긴박한 국제정세 속에서 승리한 의의는 크다. 승인[勝因]은 29중위[中委] 결정에 따라 모든 활동가가 사상 무장을 하고, 김일성 원수의 교시를 관철한 것에 있으며, 이에 따라 일한회담 반대의 교두보를 확보했다" 고 양언[揚言]·선전하고, 나아가 이 역량을 회담반대 투쟁으로 지향하도록 산하에 지시[10]'했다.

한국 군사정권의 적극적인 움직임에 의해 개최하게 된 제6차 한일회담은 청구권 문제를 둘러싸고 난항을 거듭했지만, 한일양국은 사무절충과 고위급 정치회담을 거듭하여 이러한 난관을 극복하려 했다. 이러한 양국의 움직임 속에서 1962년 11월 12일 김종필 중앙정보부 부장과 오히라 마사토시[大平正芳] 외상 사이에서는 청구권에 관한 메모 합의[11](김·오히라 메모)가 성립하게 되었다.

---

8) 3월 20일 히비야 공원(약 1만 명), 5월 1일 교리씨[共立] 강당(약 3천 명), 6월 25일 히비야 공회당(약 5천 명), 7월 19일 시나가와[品川] 공회당(약 천8백 명), 8월 15일 히비야 공원(약 5천 명), 9월 15일 히비야 음악당(약 1만천 명), 10월 23일 히비야 음악당(약 8천 명), 11월 5일 시바[芝] 아동공원(약 8천 명) 등에서 개최되었다(田駿, 앞의 책, 1972, 372~373쪽). 전준이 제시한 각 대회의 동원 수는 총련 측 자료에 의거한 것으로 보인다. 예를 들면, 6월 25일 히비야 공회당에서의 중앙대회는 內閣官房內閣調査室의 자료에 의하면 동원 수는 2천5백 명으로 기재되어 있다.

9) 이후, 한일회담 반대와 관련한 통일행동은 다음해 1월 18일까지 약 8회에 걸쳐 행해졌다.

10) 公安調査庁, 『內外情勢の回顧と展望』, 1963.1, 84쪽.

11) 한일조약의 체결에 이르는 과정에서 김·오히라 메모가 갖은 의미는 상당히 크다. 한일회담 최대의 난관은 청구권문제와 기본관계문제였다. 각각 전자는 물질적

이에 북한정부는 1962년 12월 13일, '한일회담에 대하여'라는 성명[12]을 발표했다. 이 성명에서는 '조선에는 진실로 전조선인민의 이익을 대표하는 조선 민주주의 인민 공화국이 엄연히 존재'하고 있으며, '조선이 통일된 후에 이 문제를 해결하려 하는 것이 원칙'이라는 원칙적 입장을 강조한 뒤, '만약, 일본정부가 현 시기에라도 문제를 성실히 해결하길 원한다면, 당연히 조선 민주주의 인민 공화국 정부와 남조선 당국을 포함한 3자회담의 방법을 선택하는 것이 그나마 정당한 것'이라 해, 한국, 북한, 일본의 3자회담을 제안하고 있다. 이에 총련은 12월 15일 북한당국의 성명을 열렬히 지지한다는 성명을 발표했다.

그러나 대일재산청구권 문제가 합의에 이르자, 총련은 한일회담이 최종적인 단계에 도달했다고 판단하여, '한일회담 반대투쟁을 제1/4분기 최중점 과업'으로 설정하고, 1963년 1월 중순 '제8차 전국통일행동을 시작으로 일본 좌익 제단체에 대한 지지협력 요청 등 활발한 반대투쟁을 전개'했다.[13]

한편, 한국에서는 1963년에 들어서 군사정권의 민정 이관 문제를 둘러싼 정치적 혼란이 격화되고 있었다. 그 원인의 하나는 군사정권 내부의 권력투쟁과 야당이 대통령 선거와 총선거 전략의 일환으로 군사정권의 대일외교를 굴욕외교라 비판하기 시작했기 때문이었다. 때문에 1963년 연내타결을 목표로 하고 있던 군사정권은 이러한 '악조건'을 먼저 수습해야 될 입장에 처하게 되었고 한일회담의 타결을 강행할 수 없었다.[14]

측면에서, 후자는 정신적 측면에서 직접적으로 과거청산의 문제와 직결되는 것이었다. 이 두 난관의 돌파구가 된 것이 김·오히라 메모였다. 김·오히라 메모에 의해 잠정적으로 합의를 본 무상 3억 달러, 유상 2억 달러라는 경제원조의 공여안供與案은 이후 조약 체결을 향한 기초적인 조건이 되었다.

12) 総聯中央常任委, 『韓日協定は無効である(朝鮮問題資料シリーズ第27集)』, 1965.9, 9쪽.
13) 公安調査庁, 『内外情勢の回顧と展望』, 1964.1, 91쪽.

이 시기 북한에서는 1963년 10월 9일, 최고인민회의 상임위원회 정령 제242호로 '조선 민주주의 인민 공화국 국적법[15]'을 공포, 시행했다. 북한은 1954년 남일 성명에서 재일조선인을 공화국 공민으로 인정했지만, 그 법적근거가 정비된 것은 이 국적법의 제정에 의한 것이었다. 이에 따라 재일조선인은 국적법 제2조에 의해 북한 국내법의 적용대상이 되었으며, 제3조에 의해 '거주지 또는 체재지에 관계없이 공화국의 법적 보호'를 받게 되었다.

제2절 회담타결의 기운과 반대운동의 강화

한국에서 1963년 12월 17일에 민정이관이 행해져 제3공화국이 성립하게 되자, 한일회담 교섭을 위한 제반조건이 다시금 이루어지게 되었다.

1963년 12월, 대통령 취임식에 참석한 오노 반보쿠[大野伴睦] 자민당 부총재는 박정희와의 회담에서 한일회담을 조기에 타결하기 위한 외무장관급 정치회담의 개최에 합의했다. 그리고 도쿄의 예비절충에서는 '5월 조인, 6월 비준'이라는 스케줄의 합의에 이르렀다.[16]

한일회담의 타결을 둘러싼 긴박한 상황 속에서 총련은 1964년 1월 10일, '재일본조선인총련합회 관동지방열성자대회'를 열어, '범죄적인 《한일회담》을 즉시 중지할 것과 조국으로의 왕래 자유를 포함한 재일동포들의 민주주의적 민족권리를 보장할 것을 요구[17]'한다는 일본정부

---

14) 이원덕, 앞의 책, 1996, 235~239쪽.
15) 在日本朝鮮人人権協会, 『朝鮮民主主義人民共和国主要法令集－原典, 『朝鮮民主主義人民共和国法典』』日本加除出版, 2006.
16) 이원덕, 앞의 책, 1996, 239~240쪽.
17) 『조선신보』 1964년 1월 13일자.

에 보내는 요청문을 채택했다. 지방에서도 같은 날 나카노지마[中之島] 공회당에서 '오사카부 열성자대회'가, 나고야시 공회당에서는 '아이치현[愛知縣] 열성자대회'가 열려, '재일조선공민들의 조국에의 자유왕래를 즉시 인정하고, 범죄적《한일회담》을 즉시 중지할 것을 요구'하는 일본정부에 보내는 요청서를 채택했다.[18]

관동지방 열성자대회에서는 총련중앙 의장 한덕수가 '우리들은 조국의 평화적 통일에 엄중한 장애를 조성하는 일본 군국주의자들의 남조선 재침 책동과 범죄적인《한일회담》을 반대하는 투쟁을 더욱 강화[19]'할 것을 강조하고, '《한일회담》 반대 투쟁에 궐기한 일본의 로동계급을 비롯한 광범한 일본 인민들과의 국제적 련대를 더욱 강화'해야 할 것이며, '조일 간의 경제 문화 교류를 더욱 촉진하며 인사 왕래의 실현을 위하여 계속 노력할 것이며 일조협회, 귀국협력회, 재일 조선인의 인권을 지키는 모임, 일조 왕래 자유 실현 련락 협의회 등의 단체들을 비롯한 일본 인민들과의 친선적 련계를 더욱 강화'해야 할 것이라며, 일본 인민과의 연대의 중요성 역시 강조했다.[20] 이 해(1964년), 특히 1/4분기 운동의 중점으로 '재일 조선 공민들의 조국으로의 왕래 자유 실현을 위한 운동을 결정적으로 강화'할 것과 '조국의 자주적 평화통일에 관한 조선 로동당과 공화국 정부의 방안을 대내 대외적으로 널리 선전 침투시켜며,《한일회담》을 반대 배격하며 박정희 도당들의 매국 배족 행위를 철저히 폭로 규탄하는 투쟁을 강화'할 것을 제창했다.[21]

조선인민군 창건 16주년에 해당하는 1964년 2월 8일에는 총련 각지부에서 '《한일회담》을 반대하는 군중대회'가 개최되었다.[22] 도쿄에서

---

18)『조선신보』 1964년 1월 14일자.
19)『조선신보』 1964년 1월 13일자.
20) 위의 신문.
21) 위의 신문.
22)『조선신보』 1964년 2월 11일자.

는 분쿄[文京] 공회당에서 '《한일회담》반대 재일조선인 중앙대회'가 개최되었는데, 이 자리에서 한덕수는, '일부 사람들 속에는 《한일회담》은 촉진하여야 한다고 하면서 동포들의 소위 《법적 지위》에 관한 일부 문제에만 반대하는 사람들이 있다. 그러나 이것은 《한일회담》의 본질을 잘 모르기 때문이다. 박정희가 나라와 민족의 근본적 리익을 통털어 팔고 있는데 부분적인 문제만을 해결할 수는 없다. 그런 부분적 문제에 눈을 돌릴 것이 아니라 전 민족의 리익을 위하여, 자손 만대의 행복을 위하여 《한일회담》그 자체에 반대하여야 한다[23]'고 호소했다. 나아가, '오늘 재일 동포들 속에서는 비록 사상이 다르고, 정견이 다를지언정 외래 침략자를 반대하고 매국 역도를 반대하는 립장은 공통하다. 단체 소속이 다르다고 하여 조국의 평화적 통일에 엄중한 장애로 되며 민족적 리익을 침범하는 《한일회담》을 반대하는 데 같이 손 잡고 싸우지 못할 그 어떤 리유도 없다. 총련 산하의 전체 동포들은 민단에 소속하는 동포들을 몇 번이고 찾아가 《한일회담》본질을 철저히 알려 주며 한 사람 빠짐없이 모두다 단합하여 《한일회담》을 다 같이 반대하여 나서도록 하여야한다[24]'고 주장했다.

한일회담이 최종 단계에 들어섰다고 판단한 총련은 전국각지에서 일조간담회[日朝懇談會], 강연회, 군중대회를 활발히 개최하고[25], 대[對]민단공작의 일환으로 2월 24일 총련중앙과 총련도쿄도본부는 3·1절 제45주년 기념대회를 공동으로 개최할 것을 민단중앙과 민단도쿄본부에 제의했다.[26] 그 다음 날에는 도쿄 올림픽대회에서 남북선수들을

---

23) 『조선신보』1964년 2월 11일자.
24) 위의 신문.
25) 2월 7일에는 산타마[三多摩], 8일에는 후쿠이현[福井県], 도치키현[栃木県], 미야기현[宮城県], 효고현 고베시와 히메지시[兵庫県神戸市·姫路市], 아이치현[愛知県], 9일에는 돗토리현[鳥取県], 시마네현[島根県], 시가현[滋賀県], 홋카이도 삿포로시[北海道札幌市], 교토부 교토시[京都府京都市七条·九条] 등 총련 각 지부에서 한일회담 반대 집회가 개최되었다.

환영하는 위원회를 공동으로 조직할 것 역시 제의했지만[27], 민단은 이에 응하지 않았다. 총련 후쿠시마현[福島県] 아이즈와카마쓰[会津若松] 지부에서는 2월 29일 다지마[田島] 분회에서 '조국영화 상영회'를, 3월 1일에는 '3·1운동 45주년 기념《한일회담》반대 대회'를 개최한 후, 호별담화[戶別談話] 및 대외활동을 통해 '일본인민 속에 선전활동'을 전개했다.[28]

1964년 3월 5일, 총련 중앙은 '《한일회담》분쇄를 위해 보다 강력한 운동을 전개해 줄 것'을 요청하는 일본 각 정당 및 사회단체 앞으로 요청문을 전달하고, 그 다음날에는 전체 조선동포들을 향해 《한일회담》 반대투쟁을 보다 강화할 것'을 호소하는 슬로건을 발표했다.[29] 그 내용은 다음과 같다.

- 조선의 평화적 통일을 방해하며 재일 동포들의 권리를 침해하려는 범죄적인 《한일회담》을 절대 반대하자!
- 박정희 역도들의 매국 배족 행위와 일본 군국주의자들의 남조선 재침을 단호히 배격하자!
- 전체 재일 동포들은 총단합하여 《한일회담》을 반대하는 투쟁에 한 사람 같이 나서자!
- 조일 량국 인민의 리익과 극동의 평화와 안전에 위협을 주는 《한일회담》을 반대 배격하자!
- 조선의 분렬을 영구화하며 자주적 평화 통일을 저애하는 《한일회담》을 반대하자!

3월 8일에는 '3·8 국제 부녀절 54주년 기념 도쿄 조선여성대회'가 개

---

26) 『조선신보』 1964년 2월 26일자.
27) 『조선신보』 1964년 2월 27일자.
28) 『조선신보』 1964년 3월 6일자.
29) 『조선신보』 1964년 3월 9일자.

최되었는데, 이 자리에서는 일본정부에 대해 '재일조선공민들의 조국에의 왕래 자유를 실현시키고, 범죄적《한일회담》을 중지하라'는 요청문이 채택되었다.[30] 이 기념대회는 각지에서 개최되었는데, '범죄적《한일회담》에 반대 배격[排擊]하며, 조국에의 왕래자유실현을 비롯하여 민주주의적 민족적 권리옹호를 위해 힘차게 싸워 나갈 결의[31]'를 다지고 있었다.

그리고 3월 11일에는 히비야 야외 음악당에서 '《한일회담》에 반대하는 재일조선인 중앙대회'가 개최되어, 이른 아침부터 도쿄도내 각 주요역 앞과 거주지 등에서 약 50만 매의 선전지를 배포하고, 대회장에는 7천8백여 명[32]이 모여, '범죄적《한일회담》을 즉시 중지하라!', '원쑤 미제는 남조선에서 당장 물러가라!', '박정희 매국 도당을 쓸어버리자!'등을 외쳤다.[33] 이 대회가 끝난 후 총련중앙 윤상철[尹相哲] 외무부장 및 조청중앙 김상권[金相權] 위원장, 여맹중앙 박정현[朴靜賢] 위원장 등 대회 대표자 6명은 수상관저에 결의문을 전달하고, 한일회담의 중지를 요구했다. 이 대회에서 한덕수 총련의장은 '《한국》국적을 강요당한 사람들은 그 자녀들의 영주권이 제한되며 남조선에 강제 퇴거당하는 대상이 되며 박정희의 군사비 부담과 세금 수탈의 대상이 되며 자녀들이 괴뢰군대에 끌려가는 대상으로 되는 재난을 받게 되는 위협에 직면하게 될 것[34]'이라고 경고했다. 또한, '재일 동포들은 조선 민주주의 인민공화국 국적법에 의하여 공화국 공민으로서 그 지위를 법적으로 확고히 보장받고 있[35]'으며, '전체 재일 동포들은 오직 공화국 기치 하에서

---

30) 『조선신보』 1964년 3월 10일자.
31) 『조선신보』 1964년 3월 11일자.
32) 일본 내각관방내각조사실의 기록에 의하면, 약 3,070여 명이 참가한 것으로 기록되어있다(『日韓条約締結をめぐる内外の動向』(第4部), 1966.7, 67쪽). 이 책에서 특별한 언급이 없는 참가자수는 기본적으로 총련 측 자료를 사용하고 있다.
33) 『조선신보』 1964년 3월 13일자.
34) 위의 신문.

만 자기의 영원한 행복이 있다는 것을 깊이 자각하고 공화국 공민의 영예를 고수하여 당당하게 나아가고 있[36]'다고 자부하며, 공동투쟁을 민단 측이 거절한 것은 유감이라 지적했다.[37]

한편, 북한『로동신문』은 3월 15일자 사설[38]에서, '지금 일본에서는 일본 공산당과 사회당 및 총평을 비롯한 광범한 민주 력량에 의하여 《한일회담》을 분쇄하기 위한 강력한 대중 운동이 전개되고 있다'며, '우리는 일본 인민의 이 정당한 투쟁을 열렬히 지지 성원하며 그들의 투쟁에 굳은 련대성을 표명 한다'는 메세지를 보냈다. 또한, 3월 20일에는 북한 조선민주법률가협회가 '조선에 대한 일본 제국주의의 죄행에 대하여'라는 성명을 발표[39]했는데, 이 성명에서는, 1875년 운양호사건에서 식민지지배에 이르는 일본제국주의의 죄행을 폭로하고, '조선 민주주의 인민 공화국 정부가 1962년 12월 13일 부 성명에서 이미 명백히 지적한 바와 같이 일본 정부가 반드시 리행하여야 할 조선 인민에 대한 배상 지불 문제를 비롯하여 조일 량국 간의 력사적인 미해결 문제들은 조선 인민을 대표한 적도 없으며 또 대표할 수도 없는 남조선 괴뢰 도당과 일방적으로 진행하는 비법적인 《한일회담》을 통하여서는 절대로 해결될 수 없다[40]'고 지적했다. 나아가 '만약 일본 정부가 이 문제들을 진정으로 공명정대하게 조일 량국 인민의 리익에 다 같이 부합되게 해결하려고 한다면 그는 응당 조선이 통일된 후에 이 문제를 해결하도록 하여야 한다는 것은 두 말할 것도 없다. 일본 정부가 현 시기

---

35) 위의 신문.
36) 위의 신문.
37) 총련 측이 민단에 보낸 제의서는 1964년 3월 14일자『조선신보』를 참조.
38)『로동신문』1964년 3월 15일자.
39) 성명의 전문은『로동신문』1964년 3월 21일자 및『조선신보』1964년 3월 25일자. 일본어 전문은 총련중앙 상임위원회 발행 朝鮮問題資料シリーズ第20集『「韓日会談」を粉砕し, 祖国の平和的統一を促進するために』(1964, 36~68쪽)를 참조.
40)『조선신보』, 1964년 3월 25일자.

에라도 문제를 성실하게 해결하려고 원한다면 마땅히 조선 민주주의 인민 공화국 정부와 남조선 당국을 포함한 3자 회담의 방법을 택하는 것이 그래도 정당한 것이라는 데 대하여 조선 민주주의 인민 공화국 정부는 이미 성명한 바 있다[41]'는 북한의 원칙적인 입장을 재차 확인하고, '조선 인민은 일본 정부가 범죄적인 《한일회담》을 결속하고 남조선 박정희 괴뢰 도당과 그 어떠한 협약을 체결한다 하더라도 그것을 결코 인정하지 않을 것이며 일본 군국주의자들의 남조선 재침 음모를 분쇄하며 남조선에서 미제 침략자들을 몰아내고 조국의 자주적 평화 통일을 실현하기 위하여 더욱 견결히 투쟁할 것'이라[42]며 그 결의를 표명했다.

제3절 한국에서의 한일회담 반대운동에 대한 지지 성원운동

이 시기 한국에서 전개된 대일굴욕외교 반대투쟁은 3월 24일을 기점으로 전국적으로 파급되어 갔으며, 5월 20일 '민족적 민주주의 장례식'을 계기로 점차 반정부 시위로 발전해 갔다. 6월 3일에는 서울 중심부가 데모대로 넘쳐났으며, 이에 박정희 정권은 계엄령을 선포하여 이를 진압해 나갔다.

3월 24일, 한국에서 약 1만여 명이 참가한 한일회담 반대데모가 일어나자, 총련계 민족학교인 조선대학교 학생들은 밤 9시 30분부터 '남조선 청년학생들의 애국투쟁을 열렬히 지원하며, 《한일회담》에 반대하는 궐기대회'를 개최하고, 이튿날 아침에는 재일본조선청년동맹[在日本朝鮮青年同盟(이하, 조청)] 언론출판위원회 조선신보사지부 조청원들도

---

41) 위의 신문.
42) 위의 신문.

'《한일회담》반대집회'를 열어, '남조선 청년학생들의 애국적 투쟁에 연대를 표시'하는 등[43], 이와 유사한 집회가 지방에서도 개최되었다.[44]

총련중앙 역시 3월 26일에 《한일회담》의 즉시 중지를 요구하는 성명[45])'을 발표했다. 이 성명에서는 '《한일회담》이 조선의 평화적 통일을 방해하며 아세아의 평화를 위협하는 것이며 조일 량국 인민들의 리익에 전적으로 배치된다는 것을 수차에 걸쳐 지적하고 그를 즉시 중지할 것을 요구하여 왔다. 또한 우리들은 일본 정부가 조선인민의 그 누구도 대표할 수 없는 박정희 괴뢰 도당을 상대로 전체 조선 인민들의 민족적 리익과 관련되는 중대한 문제들을 일방적으로 처리하려는 것은 극히 비법적이고 부당한 것이며 설사 그 어떤 《협약》을 맺는다 할지라도 그것을 절대로 인정하지 않을 것이며 무효로 선언할 것 이라는 것을 주장하여 왔다'고 재확인하면서, 한국 내 투쟁은 '자주, 자립과 조국의 평화적 통일을 요구하며 미 제국주의자들의 식민지 정책과 일본 군국주의자들의 재침 행위를 견결히 반대하는 남조선 인민들의 민족적 의분의 폭발이다. 우리들은 남조선 인민들의 이러한 애국 투쟁을 전적

---

43) 『조선신보』 1964년 3월 26일자. 나아가 25일에는 평양에서 '《한일회담》에 반대하여 궐기한 남조선청년학생들의 투쟁을 지지하는 평양시 군중대회'를 시작으로 북한 각지에서도 한국 내의 반대운동을 지지하는 대회가 개최되었다(『조선신보』 1964년 3월 27일자).

44) 25일 밤에는 총련 가나가와현[神奈川縣] 가와사키[川崎] 지부에서 주최한 '한일회담에 반대하며 남조선 인민들의 투쟁을 지지하는 궐기대회'가 가와사키 조선초급학교에서 개최되었으며, 평양에서는 '한일회담에 반대하여 궐기한 남조선청년학생의 투쟁을 지지하는 평양시민 군중대회(약 2만 명)'가 개최되었다(『조선신보』, 1964년 3월 27일자). 또한, 26일에는 시모노세키[下關]에서 '범죄적 《한일회담》에 반대하며 남조선 인민들의 투쟁을 지지하는 총련 야마구치현[山口縣] 조선인대회'가 개최되었는데, 이 대회에는 약 100여 명의 민단동포와 50여 명의 중립층 동포가 참가했다고 한다(『조선신보』, 1964년 4월 2일자). 나아가 총련 기관지인 『조선신보』는 한국에서의 한일회담 반대운동을 연일 상세히 보도하면서 '우리들은 범죄적 《한일회담》을 계속하여 완강히 반대하며, 남조선 청년학생들의 영웅적 투쟁을 지지한다!'는 연대의 뜻을 표명했다.

45) 『조선신보』 1964년 3월 28일자.

으로 지지한다'며 그 연대감을 표명했다. 더불어 일본정부에 대해서는 '범죄적인 《한일회담》을 즉시 중지할 것'을 재차 요구했다.

이 날 평양에서는 조선민주주의 인민공화국 최고인민회의(이하, 최고인민회의) 제3기 제3차 회의가 시작되었는데, 그 의제[46]의 하나로 '《한일회담》을 분쇄하며 조국의 평화적 통일을 촉진할 데 대하여'가 채택되었다. 이튿날 27일 오전, 외상 박성철[朴成哲]의 보고[47]에서는 '현 남조선의 파국을 수습하고, 조국의 통일문제를 토의하기 위해 남북조선의 제정당, 사회단체 대표의 연석회의나 다른 형태의 남북조선연석회의를 급히 소집할 것'을 제의했다. 나아가 '공화국 정부는 남조선에 매년 쌀 200만 석(30톤), 강재[鋼材] 10만 톤, 전력 10억 킬로와트, 화학섬유 1만 톤과 이 밖에 세맨트, 목재, 기계류 등을 다량적으로 제공할 것'과 '남조선에서 일'자리가 없어 기한에 떨고 있는 실업자들도 북반부에 받아 들이여 그들에게 직업을 보장하여 주고 생활을 안정시킬 것'을 제의하고 있다. 이 날 최고인민회의는 이와 같은 제안을 포함해 '남조선 인민들과 제정당, 사회단체 인사들 및 남조선 국회의원들에게 보내는 조선민주주의 인민공화국 최고인민회의 호소문'을 채택했다.[48]

박정희 정권이 한일회담을 촉진한 목적 중 하나는 일본에서 청구권

---

[46] 의제로 채택된 것은, ①협동 농장들의 경제 토대를 강화하며 농민들의 생활을 향상시킬 데 대하여, ②《한일회담》을 분쇄하며 조국의 평화적 통일을 촉진할 데 대하여, ③조선 민주주의 인민 공화국 1963년 국가 예산 집행에 대한 결산과 1964년 국가 예산에 대하여, ④조선 민주주의 인민 공화국 최고 인민 회의 상임 위원회 정령 승인에 대하여라는 4개 항목이었다(『조선신보』1964년 3월 30일자).

[47] 보고문의 전문은 『로동신문』 1964년 3월 28일자 및 『조선신보』 1964년 3월 31일자에 게재되어 있다. 또한 일본어 번역문은 朝鮮問題資料シリーズ第20集『《韓日会談》を粉砕し, 祖国の平和的統一を促進するために』을 참고.

[48] 이 호소문의 발표에 이어 북한 각지에서는 이를 지지하는 군중집회가 열렸다. 29일에는 수풍발전소, 천리마대안공장, 승호리 시멘트공장, 강선제강소, 본영 2·8비날론공장, 평강군복계협동농장 등에서 개최되었으며, 이 밖에도 함경북도 청진시에서는 30일과 31일 양일간에 60여 개 공장, 기업소, 기관, 협동농장 등에서 집회가 열렸다. 이들 집회에서는 27일 발표된 최고인민회의 호소문을 지지하고, 이를 실현하기 위한 생산량 증강을 결의했다(『조선신보』 1964년 4월 4일자).

자금을 도입하고 일본의 협력을 얻어 한국경제를 재건하려는 데에 있었다. 박정희 정권의 이러한 경제논리에 대한 대항 조치로, 북한이 한국에 대한 경제교류, 경제적 원조 의사를 표명한 일은 이전에도 있었지만[49], 구체적인 숫자를 표명한 것은 처음이었다. 북한정부는 통일정책과 경제지원 표명을 통해 한국정부를 동요시킴과 동시에 한일회담 저지를 위해 대중을 끌어들이려 했다.

이에 총련은 일반 대중에 대한 호별[戸別]방문, 강연회, 간담회 등의 방법으로 선전활동을 전개하고, 민단계 및 중립계에도 접근했다.

3월 28일에는 총련계 민족대학인 조선대학교 및 조청이 '《한일회담》에 반대하며 남조선 청년·학생들의 애국투쟁을 지지하는 재일조선청년학생궐기대회'를 도쿄 조선중·고급학교 운동장에서 개최했고, 이튿날에는 오사카 시텐노지[四天王寺] 회관에서 '오사카청년학생대회'가 개최되었다. 이들 대회에서는 최고인민회의 호소문과 한국 내의 한일회담 반대운동을 지지하며, '범죄적《한일회담》분쇄를 위한' 투쟁을 전개해 나갈 것을 결의했다.

총련중앙은 3월 29일에도 도쿄 히비야 야외 음악당에서 '《한일회담》

---

[49] 1962년 2월 15일, 북한 조국통일민주주의전선중앙위원회는 '일본 군국주의자들이 미제의 조종 하에 조작된《한일회담》을 통하여 남조선을 재침략하려는 것과 관련하여'라는 성명을 발표했다. 이 성명에서는 '우리 조국 북반부에는 자립적 민족경제의 반석 같은 토대가 축성되어 있으며 조국 통일의 강력한 물질 기술적 담보가 마련되어 있다. 우리에게는 17년간에 걸친 미제의 비인간적 략탈로 인하여 빈사 상태에 놓여 있는 남조선의 민족 경제를 시급히 부흥 발전시키고 도탄 속에서 신음하는 남조선 인민들에게 유족한 생활과 안정된 직업을 보장하여줄 충분한 력량이 갖추어져 있다'며 한국에 경제적 지원을 할 뜻이 있음을 전했다. 또한 '일본군국주의자들은 미제를 등에 업고 남조선에 기어들고 있으며 박정희 도당은 미제의 지시 하에 인민 탄압과 매국 매족 행위에 혈안이 되고 있다. 남조선 인민 모든 불행과 고통의 화근은 바로 미제의 남조선 강점에 있으며 우리 조국의 평화적 통일을 한사코 반대하는 장본인도 바로 미 제국주의 침략자들이다. 미 제국주의 침략자들을 몰아 내지 않고서는 남조선 인민이 결코 오늘의 고통에서 벗어 날 수 없으며 우리 조국의 평화적 통일도 실현될 수 없다'고 강조했다(『로동신문』 1962년 2월 16일자 및 朝鮮大學校, 『朝鮮の平和統一を妨げる「韓·日会談」』, 1962.6, 1~7쪽).

에 반대하며 남조선인민의 애국투쟁을 지지하는 재일조선인중앙대회50)'를 개최하고 있다.51) 이 중앙대회의 대표단은 31일 오후에 내각총리대신 관저에서 히로나가[広永] 심의관과 만나, 한일회담의 즉시중지를 요구하는 대회 결의문과 28일에 개최된 재일조선청년학생궐기대회 채택 결의문을 전달했다. 이처럼 도쿄를 시작으로 오사카, 교토, 효고[兵庫], 야마구치[山口], 후쿠오카[福岡] 등에서도 개최된 각종 대회의 결의는 27일의 최고인민회의 호소문을 적극적으로 지지, 환영하고 한국 내의 한일회담 반대운동을 지지하면서 이에 연대를 표명하는 내용이었다.52) 총련은 3월 11일 민단중앙에 한일회담의 반대투쟁을 공동으로 전개할 것을 제의한 이래, 3월 30일에도 재차 같은 제의를 했지만, 민단은 이 역시 거절했다.

총련은 1964년도 2/4분기 중점 사업으로 ①'최고 인민 회의 호소문을 전체 동포들 속에 널리 침투시켜 반미 구국 통일 전선 사업을 전군중적 운동으로 계속 강력하게 추진'할 것, ②《한일회담》을 분쇄하기 위한 투쟁을 더욱 강화하며 일본 인민들과의 친선과 련계를 강화'할 것, ③'재일동포들의 조국으로의 왕래 자유 실현을 위한 운동을 계속 강화'할 것을 결정하고, 제2/4분기 사업을 성공적으로 수행하기 위해 보다

---

50) 『조선신보』 1964년 4월 1일자.
51) 당일 도쿄대회에 동원된 참가자 수에 대해서는, 『조선신보』 4월 1일자 기사에서는 12,500명으로 되어있지만, 일본 내각조사실의 기록(內閣官房內閣調査室, 앞의 책 (第4部), 70쪽)에는 6천 명으로 되어 있다. 어쨌든 많은 재일조선인들이 참가한 것만은 사실이다.
52) 29일에는 '한일회담에 반대하는 남조선인민의 애국투쟁을 지원 성원하는 교토부 조선인대회(교토시 마루야마[円山] 음악당 · 약 4천 명)', '효고현 조선인대회(고베시 오쿠라야마[大倉山] 공원 · 약 3천 명)', '후쿠오카현 조선인대회(후쿠오카시 다이하쿠[大博] 극장 · 약 천7백 명)', '기후현 조선인대회(기후시[岐阜市] 가노[加納] 공민관)'가 개최되었으며, 다음 날인 30일에는 '야마구치현 조선인대회(시모노세키시 그라운드 · 약 2천 명)', '니가타현 조선인대회(니가타시[新潟市] 복지센터[福祉センター] · 약 7백 명)', '이와테현 조선인대회(모리오카[盛岡] 자치회관)', '아키타현 조선인대회(아키타[秋田] 조선회관)', '후쿠오카현 조선인대회(고리야마시[郡山市] 노동회관)' 등이 연이어 개최되었다(『조선신보』 1964년 4월 2일자).

활발히 투쟁할 것을 호소했다.[53]

4월 15일에는 조청과 유학동이 한청과 한학동 측에 4월혁명 4주년 기념일을 공동으로 맞이할 것을 제안했지만, 한청과 한학동은 이를 거부했다. 이에 조청과 유학동은 분쿄[文京] 공회당에서 개별적으로 대회를 개최하고, 한일회담의 즉시 중지와 최고인민회의 호소문의 실현을 호소했다.[54] 또한 24일에는 '《한일회담》에 반대하며 남조선청년학생의 애국적인 투쟁을 지지성원하는 조선대학학생 궐기대회[55]'를 개최했다. 그리고 도쿄 기타쿠[北区] 공회당에서도 '《한일회담》을 분쇄하고 조국의 자주적 통일을 촉진하기 위한 반제구국투쟁을 더 한층 강화하라!'는 슬로건 아래 '남조선인민의 애국적 투쟁을 지지성원하는 도쿄조선인대회'가 개최되었다.[56]

동년 5월 25일부터는 3일간에 걸쳐 총련 제7차 전체대회가 도쿄 분쿄공회당에서 개최되었는데, 여기에서는 총련 의장 한덕수가 제6차 전체대회 이후 3년간의 총련사업을 총괄하고, 조직강화, 교육사업의 강화, 재정활동의 강화, 평화통일운동의 강화를 강조하는 금후의 운동방침에 대한 보고를 했다. 특히 평화통일 운동의 강화와 관련해서는 '재일동포들 속에서 미제의 침략성과 식민지 침략정책과 그 죄상[罪状]을 역사적으로, 체계적으로 폭로하고, 박정희 도당[徒黨]의 매국적 본질을 더욱 더 철저적으로 폭로할 것'이며, '미제의 힘을 배경으로 박정희 도당의 인도에 의해 남조선에 숨어들어가려는 일본군국주의자들의 재침책동과 범죄적인 한일회담의 본질을 철저히 폭로하고, 이것을 분쇄하기

---

53) 『조선신보』 1964년 4월 10일자 참조.

54) 『조선신보』 1964년 4월 21일자.

55) 또한 이날 도쿄, 오사카, 가나가와, 이바라키 소재 조선중고급학교에서도 한일회담 중지와 한국 내 청년 학생들의 반대운동을 지지, 성원하는 궐기대회가 개최되었다 (『조선신보』 1964년 4월 25일자).

56) 『조선신보』 1964년 4월 27일자.

위한 투쟁을 더욱더 강화할 것'이라고 호소했다.[57] 대회 마지막 날인 27일에는 '남조선 동포들에게 보내는 편지'와 '일본정부에 보내는 요청문'을 결의하며 폐막했다.[58]

'남조선 동포들에게 보내는 편지'의 내용은 먼저, 한국의 경제파탄을 동정하면서 그 원인은 외세의존적인 정책에 있으며, 이를 버리고 자주자립의 길을 찾아야만 한다고 주장하고 있다. 또한 미제 침략자들을 끌어내고 한일회담을 분쇄하여 민족적 합작을 실현시켜 조국의 평화적 통일을 이루기 위해 모두가 일어서야 할 것이라는 것이다. 한편, '일본정부에 보내는 요청문'에서는 북일 양국인민이 반대하는 한일회담을 계속하는 것은 조선인민에 대한 가장 비우호적인 태도라 비난하고 한일회담이 체결돼도 이를 인정하지 않는다는 총련의 입장을 강조하며 즉시 한일회담을 중지할 것을 요청했다.

6월 3일 한국 내 반대운동에 대해 한국정부가 계엄령을 선포하여 대처하자, 총련 산하 각 단체들은 한국 내의 한일회담 반대운동에 대한 선전활동을 강화했다. 총련 기관지에서는 한국 내 반대운동을 매일 보도하고, 총련 각 지부에서는 이를 지지성원하는 대회를 개최했다.[59]

총련중앙은 6월 5일, '남조선 인민의 애국적 투쟁을 열렬히 지지성원한다[60]'는 성명을 발표했다. 성명에서는 한국 내 반대운동이 '민주주의적 자유와 생존의 권리를 찾기 위한 정의의 투쟁이며 외래 침략세력을 몰아내고 나라와 민족의 영예를 고수하기 위한 애국 투쟁'이라 평가하면서, '20년에 걸친 미 제국주의자들의 남조선 강점과 친미, 친일 주구 박정희 도당의 학정에 의하여 오늘 남조선 인민들은 참을 수 없는 불행과 고통을 강요당하고 있다'며, '남조선 인민들의 출로는 오직 외세를

---

57) 統一朝鮮新報社, 『統一朝鮮年鑑』 1964年版, 1964, 536쪽.
58) 전문은 『조선신보』(1964년 5월 30일자)를 참조.
59) 『조선신보』 1964년 6월 6일자.
60) 『조선신보』 1964년 6월 8일자.

물리치고 남북의 합작을 실현하여 조국 통일을 이룩하는 데 있다'고 주장했다. 나아가 '조국의 평화적 통일을 위한 반미 구국 투쟁을 더욱 강화할 것'을 호소했다.

또한 6월 8일 밤에는 도쿄 기타쿠 공회당에서 '남조선 인민의 애국투쟁을 지지성원하는 도쿄 조선인대회'를 개최하고, '계엄령철폐', '박정권 타도', '남조선 인민의 애국투쟁 지지' 등의 슬로건을 내걸고 반미구국 투쟁을 한층 더 전개해 갈 것을 결의했다. 같은 시기 도죄[東釗] 회관에서는 '남조선 인민의 애국투쟁을 지지하는 재일조선상공인대회'가 개최되는 등, 각 지방에서도 이와 같은 내용의 대회가 개최되었다.[61]

조청 조선대학위원회에서는 1964년 6월 20일에 『투쟁하는 남조선 청년학생』이란 소책자를 발행했다. 이 소책자의 목적은 '수많은 일본의 학우[學友]와 청년들에게 조금이라도 남조선 청년학생들의 투쟁의 진상을 알려 조·일 양국 청년학생의 우정과 연대를 강화하는데 도움이 되'길 바란다는 것이었다.[62] 여기에서는 먼저 3월부터 활발히 전개된 한국 학생들의 한일회담 반대운동을 자세히 소개하고, '남조선의 청년학생의 투쟁의 발전과정은, 청년학생의 투쟁이 대중의 강한 지지를 받으면서 새로이 더 한층 적극적인 단계에 돌입[63]'하고 있으며, '남조선의 청년, 학생들의 투쟁이 점차 외국세력을 배격하고 자주적인 통일을 지향하는 투쟁으로 발전하고 있는 것은 상당히 중요한 특징[64]'이라 평가하고 있다. 또한, '금년 3월 24일부터 계속되고 있는 청년학생 데모도

---

61) 이 외에도 후쿠오카현(5일), 교토(6일), 군마현 및 가나가와현(7일), 기후현(8일)에서도 한국 내의 반대운동을 지지 성원하는 대회가 개최되었다(『조선신보』 1964년 6월 12일자). 또한, 재일본조선인교육회(7일), 재일본유학생동맹, 재일문학예술가동맹 등에서도 한국 내 반대운동에 대한 지지성명 및 대회가 개최되었다(『조선신보』 1964년 6월 14일자).
62) 朝青朝鮮大学委員会, 『戦う南朝鮮の青年学生』, 1964.6, 3쪽.
63) 위의 책, 15쪽.
64) 위의 책, 16쪽.

처음부터 제국주의자와 매국적인 반동정부에 대한 정치적 성격을 명확히 지적하고 있으며, 이미 4개월간 여러 형태로 싸우고 있는 것으로 봐도, 이 투쟁의 적극성과 끈기[65]'를 엿볼 수 있다며, 이러한 한국의 학생들의 투쟁의 밑바탕에는 '도탄지고[塗炭之苦]에 헐떡이고 있는 남조선 인민들의 비참한 생활'이 있으며, 이러한 고통을 더욱 심화시킬 한일회담을 분쇄하자고 호소하고 있다.[66]

이 시기 총련계 재일조선인들의 적극적인 움직임에 일본 내 혁신세력 및 학생운동세력도 한국 내의 반대운동을 지지하는 대회 및 계엄령 철폐를 요구하는 대회를 개최했다.[67]

제4절 제7차 한일회담기의 반대운동

1964년 12월 3일, 한국 내 반대운동의 영향으로 중지된 제6차 한일회담으로부터 6개월 만에 제7차 한일회담이 개최되었다. 총련중앙은 이에 항의하는 성명을 발표했다. 총련은, '시종일관《한일회담》이 조선인민의 지상 념원인 조국의 자주적 평화 통일을 저해하며 남북 분렬을 고정화할 뿐만 아니라 나아가서는 아세아의 평화를 위협하는 것'이며, '《한일회담》에서 그 어떠한 결정을 하더라도 그것은 불법하고 부당하며 전적으로 무효임을 주장'하고, '즉시 중지할 것을 거듭 일본정부에 요구'했다.[68]

앞서 살펴본 대로 한국 내에서 활발히 전개되고 있던 한일회담 반대

---

65) 위의 책, 17쪽.
66) 위의 책, 17~27쪽.
67) 内閣官房内閣調査室編,『日韓条約締結をめぐる内外の動向』, 1966.7. 제4부 1964년도 부분을 참조.
68) 전문은『조선신보』1964년 12월 4일자 참조.

운동에 대한 지지성원 운동에서 한 발 나아가, 박정권 타도 및 반제구국투쟁까지 호소하는 것이 1964년 총련운동의 한 특징이다. 이 과정에서 조국자유왕래운동은 다소 침체되어 있었지만, 제7차 한일회담이 재개될 움직임을 보인 10월 이후[69]부터 또다시 활성화되어 갔다. 이 운동은 제7차 한일회담이 열린 4일 뒤에, 도쿄 간다[神田] 공립 강당에서 '조국에의 왕래 자유실현을 요청하는 재일조선인 중앙대회'를 개최하고, 일본정부가 '재일조선공민의 민주주의적 민족적 권리에 관한 문제를 《한일회담》의 흥정거리'로 사용하려 한다는 점을 비난하고, 또한 '재일조선공민의 신성한 권리인 조국에의 왕래자유를 인정'할 것을 요구하며 연말까지 이 운동을 활발히 전개해 나갔다.

동년 12월 17일에는 도쿄 분쿄 공회당에서 '《한일회담》에 반대하는 재일조선인 중앙대회'가 개최되었다.[70] 한덕수는 이날 대회 보고에서 '조선 인민에 관한 문제는 조선 민주주의 인민 공화국 정부와 상의 없이 그 어떤 것도 해결할 수 없'다며, '우리들은 일본 반동 지배층이 조선 인민의 그 누구도 대표할 수 없는 박정희 매국 도당과의 사이에 그 어떤 것을 결정하든 이것을 절대로 인정하지 않을 것이며 완전히 무효로 할 것[71]'임을 천명했다.

총련의 한일회담 반대운동은 1965년에 들어서 보다 활발히 전개되었다. 1955년 총련 결성 이후, 총련은 한일회담에 줄곧 반대해 왔지만, 총련운동의 중핵적 위치를 차지하고 있던 것은 귀국운동과 조국자유왕래운동 등에 있었다고 말할 수 있다. 하지만 전준이 다음과 같이 지적

---

69) 제7차 한일회담 개최에 이르는 과정은 이원덕(앞의 책, 1996, 243~257쪽)의 책을 참조.
70) 『조선신보』 1964년 12월 18일자. 일본 內閣官房內閣調査室 문헌에서는 이 대회에 1,800명이 참가한 것으로 기록하고 있다(內閣官房內閣調査室編, 『日韓条約締結をめぐる内外の動向』, 1966.7, 50쪽).
71) 『조선신보』 1964년 12월 18일자.

하고 있듯이 이러한 총련의 운동은 한일회담과는 떼려야 뗄 수 없는
것이었다.

> 어느 면으로 보면 한일국교를 반대하기 위해 전정력[全精力]을 다 했
> 다고도 할 수 있고 여러 운동은 그 최대목표에 대한 시기적 부분적 운동
> 이었다고도 할 수 있었다. 즉 귀국운동, 조국왕래운동, 평화통일운동, 동
> 포포섭공작 등 어느 운동이나 한국과 일본과의 국교를 방지하고자 하는
> 목표에 발걸음을 맞추어 이루어 졌다.[72]

1964년 12월 제7차 한일회담 재개 이후, 교섭 타결의 기운이 급속도
로 높아졌다. 이러한 상황을 인식한 총련은 한일조약 체결 이후에 다
가올 사태의 중대성을 강조하며 조직 강화에 힘을 기울였다. 또한 문
화, 체육활동을 활성화 해 나가는 등, 조인 후 총련에 대한 탄압을 상정
하여 합법성의 견지, 내정불간섭이라는 활동 방침에 따라 조직 방위를
한층 강화해 나갔다.[73] 더욱이 재정문제에 관해서는 '일한조약의 조인
전후부터는 재정규율 및 조직재산의 관리보존에 대한 중앙의 통제를
강화함과 동시에 상공기업자의 심리적 동요에 의한 비협력에의 대책
으로써 사상교육과 함께 세금 대책 등의 실무교육을 적극적으로 실시
하는 한편, 쇼와[昭和] 49년(1964년)에 이어 토지, 금융, 건설, 유기장[遊
技場], 음식점 등 각종 사업을 적극적으로 경영하며 사업 이득금[利得
金]의 증가를 꾀하는 등, 중앙 및 지방의 자립 재정 확립 활동[74]'이
드러졌다.

그리고 민단 및 중립계 재일조선인들에 대해서는 '한국민에 대한 것
과 마찬가지로 각종 선전물을 보내면서 호별방문에 의한 득공작을

---

72) 田駿, 『朝総聯研究(第2巻)』, 高麗大学亜細亜問題研究所, 1972, 399~400쪽.
73) 公安調査庁, 『内外情勢の回顧と展望』, 1966.1, 91쪽.
74) 위의 책, 93쪽.

강화하고, 일한회담, 조약 분쇄 투쟁에의 궐기를 촉구하거나, 『징병통지』사건 등을 교묘히 이용해 외등[外登(외국인등록)]상 한국적의 불리를 선전', 또한 '각 기관에 대한 민족권리옹호 등의 공통문제에 대한 공투[共鬪] 제의', '권일 타도의 준비공작을 진행해 재일조선인의 민족통일전선의 확대, 총단결화를 적극적으로 획책'하고 이었다.[75]

1965년 1월 4일자 『조선신보』 사설에서는 1965년도 주요 과업의 2번째 항목으로 한일회담을 반대·분쇄할 것을 내걸었고[76], 당면과제로는, '첫째, 남북의 접촉과 교류를 요구하는 남조선 인민들의 투쟁을 적극 지지 성원하며 조국의 자주적 평화 통일을 촉진하기 위한 반미 구국 통일 전선 사업을 일층 강화'할 것과, '둘째, 《을사 보호 조약》의 재현을 획책하는 범죄적 《한일회담》을 단호히 반대 배격하는 투쟁을 강화한다'는 등을 내걸고 있다.

1965년 1월 9일에 도쿄 분쿄 공회당에서 개최된 총련 '관동지방 열성자대회'에서 보고한 한덕수는 '범죄적 《한일회담》을 반대 배격하고 광범한 일본인민들과의 우호친선과 국제적 연대성을 한층 강화[77]'할 것

---

75) 위의 책, 94쪽.
76) 1965년 1월 4일자 사설의 내용은 다음과 같다. '총련은 지난해에 거둔 성과에 토대하여 금년도에 주력할 주요 과업을 제기하였는바 그는 다음과 같다. 그것은 첫째로, 조선 인민의 최대의 념원이며 지상 과업인 조국의 평화적 통일을 촉진하기 위하여 민족 단합과 반미 구국 투쟁을 전 동포적으로 전개한다. 둘째로, 범죄적 《한일회담》을 반대 분쇄하며 광범한 일본 인민들과의 우호 친선과 국제적 련대성을 한층 강화한다. 세째로, 재일 동포들의 민주주의적 민족 권리를 철저히 옹호하며 동포 상공인들의 권익을 옹호하기 위하여 노력한다. 네째로, 재일 동포들의 조국으로의 왕래의 자유 실현을 위한 운동을 더욱 강력히 전개하여 귀국 사업을 계속 보장한다. 다섯째로, 민주주의적 민족 교육의 질을 일층 제고 하며 학교 운영의 자립적 토대를 더욱 튼튼히 한다. 여섯째로, 재일 동포들에 대한 사회주의적 애국주의 교양을 실속 있게 진행하며 성인 학교 사업을 한층 강화한다. 일곱째로, 문학예술 활동을 강화하고 중앙 예술단 사업을 계속 발전시킨다. 체육 사업을 적극 군중화한다. 여덟째로, 각계각층 동포들과의 사업을 더욱 강화하고 총련 조직을 더욱 확대 공고화한다. 아홉째로, 일꾼들의 학습을 더욱 강화하고 그들의 정치 실무 수준을 더욱 제고한다. 열째로, 총련 결성 10주년을 높은 정치적 열의와 사업 성과로써 맞이한다'.

을 재삼 강조했다. 이 대회를 비롯하여 아이치현[愛知県], 후쿠오카현[福岡県], 홋카이도[北海道], 니가타현[新潟県] 등에서도 '각 지방 열성자 대회'가 개최되었으며 '한일회담의 중지' 및 '조국에의 자유왕래' 등을 요청하는 요청문을 일본정부에 보냈다.[78] 이처럼 1965년 1월 초순부터 중순에 걸쳐 총련은 전국 28지역에서 144,400여 명이 참가하는 한일회담 반대집회를 개최했다.[79]

2월 15일에는 조국통일민주주의전선 중앙위원회 및 조국평화통일위원회가 '전 민족이 일치단결하여 범죄적 《한일회담》을 분쇄하자!'는 '남조선 인민들에게 보내는 호소문'을 발표했다. 이 호소문에서는 '일제에게 몇 푼 안 되는 《차관》을 구걸하는 대가'로 남조선 어장까지 팔아 먹으려 하고 있다. 이것은 100만 남조선 어민의 생명선을 끊어 버리려는 극악한 배족행위이다. 이 매국 역적들은 수십 년 간 일제 략탈자들에 의하여 갖은 민족적 멸시와 수모를 당하여 온 재일 조선 공민들의 민족적 민주주의적 권리마저 팔아먹으려 광분하고 있으며 우리 조국의 신성한 령토인 독도까지 일제에게 떠넘기려 하고 있다[80]'고 비난했다. 그리고 '정견과 사상의 차이, 신앙과 재산의 유무, 과거와 집업의 여하, 남녀 로소를 불문하고 전 민족적 력량을 결속하여 범죄적 《한일회담》을 분쇄하라!'[81]고 호소했다.

조선인민군 창건 17주년에 해당하는 2월 8일에는 간다 공립 강당에서 열린 '범죄적 《한일회담》을 반대 배격하는 재일조선인 중앙대회'를

---

77) 『조선신보』 1965년 1월 11일자 참조.
78) 『조선신보』 1965년 1월 18일자.
79) 이 숫자는 内閣官房内閣調査室의 조사에 의한 것이다. 실질적으로는 보다 많은 인원이 참가했을 것으로 생각된다(内閣官房内閣調査室編, 『日韓条約締結をめぐる内外の動向』, 1966.7, 50쪽).
80) 『로동신문』 1965년 2월 16일자; 日本国際問題研究所, 『朝鮮問題戦後資料』 第3巻, 1980, 262쪽.
81) 『로동신문』 1965년 2월 16일자; 日本国際問題研究所, 앞의 자료 第3巻, 1980, 264쪽.

시작으로 오사카부, 가나가와현, 후쿠시마현, 이바라키현, 지바현, 군마현 등에서도 유사한 대회가 개최되었다.

기본조약의 가조인을 눈앞에 둔 총련은 거의 매일 일본 내 혁신세력과 함께 각종 대회를 각지에서 개최했다.[82]

또한 12일에는 앞선 8일에 개최된 '범죄적《한일회담》을 반대 배격하는 재일조선인 중앙대회'에서 채택된 요청문을 외무성에 전달했다. 그리고 19일에는 간다 공립 강당에서 '《한일회담》반대 매국노 박정희 도당을 규탄하는 재일조선인 중앙대회'를 개최하고, '일제의 남조선 침략 책동'을 단호히 배격하며 회담의 즉시중지할 것을 요구했다.

하지만 1965년 2월 20일, 시이나 에쓰사부로 외상과 이동원 외무장관 사이에서 기본조약의 가조인이 이루어 졌다. 이 날 평양 천리마 문화회관에서는 한일회담에 반대하는 평양시군중대회가 열렸고, 가조인된 기본조약은 일본제국주의의 대한침략이 본격화 된 것이라 규탄했으며[83], 한일회담에 반대하는 군중대회가 각지에서 개최되었다.[84]

기본조약의 가조인 날에 개최된 총련중앙위원회 제7기 제3차 회의에서는 '한일조약 비준저지' 및 '무효화 투쟁'의 방침을 세우고, '재일조선인 한일회담 반대 투쟁위원회'를 중심으로 일본정부 및 지방자치체의 의회에 대한 요청활동, 각종 반대집회, 방일하는 한국정부 요인에 대한 항의활동, 한일 양국민에 대한 선전선동 및 일본의 혁신계 정당 및 단체와의 국제연대 활동 등을 펼쳐 나가기로 결정했다.[85]

---

82) 『조선신보』 1965년 2월 12일자.
83) 統一朝鮮新聞社, 『統一朝鮮年鑑』 1965~66年版, 1965, 803쪽.
84) 동 20일 밤에는 해주시와 개성시에서, 21일에는 흥남시와 원산시에서, 22일에는 사리원시와 청진시에서 군중대회가 개최되었다(統一朝鮮新聞社, 앞의 연감, 1965, 803쪽).
85) 公安調查庁, 『內外情勢の回顧と展望』, 1966.1, 95쪽.

제5절 한일조약의 체결과 한일조약 무효화 운동

1965년 2월 19일, 기본조약의 가조인 전날 총련은 한일조약의 즉지 중지를 요구하는 요청문을 보냈다.[86] 이튿날 총련은 '일본정부와 박정희 일당 사이에서의 협정은 일체 무효'라고 발표했는데, 총련 각지부 및 분회 단위에서도 '매국조약은 무효'라며 '침략적인 매국적《한일회담》을 파기'할 것을 요구하는 대회를 열고, 삐라를 살포하고 자동차 행진 등 가두선전 활동도 활발히 전개해 나갔다.

한편, 북한에서는 5월 20일 최고인민회의 제3기 제4차 회의가 열렸는데, 21일에는 '전 민족이 단합하여 범죄적《한일회담》을 분쇄할 데 대하여[87]'라는 결의가 채택되었다. 이 결의문에서는 《한일회담》은 아무런 법적 근거도 없는 철두철미 비법적인 협잡 놀음에 불과하다'고 규정하며, '《한일회담》이 결속된다면 남조선은 미일 제국주의자들의 2중의 식민지로 전락될 것이며 우리 조국의 통일은 더욱더 지연되고 조선에서의 긴장 상태는 가일층 격화될 것'이라고 지적했다. 그리고 '전 인민적 구국 통일 전선을 결성하고 매국적인《한일회담》을 분쇄하며 미제 침략자들을 몰아내고 조국의 자주적 통일을 실현하기 위한 거족적 투쟁에 나서야 할 것'이라 호소했다.[88]

또한 북한정부는 6월 18일, '《한일회담》의 범죄적 내막에 대하여[89]'라는 정부 비망록을 발표했다. 여기에서도 한일조약이 정식으로 조인되어 실천에 옮겨진다면, '2차 대전에서 패망하였던 일본 군국주의는

---

86) 『조선신보』 1965년 2월 22일자.
87) 전문은 『로동신문』 1965년 5월 22일자 및 日本国際問題研究所, 앞의 자료 第3巻, 1980, 268~270쪽 참조.
88) 『로동신문』 1965년 5월 22일자 및 統一朝鮮新聞社, 앞의 연감, 1965, 236쪽; 日本国際問題研究所, 앞의 資料 第3巻, 1980, 264쪽.
89) 전문은 『로동신문』 1965년 6월 19일자 및 総聯中央常任委, 『「韓日会談」の諸「協定」は無効である(朝鮮問題資料シリーズ第25集)』(1965.7, 7~27쪽)을 참조.

미제의 비호 하에 공공연히 남조선에 재침입하게 되며 남조선은 실질적으로 미일 량국의 2중의 식민지로 전락'할 것이라 주장했다. 또한 이는 '조선의 분렬을 더욱 고착시키고 평화적 통일을 방해하게 될 것이며 조선에서 새로운 긴장을 상태를 조성하게 될 것'이라고 비판했다.

나아가 북한정부는 6월 23일 '일본정부와 박정희 도당 간에 체결된 《조약》과 《협정》들을 인정하지 않으며 끝까지 반대한다[90]'는 성명을 발표했다.[91] 이 성명에서는 '금번 박정희 도당과 일본 정부 간에 체결된 《조약》과 《협정》들은 미제가 《동북 아세아 군사 동맹》을 조직하고 조선의 자유적 평화 통일을 저해하고 조선의 분렬을 영구화하며 남조선을 식민제 예속 상태에 얽매여 놓으려는 음모 책동의 일환'이며, '《한일회담》의 직접적 조종자는 미 제국주의자'라고 비판했다. 그리고 '조선 인민은 일본 제국주의자들이 조선 인민에게 끼친 모든 인'적 물적 피해에 대하여 배상을 요구할 당당한 권리를 가지고 있으며 일본 정부는 이것을 리행할 법적 의무'가 있고, '조선 민주주의 인민 공화국 정부는 대일 배상 청구권을 보유한다는 것을 일본 정부에 거듭 경고한다'고 했다.

6월 23일의 북한정부 성명은 개별 협정 안건에 대해서도 다음과 같이 비판하고 있다. 먼저 어업문제에 대해서는 '조선의 전통적인 어장과 령해에 관한 문제인 《어업 문제》는 조선 인민의 자주권에 속하는 문제로서 《한일회담》과 같은 매국 흥정판에서 논의될 수 없다'며, '조선 인민은 령해에 대한 주권과 자기의 어업권을 당당히 행사해야 할 것'이라

---

90) 전문은 『로동신문』 1965년 6월 24일자 및 総聯中央常任委, 앞의 책, 1965.7, 1~6쪽. 朝鮮大学校, 『売国的「韓日会談」は無効である(朝鮮に関する研究資料第13集)』, 1965.11, 109~112쪽. 鹿島平和研究所, 『日本外交主要文書・年表(2)1961-1970』, 1984, 609~611쪽에 수록되어 있다.

91) 또한 26일에는 중국정부도 '중국은 《한일기본조약》, 결코 인정하지 않는다'는 성명을 발표했다(鹿島平和研究所, 앞의 책, 1984, 611~613쪽).

비판했다. 또한 '독도는 그 누구도 침해할 수 없는 조선 인민의 고유하고 신성한 령토'라고 언명하고 있다. 재일조선인 문제와 관련해서는, 일본정부가 '재일 조선 공민들을 포함한 재일 동포들에 대한 민족적 차별과 정치적 박해를 가하며 나아가서는 마음대로 추방 탄압하려고 책동하고 있다'고 비난하며, 박정권은 '재일 조선 공민들에 대한 민주주의적 민족 권리를 일제에게 팔아넘기었을 뿐만 아니라 그들에게 《한국국적》을 강요하여 괴뢰 정권 《국내법》을 적용시켜 남조선 괴뢰군 징집의 원천으로 삼으려 하고 있다'고 비판했다. 한편 '일본정부는 조일 양국 인민의 전반적 리익에 다 같이 배치되고 극동과 아세아의 평화에 위협으로 되는 《한일회담》의 《조약》과 《협정》들을 당장 폐기하여야 한다'고 주장하며, '《조약》과 《협정》을 인정하지 않을 것이며 그것을 끝까지 반대할 것'임을 언명했다.

1965년 6월 22일 한일조약의 체결 이후에도 북한정부는 조약의 비준을 저지, 실질적 무효화를 위해 일본의 혁신세력의 조약반대운동을 지지 성원하는 방침을 강화했다. 또한 한국 내 한일조약 반대투쟁을 반미구국투쟁으로 규정하고, 그 투쟁을 지지하는 선전활동도 활발히 전개했다.

그러나 1965년 8월 14일, 한국에서는 여당 단독으로 한일조약의 국회 비준이 강행, 가결되었다. 이후에도 서울을 비롯한 각지에서 비준반대운동은 지속적으로 전개되었다.

한일조약의 비준서가 교환된 1965년 12월 18일, 북한 조국통일민주주의전선 중앙위원회는 '《한일회담》을 분쇄하라, 박정희 도당을 타도하라[92]'는 제목으로 '남조선 인민들에게 보내는 호소문'을 발표했다. 이 호소문에서는 '만일 당신들이 또다시 일본군국주의자들의 침략의 군화

---

[92] 『로동신문』 1965년 12월 18일자 및 日本国際問題研究所, 『朝鮮問題戦後資料』 第3巻, 1980, 280~283쪽 참조.

밑에 유린당하는 치욕의 력사를 되풀이하기를 원치 않는다면, 만일 당신이 미일 제국주의자들의 2중의 식민지 노예로 살기를 원치 않는다면 매국적 《한일회담》을 분쇄하고 망국의 운명에서 나라를 구원하기 위한 결정적인 반미, 반일 구국 투쟁에 한사람같이 나서야 한다'고 주장했다. 또한, '우리가 이미 누차 천명한 바와 같이 공화국 북반부에 축성된 자립적 민적 경제의 튼튼한 토대는 남조선에 조성된 엄중한 난국을 타개하고 민족적 재난을 제거할 훌륭한 밑천으로 되고 있다. 그러나 매국노들은 제나라 제민족의 손에 있는 이 훌륭한 밑천을 외면하고 외래 침략세력에 의존하는 예속의 길을 찾아가고 있다'며, '박정희 매국정권을 타도하고 각계각층 인민의 리익을 대표하는 진정한 민주주의 자주 정권을 수립하기 위하여 투쟁하라!'고 호소했다.

한일조약 체결 후, 북한의 투쟁의 중심은 대외활동에 놓여 져 일본의 한일조약 비준국회에 대한 일본 국내의 반대투쟁을 물심양면으로 지원하는 한편, 외국인등록상의 국적변경투쟁, 인권, 생활권 옹호 등 이른바 민족권리옹호투쟁 등을 통해 조약의 실질적인 무효화를 목표로 한 운동이 전개되었다.[93]

또한 한국에 대해서는 한국 내의 한일회담 반대투쟁을 반미구국투쟁으로 규정하고 투쟁의 지지 및 선동에 주력했다. 이러한 북한의 방침에 따라 총련 역시 7월 2일 중앙상임위원회 제23차 회의를 개최하고 '재일동포를 조국과 수령 주위에 단결시켜 매국적 한일조약에 반대하며 총련의 애국사업에 전진하기 위한 유설[遊說]사업을 조직해 나갈 것'을 결정했다. 이 유설의 목적은 '60만 전체 재일동포들에 대한 정치선전사업을 집중적으로 진행하여 매국적 한일조약의 본질을 더욱 철저히 폭록하고, 총련의 주체적 역량을 한층 강고히 하여 동포들이 공화국

---

93) 公安調査庁, 『内外情勢の回顧と展望』, 1966.1, 95쪽.

공민으로써의 영예를 고수하고 총련사업을 성과적으로 관철한다'는 것
이었다. 구체적으로는 7월 6일부터 한덕수 의장을 비롯하여 간부들을
중심으로 하는 유설대[遊說隊]를 전국 8개 지방협의회(간토[関東], 도호
쿠[東北], 도카이[東海], 기타신슈[北信州], 긴키[近畿], 주고쿠[中国], 시코
쿠[四国], 규슈[九州])에 파견하여 강연회, 연설회, 좌담회, 영화 상영회
등 다양한 집회를 집중적으로 개최하는 것이었다.[94]

94) 内閣官房内閣調査室編, 『日韓条約締結をめぐる内外の動向』, 1966.7, 73쪽.

제4장

일본인의 한일회담 반대운동

: 일조협회[日朝協會]의 활동을 중심으로

앞서 살펴본 대로 1960년대에 들어서면서 한국정부의 대일외교는 1950년대와 비교하면 보다 적극적으로 전개되었다고 할 수 있다. 민단계 재일조선인들 중에서도 이러한 한국정부의 적극적인 대일외교를 비판하면서 한일회담을 반대하는 주장도 있었지만, 민단 전체적으로는 이전보다 적극적으로 한일회담 촉진운동을 전개해 나갔다.

한편, 조약 타결을 향한 한일 양국 정부의 움직임에 대해 일조협회 등의 일조우호단체와 일본사회당, 일본공산당, 총평, 총련계 재일조선인들은 한일회담 반대운동을 다각적으로 전개해 나갔다. 한일회담에 대한 일본인들의 반대운동이 눈에 띄게 나타나는 것은 바로 이 시기부터인데, 그 반대운동을 활성화시키는 중심 역할을 했던 것이 일조협회였다.

일본인들의 한일회담 반대운동에 관한 논저로는 선행연구의 정리에서도 언급했듯이 당시의 운동에 적극적으로 참가했던 하타다 시게오[畑田重夫][1]의 논문이 선구적인 것이었다. 하타다의 연구에서 오랜 시간이 흘러, 일본인들의 한일회담 반대운동만이 아닌, 주로 총련계 재일조선인들의 반대운동에까지 시야를 넓힌 요시자와 후미토시[2]의 연구가 나왔다. 그 후 일본조선연구소의 중심 멤버였던 데라오 고로[寺尾五郎]에 착목한 이타가키 류타[板垣竜太][3]의 연구와 해방 후 북일관계의 형성과 관련지어 일조우호운동 및 한일회담 반대운동에 착목한 박정진[4]의 연구가 많은 사실을 복원하고 있다. 이러한 선행연구를 참고하면서 이 장에서는 일조협회의 활동을 중심으로 일본인들의 한일회담 반대운동의 전개과정과 반대논리를 살펴보고자 한다.

제1절 일조협회와 일조우호운동

1. 일조협회의 결성과 일조우호운동

하타다가 지적하고 있듯이 1960년대 이전의 한일회담 반대운동은 '조선에 특수한 관심을 갖는 단체 및 개인들만이 어느 정도 반응을 보이는 것에 머물고 있던 단계[5]'였다고 할 수 있다. 일본인에 의한 한일회담 반대운동은 1960년을 정점으로 하는 미일안보투쟁 이후부터 본격

---

1) 畑田重夫,「日韓会談反対闘争の発展とその歴史的役割」旗田巍 他,『日本と朝鮮(アジア・アフリカ講座)』, 勁草書房, 1965.3.
2) 吉澤文寿, 「日本における日韓会談反対運動ー一九六〇年代を中心に」,『戦後日韓関係ー国交正常化交渉をめぐって』, 図書出版クレイン, 2005.
3) 板垣竜太,「日韓会談反対運動と植民地支配責任論ー日本朝鮮研究所の植民地主義論を中心にー」,『思想』No.1029, 岩波書店, 2010.
4) 朴正鎮,『日朝冷戦構造の誕生ー1945~1965 封印された外交史』, 講談社, 2012.
5) 畑田重夫, 앞의 논문, 1965.3, 159쪽.

적으로 전개되어 갔다. 당시 1950년대부터 '조선에 특수한 관심을 갖는 단체'의 하나였던 일조협회[6]는 일본인에 의한 한일회담 반대운동을 고조시키는 데 중요한 역할을 했다.

전후 일조우호를 내걸은 각 단체들은 오사카, 교토, 후쿠오카, 가와사키[川崎] 등의 지역에서 조직화되었는데 '각각의 지역마다 독자적인 이니시어티브를 갖고 결성[7]'되어 활동하고 있었다.

그 대표적인 것으로는 1949년경에 나고야[名古屋]대학교 교수 시가타 히로시[四方博](전 경성제국대학 교수)를 중심으로 결성된 '일조친선협회 준비회[日朝親善協会準備会]'를 들 수 있다.[8] 이 모임에 참가한 사람들은 '조선에 대한 일종의 보호자적 태도', '자신들이 이끌어 가야만 할 사람'이라는 태도로 참가하고 있던 사람들이 상당수였다는 시가타의 회상[9]은, 식민지조선과 일정한 관계를 맺고 있던 사람들이 다수 참가하고 있었던 것을 짐작할 수 있다.

한편, 일본공산당 기관지 『아카하타[アカハタ]』는 1949년 4월, '크게 고조되고 있는 4·24 교육기념투쟁 속에서 일조 두 민족의 상호이해를 깊이하고, 친선을 깊이하기 위한 목적으로 사건의 진상조사단 후세 다쓰지[布施辰治] 씨 등의 제창으로 일조친선협회[日朝親善協会]가 생긴다[10]'는 기사를 게재하고 있다. 여기에는 일본평화위원회[日本平和委員會], 일소친선협회[日ソ親善協會], 조련[朝聯], 민주주의과학협회[民主主義科學協會] 등의 관계자[11]들이 참가했다. 이 모임의 발족식은 같은

---

6) 일조협회의 결성 과정에 관한 상세한 내용은 일조협회 측 자료로는, 『日朝友好運動10年のあゆみ』(日朝協会, 1960.12)가 있으며, 그 밖에 朴正鎭(앞의 책, 2012, 75~91쪽), 李尚珍(「日朝協会の性格と役割」, 高崎宗司·朴正鎭編著, 『帰国運動とは何だったのか』, 平凡社, 2005, 235~267쪽)의 논문에서 상세히 다루고 있다.

7) 日朝協会文化宣伝委員会, 『最近の日朝問題-日米共同声明路線と日朝友好運動』 No.16, 1970.11, 146쪽.

8) 위의 책, 146쪽.

9) 李尚珍, 앞의 논문, 2005, 236쪽.

10) 『アカハタ』 1949년 4월 21일자.

해 5월 14일로 예정되어 있었지만, 순조롭게 진행되지는 않았다. 그 이유를 확인할 수는 없지만, 당초 예정이 훨씬 지난 1950년 12월 경부터 재조직화의 움직임이 시작되고 있었다. 재조직화에는 일본공산당원이며 산별회의[産別会議] 상임이사이기도 했던 스즈키 지로[鈴木次郎] 씨가 중심이 되어, 후세[布施], 히라노[平野], 오가타[尾形], 호리에[堀江], 우치야마[内山], 미시마[三島], 와타나베[渡辺] 씨 등을 맞이해 이사회를 발족시켰다고 한다.[12] 일조협회에서는 1950년의 이사회를 '최초의 조직적 맹아[13]'로 기술하고 있는데, 박정진의 지적대로 1949년의 움직임에 대해서는 그 존재조차 언급하고 있지 않다.[14] 단, 인적구성으로만 본다면 재조직화를 위한 이사회의 구성원은 1949년과 거의 동일한 것을 알 수 있다.

도쿄에서는 앞서 살펴본 움직임과는 다른 불교관계자를 중심으로한 또 하나의 움직임이 있었다. 1951년 9월 2일 다이토쿠[台東区] 뉴스타일 사(뉴스타일 편물[編物]학원)에서 사카모토 지카이[坂元智海](다이쇼[大正] 대학 교수)와 이영표[李英表](동선사[東鮮寺] 주지) 등이 참석한 종교가교육간담회[宗教家教育懇談会]가 개최되었을 당시, 이영표의 제안으로 발기인 대회를 갖고 조직준비가 진행되었다.[15] 그리고 같은 해 10월, 구루마 다쿠도[来馬琢道](아사쿠사 만류지[浅草万陸寺] 주지) 전 참의원 의원을 회장으로, 이영표를 부회장으로 한 일조친선협회[日朝親

---

11) 준비회 이사에는 후세 다쓰지[布施辰治], 히라노 요시타로[平野義太郎], 호리에 무라이치[堀江邑一], 가지 와타루[鹿地亘], 마쓰모토 마사오[松本正雄], 오가타 쇼지[尾形昭二], 와타나베 요시미치[渡部義通], 와타나베 미치오[渡辺三知夫], 야마노우치 이치로[山之内一郎], 난바 히데오[難波英夫], 무라야마 도모요시[村山知義], 신홍식[申鴻湜], 조희순[曺喜俊], 원용덕[元容德] 등이 참가하고 있었다(『アカハタ』1949년 4월 21일자).
12) 日朝協会, 『日朝友好運動10年のあゆみ』, 1960.12, 7쪽.
13) 위의 책, 5쪽.
14) 朴正鎮 앞의 책, 2012, 78쪽.
15) 坪井豊吉, 『在日同胞の動き』, 自由生活社, 1975, 545쪽.

善協会)가 불교인들을 중심으로 결성되었다. 그 결성 목적으로는 '종교적인 입장에서 역사적으로 혈연관계가 깊은 일조양국민의 친선촉진과 반전평화운동'을 들고 있다.[16]

공안 측 자료인 쓰보이[坪井]의 저서에 의하면, 이들의 활동은 '조선전쟁중에 전재민[戰災民] 구원을 구실로 반전평화를 강조하여 정전[停戰]을 쟁취하기 위한 운동'이라 규정하고 있다. 또한, 일조협회의 설립운동을 '조선전쟁 발발 후인 25년(1950년) 9월 3일, 일공[日共(일본공산당)] 임시중앙 지도부의 지령 415호 「재일조선인 운동에 대하여」에서 "각급기관과 세포 속에 일조친선협회의 담당을 둔다"고 통달한 것에 의해 특히 활발해 졌다[17]'고 기술하고 있다. 하지만, 일조협회 측 자료는 이와 다른 인식을 나타내고 있다. 즉, 불교관계자들은 '스즈키 지로 씨 등이 중심이 되어 발족한 친선운동과는 별개의 마음으로 일조우호를 생각하고 있던 사람들[18]'이었다는 것이다. 그리고 '불교계의 사람들은 불교가 인도, 중국, 조선을 거쳐 일본에 도래했다는 관점에서, 조선을 그러한 면에서 가까이 생각하고, 가까운 민족으로서의 조선에 대해 그 실상을 널리 일본인들 사이에 알리려는 마음을 공통으로 갖고 있'었으며, '조선전쟁이나 나라가 둘로 나눠져 있는 상태 등에 꼭 구애받는 일 없이 일하는 사람들이 많았다'고 한다. 이와 관련해 1949년의 조직화의 움직임 속에서 야마노우치 이치로[山之內一郎] 이사가 '인민민주주의국가로서의 조선(북한)'과 '친선을 도모해야 한다'고 주장했던 것[19]을 상기하면 양자의 차이는 명확한 것이었다.

이러한 두 움직임 속에서 스즈키를 중심으로 한 준비회가 '구루마 씨 등의 조직에 가담해야 한다'는 방향으로 흘렀고, 또한 스즈키의 준비회

---

16) 위의 책, 545쪽.
17) 위의 책, 544~545쪽.
18) 日朝協会, 앞의 책, 1960.12, 11쪽.
19) 『アカハタ』 1949년 4월 21일자.

이사들은 '새롭게 생기는 단체로 이동해서는 안된다'는 것에 합의하여, 두 조직은 통합되었다. 그리하여 1952년 6월 2일 일조협회는 발족식을 가지게 되었다.[20]

새롭게 발족한 일조협회는 그 준비 단계부터 '재일조선인들의 협력과 원조에 힘입은 점이 많았'고, 발족회에도 '참가자의 대부분이 조선인'이었다. 하타다 다카시[旗田巍]는 '일본인 가운데는 구루마 씨와 사카도[坂戶] 씨 외에는 별로 출석한 사람은 없었다고 기억한다. 대부분은 조선인이었고, 그들이 어떠한 입장에 있는 사람들이었는지 잘 몰랐었다'고 회상하고 있다.[21]

일조협회의 일조우호운동은 발족 이래 6·25전쟁이라는 특수한 상황 아래서 운동을 전개하게 되었는데, 일본 '경시청과 내각조사실'로부터 '압박'을 받았다고 한다. 또한 '기관지『일본과 조선[日本と朝鮮]』에 『라이프지(LIFE誌)』에 게재된 세균전 실황사진을 전제[轉載]한 것 때문에 내부적 충돌'도 있었다. 이러한 조직내외의 문제로 초반 활동은 그다지 활발하지 못했다. 하지만 기관지『일본과 조선』과 조선어 입문서를 발간[22]하기도 했고, '조선전쟁 정전 축하사절단 파견운동'에도 참가했다.

---

20) 발족회 설립 당시의 임원은 다음과 같다.
　會　　長　來馬琢道(元參議院議員, 万隆寺住職)
　副會長　李英表(東鮮寺住職)
　理事長　坂戶智海(大正大学教授)
　事務局長　松井勝重(一元院住職)
　顧　　問　塩入亮忠(駒沢大学教授)·椎尾弁匡(增上寺管長)·安藤正純
　評議員　田村貫雄(谷中天王寺住職)·藤田亮策(工業クラブ)
　事務局　組織財政 金昌昕·金慶宝
　機關紙　佐藤太郎 事務 佐藤ふみ
　(日朝協会,『日朝協会10年のあゆみ』, 1960.12, 11~15쪽)
　오사카에서의 일조협회의 활동에 대해서는 양영후[梁永厚]의 저서(『戰後·大阪の朝鮮人運動1945-1965』, 未来社, 1994, 216~240쪽)를 참조.
21) 위의 책, 11~38쪽.
22) 위의 책, 17~18쪽. 단, 조선어 입문서는 현물을 확인하지 못했다.

1953년 5월, '아시아 태평양지역 평화회의'에 참가하고 중국에서 활동하고 있던 가메다 도고[亀田東伍]로부터 '일조평화세력의 친선강화를 위해 조선민주주의인민공화국에 일본의 평화사절단을 보내자[23]'는 제안에 일본평화연락회[日本平和連絡会]의 하타나카 마사하루[畑中政春] 사무국장이 적극적으로 움직였다.[24] 일중우호협회[日中友好協会], 일조협회, 민전[民戰], 화교총회[華僑総会] 등의 관계자가 모여, 북한에 사절단을 보내기 위한 발기인 모임을 결성할 것에 합의하고[25], 8월에는 발기인 모임을 갖었다.[26] 같은 해 9월 24일 도쿄 오차노미즈[お茶の水]에 위치한 잡지회관[雑誌念館]에서는 '제1회 조선휴전 축하 평화 친선사절단 파견운동 실행위원회'가 개최되었다. 이 자리에서 일조협회의 구루마 회장을 비롯한 각계각층에서 15명으로 구성된 사절단이 편성되었다. 하지만 일본외무성은 이 사절단의 여권 발급을 거부하여, 일본에서 출발하는 대표단을 파견할 수 없었다. 대신 '헬싱키 세계평화평의회'에 참가 하고 있던 오야마 이쿠오[大山郁夫]·오먀마 류코[大山柳子] 부부와 일소협회의 단 도쿠사부로[淡德三郎], 그리고 북경에 있던 가메다[亀田] 등이 사절단으로 평양을 방문하게 되었다.[27]

한편, 1955년에는 '일본정부와 무역, 문화관계 및 그 외 조일관계의 수립, 발전에 관한 제문제를 구체적으로 토의할 용의를 갖고 있다[28]'는 남일성명(1955년 2월 15일)이 발표되고, 북한정부의 대일 접근외교가 강화되었다. 또한 이 해에는 재일조선인운동의 노선전환이 제기되면서 민전이 해체되고 총련이 결성되었다.

---

23) 『アカハタ』, 1953년 5월 27일자.
24) 朴正鎭, 앞의 책, 2012, 84쪽.
25) 『アカハタ』 1953년 7월 27일자.
26) 『アカハタ』 1953년 8월 18일자.
27) 朴正鎭, 앞의 책, 2012, 84~88쪽.
28) 「対日関係に関する南日北朝鮮外相声明」鹿島平和研究所編, 『日本外交重要文書·年表(1)1941~1960』, 原書房, 1983, 690쪽.

일조협회는 1955년 11월에 제1차 전국대회(시모야[下谷] 공회당·약 270명)를 개최하게 되었다. 그리고 이 전국대회를 계기로 '일조협회는 일본인이 조직하는 평화우호단체'로 재출발할 것을 천명했다.[29] 또한 이날 대회에서는 ①문화교류의 문제, ②일조무역의 실현, ③어업문제 의 해결, ④(북한과의) 국교정상화에 대해, ⑤재일조선인과의 연대가 의제로 논의되었는데[30], 상기 의제에서도 알 수 있듯이 북한과의 국교 정상화를 목표로 하는 일본인의 운동모체로서의 성격을 띠게 되었다. 말하자면 한일관계와는 관계가 없는, 오히려 그것을 정면에서 부정하 고 대립하는 이데올로기성을 지닌 채 출발했다고도 말할 수 있을 것이 다. 따라서 한일회담 문제도 제1차 전국대회의 의제로 상정되지도 않 았다. 하지만, ③의 어업문제, 즉 평화선에 관련한 문제는 한일회담 안 에서 논의되던 중요문제의 하나였고, 한일회담과 뗄 수 없는 문제였다. 그러나 일조협회는 '어업문제는 전쟁준비를 위한 일한회담의 일부로 해결할 만한 것이 아니[31]'라는 입장에서 평화선 문제를 한일회담과 관 련지어선 안 된다고 주장했다. 결국, 1950년대 중반의 일조우호운동에 서 한일회담 반대운동은 그 틀의 외부에 자리매김되고 있었던 것이다.

---

[29] 日朝協会, 앞의 책, 1960.12, 31쪽, 『日本と朝鮮』 1955년 11월 15일자.
　　제1차 전국대회에서 선출된 임원은 다음과 같다. 이 대회에서 회장직은 공석이 되 었지만, 제2차 전국대회에서 회장직에는 야마모토 구마이치[山本熊一] 씨가 선출되 었다.
　　名譽會長　來馬琢道　會長　未定
　　副 會 長　山本熊一(日本国際貿易促進協会副会長兼事務総長), 飯山太平(元水産庁 長官), 稲葉修(衆議院議員), 高津正道(衆議院議員), 安部キミ子(参議院議 員), 山口光円(曼珠院門跡)
　　顧　　問　楢橋渡(衆議院議員), 北村徳太郎(衆議院議員), 野溝勝(衆議院議員), 未川 博(立命館大学学長), 松本治一郎(参議院議員), 下中彌三郎(平凡社社長)
　　理 事 長　畑中政春
　　副理事長　宮腰喜助(元衆議院議員), 指川謙三
　　會計監査　鈴木一雄, 平原直
[30] 위의 책, 1960.12, 161쪽; 畑田重夫, 앞의 논문, 1965.3, 161쪽.
[31] 日韓会談対策連絡会議, 『日韓会談反対運動推進のために』, 1961.10, 11쪽.

2. 조국자유왕래운동과 일조협회

재일조선인들의 귀국운동이 고조되어 가는 가운데, 일조협회는 이에 협력하기 위해 각 방면에 호소하여, 1958년 11월 17일에는 '재일조선인 귀국협력회'를 발족시켰다. 당시 귀국운동에 관계하고 있던 사람들은 '일한회담은 조선을 적시[敵視]하는 한국과 국교를 회복하려는 것으로 적시의 가장 구체적인 발로[32]'라고 인식하고 있었다.

그런데 1959년 12월 14일에 시작된 총련의 귀국사업은 1960년을 정점으로 1962년부터는 귀국자 수가 상당수 감소했다.[33] 이 무렵부터 총련은 운동의 중심을 재일조선인의 조국자유왕래운동으로 옮겨가게 되었다.

이와 더불어 일조협회도 1963년부터 총련의 조국자유왕래운동에 적극적으로 가담하게 되었다. 같은 해 9월, 일조협회, 일본공산당, 일본사회당, 총평 등 약 60여 개 단체가 참가한 일조왕래자유실현연락회[日朝往来自由実現連絡会]가 결성[34]되었는데, 일조협회는 한일회담이 이 운동을 방해하는 것으로 규정하고 한일회담 반대운동을 지속적으로 전

---

[32] 위의 책, 55쪽.
[33] 귀국사업에 의한 귀국자수(단위: 명)

년도	귀국자수	년도	귀국자수	년도	귀국자수	년도	귀국자수
1959	2,942	1966	1,860	1973	704	1980	40
1960	49,036	1967	1,831	1974	479	1981	38
1961	22,801	1968		1975	379	1982	26
1962	3,497	1969	중단	1976	256	1983	0
1963	2,567	1970		1977	180	1984	30
1964	1,822	1971	1,318	1978	150	과계	93,340
1965	2,255	1972	1,003	1979	126		

  * 출전: 金英達·高柳俊男, 『北朝鮮帰国事業関係資料集』新幹社, 1995, 341쪽.
  * 〈표 1〉 귀국사업에 의한 북조선에의 귀국자 수의 연도별 추이에서 재구성.
  * 1985년 이후는 귀국사업에 의한 집단 귀국자는 없다.
[34] 『조선신보』 1964년 5월 24일자.

개해 나갔다. 이를 위해 1964년 6월의 일조협회 제9차 전국대회에서는 '일조 왕래자유', '재일조선인 조국왕래자유', '한일회담분쇄'라는 운동방침이 결정되었다.

총련 및 북한은 자유왕래 문제는 어디까지나 인권문제라 주장했다. 그러나 한일회담 추진세력은 한일회담에 대한 방해공작으로 받아 들였다. 이는 총련의 의도와는 관계없이 사실상 이 운동이 한일회담과는 떼려야 뗄 수 없는 문제로 인식되어졌음을 말하는 것이다.

1963년 3월 총련은 '민주주의적 민족권리 옹호투쟁'의 구체적인 행동방안으로 '조국 자유 왕래 실현 운동의 추진'을 내걸고[35], 나아가 이것을 일본국민과의 연대강화 방침과 연결시켰다.[36] 일본 공안은 이를 한반도의 평화적 통일을 촉진하기 위해 가능한 한 일본의 좌익세력의 투쟁을 이용하려 하는 북한의 지도에 의한 것이라 지적한다. 또한 '재일조선인의 인권'이라든가 '일본국민과의 연대'라는 시점이 생긴 것으로 인해 한일회담 반대운동은 조국자유왕래실현운동 및 재일조선인의 권리옹호투쟁과 결부되어 활발히 전개되었다고 기술하고 있다.[37]

1963년 7월 15일, 북한정부가 재일조선인의 조국왕래 문제와 관련하여 성명을 발표했는데[38], 이 성명에서 북한정부는 '조국에의 왕래에 대한 재일조선공민의 요구가 전적으로 정당하며, 일본정부에게는 이것을 보장해야만 하는 법적, 도의적 책임이 있다'며, '일본정부가 여전히 재일조선공민의 조국에의 왕래 자유를 허가하고 있지 않은 것은 조선민주주의인민공화국에 대한 일관된 비우호적 태도에서 출발한 고의적 행위라고 밖에 볼 수 없다. 일본정부는 미제국주의의 사주 아래에 행

---

35) 公安調査庁, 『内外情勢の回顧と展望』, 1964.1, 92쪽.
36) 위의 책, 96쪽.
37) 위와 같음.
38) 이 성명의 전문은, 在日本朝鮮人祖国往来要請委員会, 『六十万の切実なねがい－在日朝鮮公民の祖国往来実現のため－』, 1965.2, 1~5쪽을 참조.

해지고 있는 《한일회담》에서 남조선 군사 파시스트 일당과의 정치적 거래에 이용할 재료를 얻기 위해 이러한 차별정책을 실시하고 있다'고 비난했다.

총련에 의하면 조국과의 자유왕래의 실현은 '인권문제, 국제법, 국제 관행 및 재일조선인의 역사적 조건'에서 볼 때 당연시 되어야 할 것이었다. 이에 대한 일본 정부의 인식은 '그 진정한 의도는 북선[北鮮]의 방침에 따른 일조국교정상화에의 포석, 북선귀환의 대체수단, 북선과 총련의 연결 루트 확보, 일한회담 저지 및 조선혁명 수행에의 기여 등의 정치목적을 갖는 것'이라하여 이러한 목적을 달성하기 위한 수단의 하나로 인식하고 있었다.[39]

그런데, 일본적십자사는 총련의 귀국사업이 끝난 뒤, 총련계 재일조선인들이 자유왕래운동을 전개할 것이라는 것을 어느 정도 예상하고 있었지만, 자유왕래의 가능성은 없을 것이라 생각하고 있었던 것 같다. 이는 한국 측의 반발을 다분히 의식한 것이었는데, 1956년에 발행된 일본적십자사의 『재일조선인 귀국문제의 진상』이란 책자에서 다음과 같이 기술하고 있다.

재일조선인이 다소 북선에 귀환했다하더라도 그것만으로 일본과 조선과의 사이에 어떤 정칙적인 밀접한 관계가 생기는 것은 쉽지 않다. 반대로 재일조선인 문제만 정리하면 일본 측에서는 후련하고, 일본과 북선과의 관계는 오히려 문제가 없어지게 되는 것이다.

게다가 생활이 불가능한 조선인이 일본에서 없어지게 되는 것은 재일조선인 전체의 생활이 편해지는 것이며, 그 또한 적화[赤化]의 대상이 없어지고 나아가 재일조선인 가운데 남선(한국)측의 비중이 높아지게 되는 것이다.[40]

---

39) 公安調査庁, 『內外情勢の回顧と展望』, 1964.1, 92쪽.
40) 日本赤十字社 稿訂再版, 『在日朝鮮人帰国問題の真相』, 1956.9, 10~11쪽.

일조협회는 '일본에 입국할 수 없는 나라, 일본에서 갈 수 없는 나라, 그것은 단지 한 곳, 가장 가까운 조선민주주의 인민공화국[41]'이라 말하며, 재일조선인의 조국자유왕래운동을 적극적으로 지원해 나갔다. 거기에는 일본정부의 인식처럼 북일 양국의 국교수립에의 포석이 될 것이라는 인식도 있었다고 생각된다. 그러나 이 문제가 생각대로 진행되지 않자, 이를 방해하는 직접적인 원인이 한일회담에 있다는 인식하에 '"일한회담"은 일조왕래의 암[癌][42]'이라 규정하고, 더 한층 거세게 비판했다. 또한 '일본의 평화와 민주주의를 진정으로 지키기 위해서는 일본의 모든 반동화[反動化]와 투쟁함과 동시에, 조선의 자주적 평화통일을 지지하고 "일한회담"을 분쇄하여 일조간의 평화적인 왕래의 자유를 획득하는 것을 비켜 가서는 절대로 가능하지 않다. 일조간의 문화·경제 교류를 활발히 하고 우호를 증진시키기 위해 양국 간의 인사왕래를 조속히 실현시키자[43]'고 호소했다.

하지만, 총련은 조국자유왕래운동과 한일회담을 직접적으로 결부시키지는 않으려고 했던 것 같다. '재일조선인 조국왕래요청단[在日朝鮮人祖国往来要請団](이하, 요청단)'은 1964년 3월 16일, 오사카를 출발하여 37일 간에 걸쳐 약 720키로를 걸은 끝에 4월 21일에 도쿄에 도착했는데[44], 요청단의 출발부터 그 움직임을 매일 상세히 보도해 온『조선신보[朝鮮新報]』, 그리고 '조국왕래요청 재일조선인 중앙대회(도쿄 히비야 야외음악당·약 만3천 명)'에서 행해진 한덕수의 보

---

41) 日朝協会,『日本と朝鮮との往来実現のために(日朝友好運動シリーズ第1集)』, 1963. 10, 1쪽.
42) 위의 책, 19쪽.
43) 위의 책, 22쪽.
44) 37일간에 걸친 재일조선인 조국왕래 요청단의 활동상황에 대해서는 당시『조선신보』기사를 참조.

고[45] 및 총련중앙 성명[46] 등에서는 이 운동과 한일회담과의 관계에 대해 전혀 언급하고 있지 않다. 이 시기 한국 내에서는 '3·24 대일굴욕외교 반대투쟁'이 전개되고 있었고, 총련은 이를 지지, 성원하는 운동을 전개하고 있었지만, 앞서 언급한대로 총련은 조국자유왕래운동과 한일회담을 완전히 별개의 문제로 취급하고 있었던 것이다. 이는 자유왕래 문제를 오로지 인도적 문제로 일본국민에 제기함으로써, 일본 정부가 국교수립의 상대를 한국이나 북한이란 양자택일의 문제로 인식하는 것을 피하기 위해서였다고 생각된다. 이러한 총련의 운동은 일정한 성과를 내어, 일본 내 많은 지방자치체에서 재일조선인의 조국자유왕래실현운동을 지지하는 결의안이 채택되었다.[47] 이렇게 지방의회의 결의가 상당수 이뤄지는 가운데, 1963년 12월 21일, 자민당의 광보[広報]위원장 하시모토 도미사부로[橋本登美三郎]와 전국조직위원장 이시다 히로히데[石田博英]는 연명으로 '지방의회에 "일조자유왕래실현에 관한 결의안"이 제출되었을 경우의 반대토론 자료[48]'를 각 지방의회 관계자에게 배포했다. 여기에서는, '"일조자유왕래에 관한 건"에 관해서는, …중략… 동 운동의 주창자인 북조선계 조선총련 등은, 현재 교섭 진행 중인 일한회담에 대한 저지투쟁과도 관련'시키고, '그 후에는 현재 타결에 근접한, 그리고 일본 국민 대부분이 대망[待望]하고 있는 "일한국교 정상화"를 방해하고, 더 나아가 이것을 저지하려고 하는 정치목적 이외의 아무것도 아니'라고 주장하고 있다. 결국, 일본 내 한일회담 추진세력에게는 총련 및 일

---

45) 한덕수의 보고 전문은 『조선신보』(1964년 4월 23일자)를 참조.
46) 4월 21일자, 총련 성명의 전문은 『조선신보』(1964년 4월 23일자)를 참조.
47) 일본 내 지방의회에서는 1963년 7월 24일 현재, 부현[府県] 7건, 시[市] 222건, 특별구[特別区] 17건, 정촌[町村] 172건, 합계 418건의 결의문이 채택되었다(在日朝鮮人祖国往来要請委員会, 『在日朝鮮公民の祖国への自由な往来を実現するために』, 1963.7, 15쪽).
48) 日本朝鮮研究所, 『朝鮮研究月報』, 第25巻, 1964.1, 34~36쪽.

조협회가 활발히 전개하고 있던 조국자유왕래실현운동은 한일회담을 '방해', '저지'하기 위한 운동에 지나지 않는다는 인식이 팽배했음을 확인할 수 있다.

1965년 1월 28일 참의원 본회의에서 사회당 오카 사부로[岡三郎]는 '인도주의, 인간 존중의 입장에서 생각하면 정부의 태도(정치목적을 갖은 운동으로 간주하여 북일 간의 자유왕래를 거부하는 태도)는 용서할 수 없다'며, '가까운 장래, 당연히 재일조선공민의 조국왕래를 다른 나라들처럼 인정해야만 한다'고 주장하면서 정부의 견해를 물었다. 이에 대해 사토[佐藤] 수상은 '혹은 일한교섭 반대, 혹은 일한교섭 정지, 혹은 재일한인의 상호 반목을 부추긴다든지 이러한 정치적 의도를 다분히 갖고 있는 것'이기 때문에 '지금 상황에서는 즉시 자유왕래를 허가한다는 것과 같은 결론에는 이르지 못한다'고 답변하여[49] 결국 북일 간의 자유왕래 문제는 실현되지 않았다.

일조협회는 발족 이래 전개해 온 각종 운동, 즉 일조무역실현운동, 원수폭금지세계대회에 북한대표가 참가하는 문제, 최승희 무용단의 일본공연 실현, 300인 사절단 파견운동 등, 북한과 관련된 모든 우호운동은 적대하는 한국을 상대로 한 한일회담의 저지 요인으로써 작용했다는 의미에서는 깊이 관련된 것이라 할 수 있을 것이다. 유일하게 귀국운동이 성공한 이유는 일본 내 좌익이던 우익이던, 각각의 정치적 의도는 달랐어도 재일조선인을 귀국시킨다는 점에서 상호 간의 의견이 일치했기 때문이다.

---

49) 『第48回国会参議院本会議会議録』第4号, 1965년 1월 28일; 『神奈川新聞』 1965년 1월 30일자; 在日本朝鮮人祖国往来要請委員会, 『六十万の切実なねがい-在日朝鮮公民の祖国往来実現のため-』, 1965.2, 72쪽.

제2절 한일회담 반대운동의 고양

1. 일조협회와 한일회담 반대운동

'일한석방(부산과 오무라[大村]수용소로 부터의)과 일한전면회담에 대한 일조협회와 각 단체와의 간담회는 (1958년)1월 3일, 도쿄 간다의 학사회관[学士会館]에 총평, 국회의원단, 부인민주클럽[婦人民主クラブ], 국제법법률연락협회[国際法法律家連絡協会], 일월우호협회[日越友好協会], 전일본학생자치회총련합[全日本学生自治会総連合(이하, 전학련)], 자유법조단[自由法曹団], 일본평화위원회[日本平和委員会] 등 21개 단체에서 약 50여 명'이 모여, '금후 필요에 따라 연락회의를 열기 위해 출석단체에 의한 "일한문제대책연락회의[日韓問題対策連絡会議]"를 결성'할 것에 합의하고, 그 사무 및 운영은 일조협회가 담당할 것을 결정했다.[50]

일조협회는 북한 '적시의 가장 구체적인 발로'라 인식하고 있던 한일회담이 1958년 4월 15일(제4차 한일회담)이 재개되자, 같은 해 4월 24일에 제4회 전국상임이사회를 개최하고 '일한회담저지'를 강력히 내세웠다.[51] 또한 5월 23일에는 '조선의 평화적인 통일을 생각할 때, 언제나 커다란 장해가 되는 한국문제, 따라서 또한 일한관계의 문제를 구명[究明]하여 방침을 세울 필요'를 통감한다며, '일한문제대책연락회의[日韓問題対策連絡会議[52]'를 정식으로 조직했다.[53] 그리고 11월에 개최된

---

50) 『日本と朝鮮』 1958년 2월 5일자.
51) 内閣官房内閣調査室編, 『日韓条約締結をめぐる内外の動向』(第4部), 1966.7, 10쪽.
52) 소속단체는 다음과 같다.
　　 일조협회[日朝協会], 일본아시아·아프리카연대위원회[日本アジア·アフリカ連帯委員会], 일본평화위원회[日本平和委員会], 일본노동조합총평의회[日本労働組合総評議会], 일본교직원조합[日本教職員組合], 국철노동조합[国鉄労働組合], 전체신노동조합[全逓信労働組合], 전일본자치단체노동조합[全日本自治団体労働組合], 일본신문노동조합연합[日本新聞労働組合連合], 전국인쇄출판산업노조총연합회[全国印刷出版産業労組総連合会], 일본사철노동조합총연합회[日本私鉄労働組合総連合会],

제4차 전국대회(니가타[新潟] 야마토[大和]홀, 약 255명[54])에서는 '평화5원칙을 존중하고 북조선과의 우호관계를 수립하며 일한회담에 반대한다[55]'는 방침을 내걸어 한일회담에 대한 반대의사를 명확히 했다. 나아가 이듬해 제5차 전국대회에서는, ①재일조선인 귀국협력운동, ②일조경제교류의 촉진, ③일조문화교류활동, ④일한회담대책, ⑤재일조선인의 권리옹호 등을 의제로 활발한 토론을 전개했다.[56]

이러한 일조협회의 활동에 대한 일본 공안 측의 사료를 참고하면, 1960년대에 들어서면서 '원래 전조선의 친선단체적인 의의를 갖고 있음에도 불구하고, 명확히 북선일변도의 경향을 띠게 되어, 흡사 북선, 조선총련의 대변적인 역할을 하고 있는 듯한 느낌마저 나타내게 되었다[57]'며, 일조협회는 '귀국협력운동 등에 결집된 일공(일본공산당) 그 외 좌익계 제단체의 총력을 북선과 조선총련이 제창하는 일한회담 분쇄투쟁과 남북조선의 평화적 통일지지에 돌리려 획책하고, 12월 상순, 6전대회(제6차 전국대회)를 열어, 여기서 구체책을 토의 결정하고 안보투쟁과 같이 일대 국민운동에까지 고양시키려 노력[58]'하게 되었다고 기술하고 있다. 확실히 일조협회의 우호운동의 상대는 북한이었으며, 일조협회의 각종대회에는 북한 및 총련이 축하메시지를 보냈지만, 한

전국금속노동조합[全国金属労働組合], 전일본자유노동조합[全日本自由労働組合], 원수폭금지일본협의회[原水爆禁止日本協議会], 일본저널리스트회의[日本ジャーナリスト会議], 일본중국우호협회[日本中国友好協会], 일중국교회복국민회의[日中国交回復国民会議], 일소협회[日ソ協会], 일본베트남우호협회[日本ベトナム友好協会], 전일본농민조합연합회[全日本農民組合連合会], 일본부인단체연합회[日本婦人団体連合会], 부인민주클럽[婦人民主クラブ], 일본국민구원회[日本国民救援会], 일본민주청년동맹[日本民主青年同盟], 일본기관지협회[日本機関誌協会], 일조무역회[日朝貿易会], 오키나와문제간담회[沖縄問題懇談会](『日本と朝鮮』 1960년 11월 25일자).

53) 日朝協会, 앞의 책, 1960.12, 57쪽.
54) 위의 책, 67쪽.
55) 田駿, 앞의 책, 1972, 482~483쪽.
56) 日朝協会, 앞의 책, 1960.12, 67~68쪽.
57) 公安調査庁, 『内外情勢の回顧と展望』, 1961.1, 72쪽.
58) 위의 책, 73쪽.

국정부나 민단 측에서는 그런 메시지를 보낸 적은 없었다.

1960년 12월 10일에 개최된 일조협회의 제6차 전국대회에서는 같은 해 10월 25일부터 개최된 제5차 한일회담과 관련해 한일회담의 즉시 중지를 요청하는 결의안이 채택되고, '안보체제강화와 NEATO[59]를 노리는 "한일회담"에 반대하라![60]'는 슬로건을 내세웠다. 이는 한일회담을 한미일군사동맹 강화의 책동으로 규정하며 안보투쟁의 논리에 연결시키려 한 것이었다. 하타다는 '마침 그 시기 일한회담이야말로 새롭게 성립한 안보조약 구체화의 첫걸음이라는 인식이 노동조합 및 그 외 민주단체 안의 이니셔티브 그룹 사이에서 토의되기 시작했다'고 회고한다. 또한, '일찍이 지배국 인민으로서의 사상적 반성 위에서 일한회담을 인식하거나, 일본인민의 생활 및 권리 문제에서 출발하여 일한회담을 받아들이려는 점에서는 아직 결정적으로 약했지만 그것을 신안보체제나 NEATO구상과 결부시킬 수 있었던 점 자체가 국민운동사 위에서 한걸음 두걸음 전진한 것과 다름없었다'고 평가하고 있다.[61]

앞서 기술한대로 1961년 1월 13일, 일조협회가 주도해 '일한문제대책연락회의'는 발전적으로 재편되어 '일한회담대책연락회의(이하, 일한대련)'이 새로이 발족했다. 이후 일시기 한일회담 반대운동은 일한대련이 중심적 역할을 하게 되었다. 일한대련이란 명칭이 '일한문제'에서 '일한회담'으로 변경된 것에서도 짐작할 수 있듯이, 문제의 초점이 한일회담에 놓여 반대운동의 목표는 보다 명확히 되었다. 이 시기 일조협회는 일한대련의 간사[幹事]단체[62]로 활동하고, 한일회담 반대운동에 전력

---

59) 동북아세아조약기구(東北アジア条約機構, NEATO: North East Asia Treaty Organization).
60) 畑田重夫, 앞의 논문, 1965.3, 166쪽.
61) 위의 논문, 166쪽.
62) 일조협회 이외의 간사단체로 참가한 단체는 일본사회당, 일본공산당, 총평, 일중우호협회, 일소협회, 일본베트남우호협회, 평회위원회, A·A연락위원회[A·A連絡委員会], 부인민주클럽, 도쿄지평[東京地評], 일조무역회, 일본생협련[日本生協連]이다(『日本と朝鮮』, 1961년 2월 25일자).

을 다하게 된다. 이 해 일한대련은 3월 11일에 '일한회담중지요구 국민대회', 4월 19일에는 '일한회담분쇄, 조선의 평화적 통일 지지 중앙국민집회'를 개최했다.[63]

여기에서는 '일한회담은 일본인 자신의 운명을 크게 좌우한다'며, 한일회담을 당시 일본인들에게 있어 중심적인 문제라고 선전하고, 그 반대 이유에 대해서는 다음과 같이 설명하고 있다.[64]

> 제1, 일한회담은 일미신안보조약이 예정하고 있는 구체적인 행동으로 우리나라를 멸공북진의 전쟁에 대신 세워, 침략적인 군국동맹에 내몰고, 침략적 군사동맹에 연결시키는 것이다.
> 제2, 박정권은 비합법적 정권, 파쇼, 테러정권이며 전조선 인민을 대표할 자격을 갖고 있지 않다. 이것을 전조선을 대표하는 합법정권으로 국교수립을 하려는 일한회담은 38도선에 의한 분열을 고정화하며, 조선의 평화적 자주통일을 저해하는 것이다.
> 제3, 일한회담은 일본국민의 혈세에 의해 일본독점 자본의 제국주의적인 남조선에의 경제진출을 기도하는 것이며, 일·조 양국 인민의 이익에 반한다.
> 제4, 박정권과의 회담, 그 지원은 그 파쇼체제의 강화, 남조선 인민에의 탄압과 억압에 가담하는 것이다.

일조협회의 활발한 활동으로 일본 내 혁신세력이 일한대련에 다수 참가했지만, 한일회담 반대운동이 그 즉시 활발히 전개되었던 것은 아니다. 일조협회 니가타 지부의 사무국장이었던 사토 가쓰미[佐藤勝巳]는 '일한대련은 결성되었지만, 처음 1년 동안은 활동 같은 활동은 거의 없었다'며, '어떻게든 일한회담 반대운동을 고양시키려고 열심히 노력했지만, 운동주체의 힘도 부족'했고, '정당도 노동조합도 움직이려 하지

---

63) 内閣官房内閣調査室編, 앞의 책(第4部), 1966.7, 26쪽.
64) 日韓会談対策連絡会議, 『日韓会談反対運動推進のために』, 1961.10, 1~11쪽.

않았다'고 회상하고 있다.[65] 실제로 일본인들의 한일회담 반대운동이 고조되어 가는 것은 '안보반대·평화와 민주주의를 지키는 국민회의[安保反対·平和と民主主義を守る国民会議(이하, 국민회의)][66](구 안보조약개정저지국민회의[安保条約改正阻止国民会議])'가 한일회담 반대를 내세우며 활동을 재개했을 무렵부터였다.

일조협회는 일본인들 사이에서 한일회담 반대운동을 고양시키기 위해 독자적인 활동의 하나로 한일회담 반대 블록별 연쇄집회[67]를 기획하고, 또한 일조협회의 중앙 및 각지부에서는 간담회 및 강연회 등을 빈번히 개최해 한일회담 반대를 호소했다.

1961년 5월 16일, 한국 내의 군사쿠데타의 영향으로 중지되어 있던 한일회담이 같은 해 10월 20일부터 재개(제6차 한일회담)되었다. 제6차 한일회담의 재개와 박정희의 방일(11월 11일)은 한일회담에 대한 위기감을 높이는 계기가 되었다. 11일 7일에는 도쿄 스기나미 모친 연락회[杉並母親連絡会] 회원들이 고엔지[高円寺], 아사가야[阿佐ヶ谷], 오기쿠보[荻窪], 니시오기쿠보[西荻窪] 역에서 한일회담의 즉시중지를 호소하

---

65) 佐藤勝巳, 『わが体験的朝鮮問題』, 東洋経済新報社, 1978, 19~20쪽.
하타다 시게오 역시 '이 단계에서는 아직 한일회담 반대의 중요성을 호소해도 광범위한 일본인민 대중을 붙잡아 물질적인 힘이 되기에는 아직 거리가 있었다. 아직껏 조선문제, 아시아 문제에 깊은 관심을 갖고 있던 사람들과 집단 내지 평화운동의 선각자들의 이해와 실천의 범위를 크게 넘어서는 곳까지는 이르지 못했다'고 기술하고 있다(畑田, 앞의 논문, 1978, 167쪽).
66) 안보조약개정저지국민회의는 1959년 3월 28일 현재 134개 단체로 결성되었다. 일본사회당, 일본노동자조합총평의회, 중립노동조합연락회의[中立労働組合連絡会議], 평화와 민주주의를 지키는 도쿄공투회의[平和と民主主義を守る東京共闘会議], 일본평화위원회, 원수폭금지일본협의회[原水爆禁止日本協議会], 일중국교회복국민회의[日中国交回復国民会議], 일중우호협회, 인권을 지키는 부인협의회[人権を守る婦人協議会], 전국군사기지연락협의회[全国軍事基地連絡協議会], 전일본농민조합[全日本農民組合], 청년학생공투회의[青年学生共闘会議], 헌법옹호국민연합[憲法擁護国民連合]이 간사단체로 활동하고, 일본공산당은 옵저버 자격으로 참가했다(日本平和委員会編, 『平和運動20年資料集』, 大月書店, 1969, 494~495쪽).
67) 위의 책, 19쪽.

는 삐라 약 1만 장을 돌리면서 구민[區民]들에게 연대를 호소했다.[68] 또한, 다음날에는 일한대련이 '"일한회담"분쇄 중앙국민대회(도쿄 히비야 음악당, 약 7천 명)'를 개최하고, '일한회담 반대' 및 '박정희 의장 방일 반대'를 결의하는 등, 일본사회당 및 일본공산당도 한일회담 반대운동을 강화할 것을 결정하고 이를 호소했다.[69] 하타다는 '11월 12일의 이케다 · 박 회담을 전후해 전국 각지 · 각 직장에서는 급속히 "일한"반대운동이 고조되었다[70]'고 지적하고 있다.

나아가 이 시기에는 '일본인의 손에 의한, 일본인의 입장으로부터'의 조선연구를 내세운 '일본조선연구소[日本朝鮮研究所[71]'(1961년 11월 11일)가 설립되었다.[72] 이 연구소에는 일조협회 관계자 및 일본공산당원, 조선사(한국사)연구자들이 참가하고 있었으며, 일조우호운동 및 한일회담 반대운동을 이론적으로 뒷받침했다.

1961년 11월 15일부터 다음달 15일까지를 '"일한회담"분쇄 통일행동 월간'으로 설정한 일조협회는 전국에서 일제히 운동을 전개해 나갔다.[73] 전국 각지에서 개최된 각종 대회에서는 주로 '동북아시아 군사동맹을 목표로 하는 "일한회담"분쇄', '조선의 자주적 평화적 통일 지지', '일조우호 300명 파견의 실현', '중국 국련(UN)대표단 지지', '정폭법[政

---

68) 畑田重夫, 앞의 논문, 1978, 171쪽.
69) 위의 논문, 172쪽.
70) 위의 논문, 172쪽
71) 일본조선연구소 설립 당시의 임원은 다음과 같다.
　　理事長 古屋貞雄 副理事長 四方博 鈴木一雄 旗田巍 專任理事 寺尾五郎
　　研究 · 所報編纂責任者 藤島宇内 事務局長 木元賢輔
　　所員 畑田重夫 川越敬三 吉岡吉典 宮田節子 梶村秀樹 桜井浩 渡辺学 小沢有作
　　(和田春樹, 「日本朝鮮研究所を考える」; 和田春樹 · 高崎宗司, 『検証日朝関係60年史』, 明石書店, 2005, 56~57쪽)
　　일본조선연구소에 관해서는 위의 와다 하루키 및 이타가키 류타(板垣竜太, 「日韓会談反対運動と植民地支配責任論－日本朝鮮研究所の植民地主義論を中心に－」, 『思想』No.1029, 岩波書店, 2010.1)의 논문을 참조.
72) 和田春樹, 앞의 논문, 57쪽.
73) 『日本と朝鮮』1961년 12월 1일자.

暴法] 분쇄', '(아이치[愛知]현[県]공안조례 폐지', '춘투[春鬪]요구 관철' 등이 대회 슬로건으로 등장했으며, 어느 정도 활발히 전개되었지만, 반드시 한일회담반대가 단일 테마로 등장했던 것은 아니다. 또한 이듬해에는 일본열도를 횡단하는 '일한회담분쇄 · 300명 사절단 파견실현 · 일조우호증진 전국연쇄 집회74)(이하, 블록연쇄집회)'가 전개되었다. 북쪽으로는 홋카이도[北海道]에서(1962년 1월 26일), 남쪽으로는 가고시마[鹿児島](같은 해 2월 2일)를 출발해, 도쿄에서 마지막 집회를 개회하는 운동이었다.75) 구체적으로는 일조협회의 지방지부를 12지구로 구분하여 각각의 지구(블록)에서 도쿄를 향해 연쇄적으로 집회를 개최한다는 것이었다. 이때, 현민회의 등과 공동으로 한일회담 반대운동을 고양시키려 했지만, 규모는 그다지 크지 않았다. 요시자와는 '전국 각지에서 50~300명 규모'로, '도쿄와 후쿠오카에서는 4~5천 명 규모'의 집회였지만76), '내용적으로는 원칙적인 태도를 명확히 한 것과 전국적으로 빠짐없이 연쇄적으로 전개되었다는 의미에서 선구적인 역할을 했다77)'고 평가하고 있다. 이러한 일조협회의 블록연쇄집회는 이후에도 계속되었으며, '"일한회담"분쇄, 블록연쇄중앙결집행동78)(1962년 10월 1일~20일)', '일조자유왕래실현, 일한회담분쇄, 일조우호촉진 전국 블록연쇄진행집회79)(1963년 8월 15일~9월 9일)', '일조왕래자유실현, "일한회담"분쇄, 조직확대강화, 일조우호증진80)'이란 슬로건을 내걸은 '블록연쇄집회(1965년 2월 27일~5월 17일)'를 전개하는 등, 일조협회의 독자적인 한일회담 반대운동이 전개되었다.

---

74) 『日本と朝鮮』 1962년 1월 15일자.
75) 『日本と朝鮮』 1962년 2월 1일자.
76) 吉澤文寿, 앞의 논문, 2005, 308쪽.
77) 畑田重夫, 앞의 논문, 1978, 175쪽.
78) 『日本と朝鮮』 1962년 9월 1일자.
79) 『日本と朝鮮』 1963년 7월 15일자.
80) 『日本と朝鮮』 1965년 3월 1일자.

2. 일본에서의 한일회담 반대운동의 고양

　제6차 한일회담이 개시(1961년 10월 20일)되자, 11월 12일에는 박정희·이케다 회담이 성사되는 등, 회담타결을 향한 움직임이 가속화 되어 갔다. 요시자와에 의하면, 이 시기부터 한일국교정상화를 염두에 두고, '일한경제협력'을 추진하려는 움직임이 눈에 띄기 시작했고, 1961년 9월에 일한경제협회의 초청으로 한국방일공업 경영생산성 시찰단이 방일했다. 같은 해 12월에는 일한경제협회의 멤버인 서갑호[徐甲虎] 등, 재일한국인 실업가 60여 명이 한국정부의 초청으로 방한했다.[81] 이러한 움직임 속에서 제5차 한일회담 개시(1950년 10월 25일) 이래 한일회담의 중지를 요구해 온 혁신계는 위기감을 높였다. 예를 들면, 일본평화위원회[日本平和委員会]는 이미 1960년 12월경부터 김일성 및 최용건에 의해 제시된 '조선의 통일에 대한 구체적 제안'을 지지하는 입장을 밝히고, 한일회담의 즉각적인 중지를 요구하고 있었으며, 일본부인단체연합회[日本婦人団体連合会(이하, 부단련)]역시 1961년 1월 16일에 한일회담 중지를 요구하는 성명을 발표했다.[82] 또한 동년 3월 16일에는 전국학생자치회연락회의[全国学生自治会連絡会議]가 제5회 전국학생자치회 대표자회의를 열고 '당면하는 4~5월 투쟁'의 행동방침으로 '일한회담의 범죄적인 역할을 폭로하면서, 남북조선의 평화통일이야말로 일한회담의 우호를 추진하고, 극동의 평화를 보장하는 것임을 명확히 하여, 정세에 따라 대중행동을 조직할 수 있도록 준비해야 한다'고 했다.[83]

---

81) 吉澤文寿, 앞의 책, 130~131쪽.
82) 内閣官房内閣調査室編, 앞의 책(第1部), 1966.7, 40쪽.
83) 위의 책, 31쪽. 이 외에도 '사회주의학생동맹[社会主義学生同盟]' 등, 일본 내 학생운동 그룹에서도 한일회담 반대에 대한 운동방침을 명확히 표명하기 시작했다. 이러한 움직임을 배경으로 '안보반대·평화와 민주주의를 지키는 중앙청년공투회의[安保反対·平和と民主主義を守る中央青学共闘会議]'가 '안보파기, 정방법분쇄,

이러한 움직임이 고조되어 가는 가운데 1961년 11월 14일에 개최된 국민회의 간사회에서는 일본공산당과 일한대련이 국민회의가 한일회담 반대운동을 전면에 내세워 싸워야만 한다고 주장했다. 하지만, 총평은 먼저 각 정당의 행동이 철저하게 이뤄져야 할 것이며, 운동의 전면에 나서기에는 아직은 시기상조라는 소극적인 자세를 취했다. 여기에 일본사회당 역시 일한대련이 주도하는 것이 좋겠다는 주장을 펴, 결론을 내지 못한 채 다음에 열릴 간사회로 이 문제에 대한 토의는 연기되었다.[84] 이 시기 일조협회는 앞서 살펴본 바와 같이 '일한회담 분쇄 통일행동월간' 및 '블록연쇄집회'를, 일한대련은 '일한회담분세공동행동월간(1961년 12월 5일부터 15일까지)'을 각각 설정하여 중앙 및 지방에서도[85] 한일회담 반대운동을 고양시키기 위해 활발히 활동을 전개해 나가고 있었다.[86]

3월 15일 일본공산당은 '인민들의 투쟁을 기초로 안보반대 국민회의를 비롯해 전국 2천여에 달하는 공투조직이 즉시 이 투쟁과제를 받아들여 전국적인 통일행동을 조직[87]'할 것을 재차 호소했다. 이 시기 일본 국회에서도 GARIOA · EROA 변제[88] 및 태국과의 특별엔협정 처리라는 두 가지 문제에 대한 자민당의 강행체결 움직임이 보여 긴박한 상

석탄정책전환요구, 일한회담반대, 청년학생중앙총궐기대회[安保破棄, 政防法粉碎, 石炭政策転換要求, 日韓会談反対, 青年学生中央総決起大会]를 개최(1961년 10월 14일. 도쿄 히비야 공원, 약 5,200명)했으며, 혁신계 각 단체들의 한일회담 반대를 외치는 움직임이 속출했다.
84) 畑田重夫, 앞의 논문, 1978, 175쪽.
85) 위의 논문, 174~175쪽.
86) 제6차 한일회담에서는 청구권 교섭에서 청구권 각 항목의 금액에 대한 구체적인 토의가 있었지만, 사무적인 절충이 어려워지자, 정치적 타결의 길을 모색하게 되었다. 1962년 2월 21일에는 이케다[池田] · 김종필 회담이, 3월 12일부터는 고사카[小坂] 외무대신과 최덕식[崔德新] 외무부장관에 의한 정치회담이 열리는 등, 청구권 문제 해결을 위한 정치회담이 계속되었다.
87) 『アカハタ』 1962년 3월 15일자.
88) 점령지역구제기금(GARIOA:Government Appropriation for Relief in Occupied Area), 점령지경제부흥자금 (EROA:Economic Rehabilitation in Occupied Area Fund).

황에 있었다.[89] 같은 달 20일에 개최된 국민회의 간사회에서는 일본사회당 아스카타 이치로[飛鳥田一郎] 국민운동 위원장이 한일회담 반대운동을 국민회의에서 받아들일 것을 요청했다. 국민회의는 이를 받아들였고, 한일회담 반대운동의 일원화를 위해 일한대련은 3월 28일에 해체되었다.[90]

국민회의는 1962년 3월 30일, 전국 13개소에서 약 7,700여 명(도쿄 약 3,500여 명)이 참가한 제1차 통일행동(국민회의 통산 제9차 전국통일행동)을 실시했다.[91] 여기에서 처음으로 '일한회담분쇄'가 국민회의가 주최하는 통일행동의 전면에 등장하게 되었다. 그 규모는 그다지 큰 것은 아니었지만, 안보투쟁 이후 국민회의가 재가동되었다는 점에 의미가 있었다. 그러나 안보조약의 강행체결 2주년을 맞이해 개최된 제2차 통일행동은 도쿄에서조차 2천여 명밖에 모이지 않았다. 여기에 같은 해 8월 6일에 개최된 제8회 원수폭금지세계대회에서는 일본사회당과 일본공산당이 또다시 대립하게 되어, 국민회의는 이후 수면상태에 빠지게 되었다. 국민회의에 의한 통일행동을 전개할 수 없었던 이 시기에는 개별적인 운동을 전개해 나갈 수밖에 없었다. 일본사회당이 주최한 '일한회담 즉시중지를 요구하는 긴급중앙집회(1962년 9월 7일)', 일중우호협회가 주최한 '일한회담 중지요구 긴급집회(1962년 9월 10일)', 일본공산당·민청동 주최의 '일한회담분쇄, 생활옹호 총궐기대회' 외에도 일조협회 및 학생운동 그룹, 부단련 등의 한일회담 반대집회 및 결의, 일본정부에의 회담 중지요구 등의 운동이 전개되었다.

일본에서의 한일회담 반대운동이 상대적으로 침체기였던 이 시기, 한국에서 김종필 중앙정보부장이 방미 도중 일본에 방문(1962년 10월

---

89) 畑田重夫, 앞의 논문, 1978, 175쪽.
90) 労働省編, 『資料労働運動史 昭和37年』, 労務行政研究所, 1964.10, 665~666쪽.
91) 内閣官房内閣調査室編, 앞의 책(第4部), 1966.7, 36쪽.

20일)했다. 김종필은 방일 직후 오히라와 회담을 했으며, 이튿날 21일에는 김종필·오노 회담을, 22일에는 김종필·이케다 회담을 갖은 후, 11월 12일에는 재차 방일하여 오히라 외상과의 정치회담에서 청구권 문제에 대한 합의를 이루었다.

1962년 10월 19일에 열린 국민회의 간사회에서는 '일한회담 타결의 움직임이 드디어 고비를 맞이하고 있다'는 인식하에, 10월 25일에 도쿄에서 제3차 통일행동을 전개할 것을 결정하고[92], 다음날인 20일에는 '일한회담의 중대한 사태에 즈음한 국민에의 호소'라는 호소문을 발표했다.

> 급속히 타결을 보려하고 있는 일한회담은 국민들이 들고 일어나 반대했던 신안보조약을 구체화하고, 일본과 아시아를 더욱 위험한 방향으로 밀어붙이는 것에 지나지 않습니다.
> 이 일한회담으로 남조선 인민의 자유와 민주주의를 빼앗고 있는 박군사정권을 강화하기 위해 일본국민의 막대한 혈세가 사용되고, 남조선의 평화적 통일이 저해되며, 나아가서는 새로운 군사동맹이 만들어 지고 있다는 것은 이미 명백해졌습니다. …중략… 일한회담에 반대하는 투쟁은 지금 중대한 국면을 맞이했습니다. …중략… 지금 결의를 새롭게 다지며 힘을 결집하고, 이 위험스러운 일한회담을 중지시키는 것은 현재 긴급한 과제가 됐습니다.
> 이 중대한 사태에 즈음해 우리들은 이 위험한 일한회담에 강력히 반대한다는 것을 성명함과 동시에 마음속으로부터 국민들에게 호소합니다.
> 위험한 일한회담을 즉시 중지시키자![93]

이 호소문은 한일회담의 '군사동맹적 성격'을 강조하고, 한일회담이 한국 군사정권을 강화시키는 것임은 물론 한반도 통일을 저해시키는

---

92) 『日本と朝鮮』 1962년 10월 15일자.
93) 日本平和委員会, 『平和運動20年資料集』, 大月書店, 1969, 503~504쪽.

것이므로 이를 저지하자는 것이었다.

국민회의에서 주최한 '일한회담 분쇄 제3차 통일행동'은 10월 25일 전국적으로 개최되었다. 도쿄 히비야 음악당에서는 일조협회의 '일한회담' 분쇄 전국연쇄집회를 끝낸 각 지역 대표와 노동조합, 탄광노동자 등 약 2만여 명이 모여 한일회담에 반대하는 결의안을 채택했다.[94] 또한 국민회의는 1962년 11월 19일부터 25일까지의 1주일간을 '"일한회담"분쇄 제4차 통일행동주간'으로 설정하고 반대운동을 전개해 나갔다.[95]

같은 시기 1962년 11월 20일 부터 오사카에서 개최된 '아시아의 평화를 위한 일본대회[96]'에서는 '"일한회담"분쇄 행동에 관한 결의'가 채택되었고, 한일회담이 '조선의 자주적 · 평화적 통일을 파괴하고, 남조선에 대한 미군의 식민지지배를 영구화하며, 조선민주주의인민공화국, 중화인민공화국, 소련 등에 대한 미제국주의의 도발행동과 아시아에서의 핵전쟁의 위험을 한층 높이는 것'이라고 비난했다.

나아가 국민회의의 제5차 통일행동(1962년 12월 10일~19일)은 총평의 총파업과 연결되어 개최되었지만, 그 후 투쟁의 중심은 춘투, 지방선거와 같은 국내문제 및 원자력잠수함 일본기항문제, 미국의 대중국 봉쇄정책 등으로 옮겨 갔다. 1963년 말까지 국민회의에 의한 통일행동은 13차례에 걸쳐서 전개되었지만, '일한회담 분쇄투쟁은 어느새 정점을 지나고 있었다.'[97]

한편 한국에서는 1963년에 들어서 군사정권의 민정이관 문제를 둘러싼 정치적 혼란이 심화되었으며, 이러한 가운데 군사정권의 대일외교

---

94) 『日本と朝鮮』 1962년 11월 1일자. 이러한 통일행동 외에도 전국 각지에서 일조협회(10월 25일) 및 부단련 · 신부인(婦団連 · 新婦人) 공최(11월 2일), 총평청대부 · 사청동(総評青対部 · 社青同) 공최(11월 2일)에 의한 한일회담 반대운동 집회 및 데모 행진이 이루어졌다(內閣官房內閣調査室編, 앞의 책(第4部), 1966.7, 42쪽).

95) 『日本と朝鮮』 1962년 12월 1일자.

96) 日本平和委員会, 앞의 자료집, 1969, 261~263쪽.

97) 畑田重夫, 앞의 논문, 1978, 188~190쪽.

가 '굴욕외교'라고 비난을 받고 있었다. 한국정부는 재산청구권 문제의 정치적 결착을 디딤돌로 1963년 중에 한일회담을 타결시킬 것을 목표로 하고 있었지만, 이에 앞서 국내 문제를 수습해야만 했다. 1963년 10월 15일에 행해진 대통령선거에서 박정희 후보가 당선되고 12월 17일 대통령 취임에 이르는 시기까지 눈에 띄는 진전은 없었다.

1963년 6월 29일 일본평화위원회[98]는 '우리들은 일한회담은 결코 중단된 것이 아니라, 새로운 공격을 갖춰 진행되고 있다는 것을 확인하고, 아시아에서의 군사체제의 확립과 일본의 핵기지화에 반대하는 입장에서 현재 일어나고 있는 미원자력잠수함의 "기항"과 F105D 수폭탑재기의 반입에 반대하는 투쟁을 한층 강화한다'는 '"일한회담"분쇄투쟁강화의 결의'를 채택했다. 여기에서 확인할 수 있는 것은 이 시기 한일회담이 운동의 핵심적 위치에서 벗어나 있다는 점일 것이다.

이처럼 한일회담 반대운동의 침체기에 활발히 움직이고 있던 것은 일조우호단체였다. 앞서 기술했듯이 일조협회는 총련의 조국자유왕래운동에 적극적으로 참가하면서 자유왕래문제와 한일회담을 링크시켜 '일조자유왕래실현, 일한회담분쇄, 일조우호촉진 전국 블록연쇄진행집회[99]'(1963년 8월 15일~9월 9일)를 개최했다.

1964년 1월 9일, 제6차 한일회담의 재개를 위한 예비회담이 시작되었다. 이에 한국에서는 3월 6일, 야당을 비롯해 각계각층이 모여 '대일굴욕외교 반대투쟁위원회'가 결성되는 등, 한일회담 반대운동의 기운은 높아만 갔다.

한편, 일본에서는 일본공산당이 '한일회담반대', '미원자력잠수함기항저지', 'F105D 수폭탑재기 배치반대' 등의 투쟁을 진행하기 위해 국민회의를 중심으로 한 공투 재개를 재차 주장하고 나섰다. 1964년 2월 18

---

[98] 日本平和委員会, 앞의 자료집, 1969, 269~207쪽.
[99] 『日本と朝鮮』 1963년 7월 15일자.

일, 총평은 간사회를 열어 '통일행동의 전개는 상호 성의와 신뢰를 바탕으로 임하도록 노력한다'는 방침을 결정하고, 총평이 이 방침을 일본 사회당과 일본공산당 및 국민회의 간사단체에 제의, '안보공투'를 즉시 재개할 것을 결정했다.[100] 또한 동년 2월 22일에는 일본사회당 제23회 전국대회에서 '일한회담분쇄에 관한 결의[101]'가 채택되었으며, 여기서 한일회담은 '남북의 대립을 고정화하고, 극동에 새로운 긴장의 격화를 초래하는 위험한 내용'이라며, '위험한 일한회담의 즉지중지를 요구하며, 그 분쇄를 위해 전국적으로 국민적 대투쟁을 전개할 것을 맹세'한다고 결의했다.

하지만, 이것이 즉시 사공[社共]공투로 이어지지는 않았다. 일본사회당 및 총평과 일본공산당은 서로 개별적인 한일회담 반대집회를 개최했다. 이는 사회당과 공산당의 양당 사이에는 사회주의권의 핵실험에 대한 문제와 중소대립 문제에 관한 견해에 차이가 있었기 때문이었다. 한국에서의 한일회담 반대운동은 격렬했고, 이는 일시적으로 한일회담을 중단시키는 결과를 가져왔다. 제6차 한일회담은 1964년 4월 3일에 폐회하게 되었고, 그 후 6월까지 계속된 한국 내 한일회담 반대운동은 한국정부의 계엄령 선포로 수습되어 갔다.

한국에서의 한일회담 반대운동에 대해 일본 내 혁신세력은 성명과 집회의 방법을 통해 이를 지지하고, 연대를 표명했다. 일본공산당이 3월 29일 '남조선인민의 애국투쟁을 지지한다[102]'는 성명을 발표하고, 뒤이어 당시 분열상태에 있던 학생운동 안에서도 '마르크스학생동맹중핵파[マル学同中核派]'가 '한국계엄령항의, 한국학생지원집회'(6월 4일, 약 250명)를 개최했고, '일본민주청년동맹[日本民主青年同盟(이하, 민

---

100) 『朝日新聞』 1964년 2월 18일자.
101) 위의 신문.
102) 『アカハタ』 1964년 3월 20일자; 日本共産党中央委員会, 『日本共産党決議決定書 10』, 1964, 258~261쪽.

청동)], 안보반대·평화와 민주주의를 지키는 전국학생연락회의[安保反対·平和と民主主義を守る全国学生連絡会議(이하, 평민학련)]'가 공동 개최한 '남조선학생의 반미애국투쟁 지원, 일한회담 분쇄 청년학생 총궐기 대회'(6월 16일, 전국 약 2만4천 명) 등이 개최되었다.[103]

1965년 2월 20일, 시이나 외상이 방한하여 서울에서 한일조약의 가조인에 서명했다. 같은 날, 26개 단체에 의한 '"일한회담"분쇄 공동성명[104]'이 발표되었는데, 성명에서는 한일조약의 '즉시 취소'와 한일회담을 '완전히 중지할 것을 거듭 요구'하고 있다. 그 이유로는 한일양국이 '베트남, 조선, 중국, 소련에의 침략을 지향하는 극동전략=동북아시아 군사동맹(NEATO) 결성 강화의 중요한 일환으로 서두르고' 있으며, '조선의 평화통일을 저해하고, 남조선에 재차 제국주의적 진출을 기도하는 우리 군군주의자들의 위험한 음모'라는 것이었다.

같은 달 26일에는 일본사회당과 총평이 주최한 '일한기본조약 가조인에 항의하고, 베트남에서의 미군철수를 요구하는 노동자 총궐기대회'(약 1,200명)가, 28일에는 민청동 주최 '제9회 전국대회'(약 1,200명)에서 투쟁과제로 '일한회담분쇄'가 결정되었으며, 3월 1일에는 '도쿄학생통일연락회의[東京学生統一連絡会議]'가 '일한회담분쇄 긴급 행동 강화 순간[旬間]'을 설정하는 등 항의 활동이 계속되었다.[105] 3월 25일에는 일본공산당계 '베트남 군사침략 반대, 일한회담 분쇄, 원자력잠수함[原潛]저지, 미쓰야[三矢]계획 음모분쇄 3·25긴급 대항의 실행위' 주최의 '대항의 집회'가 열려, 전국 6개 도부현[都府県] 12개소에서 약 13,500여 명이 참가했다. 이와는 별도로 3월 26일에도 일본사회당과 총평계 '3·26실행위원회'가 '춘투승리, 일한회담분쇄, 원잠기항저지 헌법개악

---

103) 内閣官房内閣調査室編, 앞의 책(第4部), 1966.7, 75~76쪽.
104) 日本平和委員会, 『平和運動20年資料集』, 大月書店, 1969, 507~508쪽.
105) 内閣官房内閣調査室編, 앞의 책(第4部), 1966.7, 92~93쪽.

반대 전국청년부인학생 통일행동'을 전국 9개 도도부현[都道府県] 12개소에서 전개하여 약 16,000여 명이 참가했다.[106]

같은 해 4월 2일, 총평은 긴급확대 평의원회를 개최하고, '미군의 베트남 철수, 일한회담분쇄, 원잠기항저지'의 투쟁태세에 대해 협의하고, 항의파업을 실시하도록 파업권을 확립할 것을 지시했다.[107] 또한 일본평화위원회 등, 일본공산당계 단체는 1965년 4월 18일 '베트남전쟁 반대', '일한회담 분쇄' 등의 슬로건 아래, 도쿄 히비야 공원 야외음악당에서 집회(약 2만여 명)를 개최한 후, 도쿄역과 요쓰야[四谷]역 등을 향해 데모행진에 나섰다.[108]

한일조약의 본조인이 이뤄진 1965년 6월 22일, 일본 내 각 혁신세력들은 이에 반대하는 성명을 발표했다.[109]

일본사회당은 '일한회담 조인에 즈음한 성명[110]'을 발표했다. 이 성명에서는 먼저, '국민의 거센 반대를 무시하고, 또한 선거에 국민의 시선이 집중되어 있는 틈을 노려 일한조약, 협정의 정조인식'을 거행했다고 말한 후, 조약 내용에 대해서는 ①'다케시마 귀속문제가 전혀 미해결'인 점, ②'이 조약, 협정이 남조선에만 적용되는 것인지, 북조선에도 적용되는 것인지가 명확하지 않다'는 점, ③'이[李]라인이 존속하는 것은 아닌가'라는 점, ④'재일조선인에게 한국적을 강제하고, 한국군에 편입시켜 아시아의 반공전쟁에 끌어낼 목적을 갖고 있다'는 점이 요점이었다. 그리고 마지막으로 '부당한 일한조약, 협정의 정식조인을 우리 당은 결코 승인할 수 없다'며, '당은 국민대중과 함께 비준분쇄를 위한

---

106) 위의 책, 96쪽.
107) 『朝日新聞』 1965년 4월 3일자.
108) 『朝日新聞』 1965년 4월 19일자.
109) 内閣官房内閣調査室編, 앞의 책(第4部), 1966.7, 110~111쪽.
110) 日本社会党結党40周年記念出版刊行委員会, 『資料 日本社会党40年史』, 1986, 757~758쪽.

대규모 국민운동을 고양시켜 사토 내각 타도를 위해 투쟁할 것을 맹세한다'고 끝내고 있다.

또한 일본사회당과 총평이 공동개최한 반대집회 및 일본공산당 주최 반대집회(6월 22일)에는 전국 23개 도도부현 49개소에서 연인원 28,700여 명이 참가했고, 그 가운데 25명이 검거되고, 131명의 부상자를 냈다.[111]

일본공산당 중앙위 간부회는 '일한회담의 본조인 강행에 항의하며 단호한 비준저지 투쟁에의 궐기를 호소한다'고 성명했고, 총평은 '일한회담의 타결은 세계대전의 위험을 내포한 베트남 전쟁을 도발하고, 일본을 파멸전쟁의 수렁에 몰아넣는 길로 돌진하는 것'이며, '우리들은 평화를 바라마지 않는 전 국민의 선두에 서서 그 분쇄까지 단호히 싸워나갈 것'이라 성명했다.[112]

이 시기 일조협회는 6월 25일에 '일한회담분쇄, 월남침략반대, 조선전쟁 도발항의를 위한 중앙대표집회'를 개최했는데, 가을이 되어서도 '일한조약 비준저지, 베트남 침략반대집회'(10월 2일)를 시미즈다니[淸水谷]공원에서 개최하는 등[113], 비준저지를 위한 운동은 계속되고 있었다.

일본사회당의 제26회 임시대회[114](8월 16일, 도쿄 구단[九段]회관)에

---

111) 이 외에도 도쿄대대학원생연락협의회[東大大学院生連絡協議会](약 300명), 전학련일공계[全学連日共系](전국 약 3,300명), 도학련재건준비회[都学連再建準備会](전국 약 3,170명), 일한회담분쇄 베트남침략반대 교토청년행동위원회[日韓会談粉砕, ベトナム侵略反対京都青年行動委員会], 부인회[婦人会] 등이 '일한회담 정식조인 반대', '베트남 침략 반대' 등의 슬로건을 내걸고 한일조약 본조인에 반대하는 집회를 개최했다.

112) 이 해에도 일조협회는 2월 27일에 '일한회담분쇄 긴급중앙국민집회'에 참가하고, 3월 13일에는 일조협회 주최로 '일한회담분쇄 전국중앙집회'를 개최하고 가두데모에 나섰다. 또한 동년 5월에 개최된 제10차 전국대회에서는 '일조왕래와 경제, 문화과학기술교류촉진', '재일조선인의 권리옹호와 연대강화', '일한회담분쇄', '조선의 자주적 평화통일 지지'를 결의했다.

113) 田駿, 앞의 책, 1972, 483쪽.

114) 『朝日新聞』 1965년 8월 17일자.

서는 한일조약이 '미국의 강한 요구로 진행되어 온 배경에는 미국이 반
공기지로 한국을 지원하고, 한국병사의 베트남 파견에 의한 베트남 전
쟁의 국제화'에 목적이 있다며, 한일조약의 본질은 '남북조선의 통일을
불가능'하게 하고, '동북아시아 군사동맹체제', '일본 독점 자본의 조선
에의 제국주의적 진출'에 있다고 주장했다.

당시 일본에서는 1965년 2월 7일 미군에 의한 베트남 북폭개시를 계
기로 4월 24일에는 '베트남에 평화를! 시민문화단체연합[ベトナムに平
和を!市民文化団体連合]'이 결성되는 등, 베트남 전쟁에 대한 관심이 높
아지고 있었다. 거기에 혁신진영에서는 한일회담 문제가 일반적으로
군사동맹강화의 움직임으로 이해되고 있었기 때문에 '베트남 침략반대'
와도 쉽게 연결될 수 있었던 것이다.

한일조약의 가조인 이후, 한일회담 반대를 단일 테마로 한 운동이 전
개된 것은 한일조약에 대한 국회비준 심의가 시작된 10월경부터였다.

1965년 10월 21일, 중의원에서 '일한특별위원회[日韓特別委員会]'가
시작되자 혁신세력은 일제히 '일한조약 비준반대'를 슬로건으로 내걸
고 비준반대운동을 전개해 나갔다. 이미 일본사회당 및 총평과 일본공
산당은 6월 9일 '6·9일한회담 반대, 베트남 반전통일행동'(전국 200개
소, 108,000명), 7월 27일 '7·27베트남전쟁 반대, 일한조약 비준저지 국
민행동'(전국 31개소, 22,000명)의 통일행동을 진행했다. 이 시기의 통
일행동은 '문화인 그룹'의 호소에 의해 실시되었는데, 주로 베트남전쟁
반대에 그 중심이 있었던 공동투쟁이었다.[115]

하지만, 비준국회기에 접어들자, '일한조약 비준저지' 등이 단일 슬로
건으로 내걸렸으며, 거의 매일 집회가 열리게 되었다. 일본사회당 및
총평과 일본공산당은 1일공투 및 통일행동이란 방식으로 한일회담 반

---

115) 吉澤文寿, 앞의 책, 2005, 291쪽.

164 일본에서의 한일회담 반대운동 : 재일조선인운동을 중심으로

대운동을 전개했다. 중의원에서 강행체결된 후인 11월 9일에는 일본사
회당, 총평, 일본공산당이 공동주최한 '제1회 공투 11·9 일한회담저지
국민통일행동'에는 전국 329개소 총 238,330명이 참가했으며, 참의원에
서 4번에 걸친 강행체결 시도 끝에 비준이 이루어진 이틀 후인 11월 13
일에는 두 번째 통일행동이 전국 223개소 총 195,700여명이 모여 항의
했다. 중의원 및 참의원에서의 비준안이 강행체결된 후에도 11월26일
(3번째 통일행동, 전국 27개소 76,300명), 12월 4일(4번째 통일행동, 전
국 20개소 22,500명), 12월 8일(5번째 통일행동, 전국 20개소 10,700명)에
도 통일행동이 진행되었다. 중의원에서의 비준국회부터 비준서가 교
환되기까지의 약 2개월간은, 내각관방내각조사실[116]에서 확인한 주요
집회 참가자만으로도 약 127만 명에 달했다. 다음 절에서는 이 비준국
회에서의 반대론에 대해서 살펴보고자 한다.

제3절 일본 내 비준국회에서의 한일조약 반대론

1965년 6월 22일, 도쿄에서 조인된 한일조약에 대한 한국 내 국회비
준은 야당의 거센 반발로 인해 일시적으로 중단되었지만, 같은 해 8월
14일에 여당 단독으로 가결되었다. 한국에서는 '한일조약과 제협정 비
준동의안 심사 특별위원회'(1965.7.31.~8.11)에서 조약내용 등에 관해
활발한 논의가 전개되었는데[117], 기본조약 제2조[118](이미 무효 [already

---

116) 内閣官房内閣調査室編, 앞의 책(附属資料), 1966.7, 2~6쪽.
117) 吉澤文寿, 앞의 책, 2005, 275~279쪽.
118) 「It is confirmed that all treaties or agreements concluded between the Empire of Japan
and the Empire of Korea on or before August 22, 1910 are already null and void.(千
九百十年八月二十二日以前に大日本帝国と大韓帝国との間で締結されたすべての
条約及び協定は, もはや無効であることが確認される。)」(鹿島平和研究所, 『日本
外交主要文書·年表(2)1961-1970』, 原書房, 1984, 570쪽)

null and void, もはや無効))를 둘러싼 문제, 즉 한국병합조약의 무효시점에 관한 문제가 주요 논점으로 부각되었다. 야당 측은 한일양국이 '무효'라는 용어를 상호 간에 제멋대로 해석하고 있다고 지적하고, 일본에 '과거의 군국주의 통치를 합리화시킬 여지를 남기는 치욕적일 결과'를 초래했다고 비판했다. 그 외에도 기본조약에 '식민지 지배에 대한 사죄가 포함되어 있지 않다'는 점과 한국정부의 관할권이 '이북까지 미치는가가 명기되어 있지 않다'는 점, 그리고 어업문제와 관련해서는 평화선의 존폐 문제 및 독도의 영유권 문제를 강하게 비판했다. 그러나 이러한 논점과 비교해 재일조선인 문제에 대한 논의는 질의시간 자체도 너무나 적었고, 주요 비판내용도 첫째, 강제퇴거의 가능성 등에서 법적지위협정은 한국 측이 일방적인 일본 측의 고려 내지 일방적인 특혜적 조치만을 바라는 형식으로 되어 있다는 점과 둘째, 조선적 등록자를 별도를 다루는 것은 두개의 한국을 용인하는 것이라는 점뿐이었다.[119]

한편, 일본에서는 1965년 11월 6일에 중의원, 같은 해 12월 11일에는 참의원에서 강행 체결되어, 비준동의안이 가결되었다. 소위 비준국회라 불렸던 참의원 '일한조약특별위원회[日韓条約等特別委員会]'(1965. 11.20~1965.12.4 위원회 10회, 공청회 1회) 및 중의원 '일본국과 대한민국 간의 조약 및 협정 등에 관한 특별위원회[日本国と大韓民国との間の条約及び協定等に関する特別委員会]'(1965.10.21~1965.11.6 위원회 11회)에서의 반대론은 어떠한 것이었는지 살펴보고자 한다.

일본에서도 중의원과 참의원에서의 한일조약 반대론의 주요 논점으로 제시된 하나는, 일본에 앞서 비준동의안이 가결된 한국정부 측의 조문해석과 일본정부 측의 해석이 상이하다는 점이었다. 기본조약 제2조

---

119) 田駿, 앞의 책, 385쪽.

와 제3조에 대한 해석 차이에 대해서는 이미 한국국회에서도 문제시
되었는데, 기본조약 제2조의 '이미 무효'라는 문구에 대한 한국 측의 해
석은 한국병합조약 그 자체가 무효였다는 것을 확인했다는 해석이었
다. 하지만 일본 측 해석은 한일조약의 체결로 인해 한국병합조약은
무효가 되었다는 해석이었다. 또한 기본조약 제3조[120)의 '조선에 있는
유일한 합법적인 정부'라는 문구를 한국 측은 휴전선 이북을 포함한 정
통한 정부로써 한국정부가 인정되었다는 해석이었지만, 일본정부는 어
디까지나 '국련(UN)에서 인정한 조선반도의 유일한 합법정부'이며, 한
국정부의 유효지배는 휴전선 이남에 한정된다고 해석하고, '휴전선 이
북에 사실상의 정권이 있다는 것을 염두에 두면서 이번 제반 사항을
결정한 것'이라고 설명했다. 결국 일본정부는 '북선에 관해서는 전혀
건들지 않았다'는 해석을 하고 있던 것이다.[121)

이러한 양국의 해석 차이를 추궁한 야당 측에 대해, 시이나[椎名]
외상은 '우리들은 한국당국이 어떠한 경우에 어떠한 설명을 하던 어
디까지나 조약의 성문[成文]에 따라 해석하는 것'이라며, '그러한 것
에 너무 마음 쓸 필요는 없다는 기본적인 입장'을 취하고 있다고 답
변했다.[122)

한국에서의 비준국회에서는 기본조약 제2조에 관한 심의에 가장 오
랜 시간을 소비했지만[123), 일본의 비준국회에서는 기본조약 제3조에
대한 심의가 집중되었다.[124) 이러한 차이는 한국의 비준국회에서의 반

---

120) 「It is confirmed that the Government of the Republic of Korea is the only lawful
Government in Korea as specified in the Resolution 195 (Ⅲ) of the United Nations
General Assembly(大韓民国政府は, 国際連合総会決議第百九十五号(Ⅲ)に明らかに
示されているとおりの朝鮮にある唯一の合法的な政府であることが確認される。)」
(鹿島平和研究所, 위의 책, 570~571쪽).
121) 『第50回国会衆議院日本国と大韓民国との間の条約及び協定等に関する特別委員会
会議録』第3号, 1965년 10월 26일.
122) 『第50回国会参議院日韓条約等特別委員会会議録』第5号, 1965년 11월 26일.
123) 吉澤文寿, 앞의 책, 2005, 276쪽.

대론이 과거청산에 집중되어 있었던 것에 반해, 일본의 비준국회에서는 현재적 문제, 즉 한반도의 분단 상황을 어떻게 볼 것인가가 커다란 논점이 되었기 때문이다. 이는 분단국가의 어느 한쪽과 국교를 수립하는 것은 장차 중국 및 베트남 등 동일한 분단 상황에 처해 있는 사회주의 각국과의 관계설정과 직결되는 문제였기 때문이기도 했다.[125]   또한 일본 비준국회의 심의내용을 살펴보면, 한일조약의 조문해석의 차이와 기본조약 제3조, 즉 한국정부의 정통성을 문제시하여 한일조약 자체가 애초부터 법적요건을 충족하고 있지 않다는 것을 지적하여 한일회담의 무효를 주장하는 논리로 이어지고 있었다.

일본 내 비준국회에서의 반대론은 국회 밖에서의 반대운동의 논리와 거의 같은 것이었다. 일본 사회당 마쓰모토 시치로[松本七郎] 의원은 '일한조약 안건이라는 것은 지극히 위험한 내용을 포함하고 있다'며, '남조선인민을 총검으로 탄압한 저 매판적 군사파쇼 박정희 정권과 일본의 일부 지배층의 정치적 암거래의 산물'이라 비판했다. 나아가 '반세기에 걸쳐 대륙침략과 식민통치의 역사적 죄악을 진실로 반성했다'면, '이번과 같은 조약은 만들지 않았을 것'이라 지적한 뒤, '우리들은 이 조약을 분쇄해야만 일본과 조선민족과의 진정한 우초친선이 시작된다는 확신을 갖고 있다'고 주장했다.[126] 이러한 반대론에 더해 한일조약이 한반도의 '남북통일을 저지하는 것[127]'이라는 통일저해론적 논리와 일미안보조약의 완결판인 '동북아시아 군사동맹[128]'이라는 군국

---

124) 佐藤勝巳,「国会の日韓議論にあらわれた日朝関係把握の問題点」朝鮮史研究会編,『朝鮮史研究会論文集』No.6, 1996, 154쪽.
125) 『第50回国会参議院日韓条約等特別委員会会議録』第4号, 1965년 11월 25일.
126) 『第50回国会衆議院日本国と大韓民国との間の条約及び協定等に関する特別委員会会議録』第4号, 1965년 10월 27일.
127) 『第50回国会衆議院日本国と大韓民国との間の条約及び協定等に関する特別委員会会議録』第9号, 1965년 11월 4일.
128) 위의 회의록.

주의 비판의 시점도 제시되었다.

한편 재일조선인 문제[129]에 대해서는 법적지위협정의 제안 이유에 대해 이시이 미쓰지로[石井光次郎] 법무대신은 '오랜 기간에 걸쳐 우리나라에 거주하고 있는 대한민국 국민이 우리 사회질서 아래 안정된 생활을 영위할 수 있도록 할 필요[130]'가 있다고 설명했는데, 이에 대해 자민당과 민주사회당 의원들로부터 주로 영주권부여 및 강제퇴거 문제에 대한 비판이 집중되었다. 한일회담 과정에서 한국정부는 재일조선인들의 '역사적인 특수성'을 주장해 왔지만, 일본정부는 일본 국내법상(국적법 및 출입국관리령 등) 그것이 가능한지에 대한 법리론적인

---

[129] 재일조선인 문제에 대한 일본 내 각 정당의 기본적 태도

정당	주장
자유민주당	법적지위협정은 종전[終戰]시 본인의 의지에 반해 일본국적을 잃은 재일조선인의 불안정한 법적지위를 명확히 하려는 것으로 특수한 사정으로 보아 영주권에 우대장치를 주는 것은 당연한 것이다. 교육, 생활보호, 국보(국민건강보험)의 일제 적용에 필요한 재정조치는 충분히 고려되어야 할 것이다.
일본사회당	법적지위협정은 재일조선인에 대한 한국적 취득을 사실상 강제하고, 반대하는 자를 차별하는 것이 된다. 이것으로는 재일조선인 전체, 조선민족 전체로 부터 환영받지 못한다. 남북 어느 쪽의 국적을 취득할 것인가는 본인의 자유이며, 그것을 저해하거나 차별해서는 안 된다.
일본공산당	법적지위협정은 한국적자에게만 영주권을 부여해 북조선적을 주장하는 자를 차별하고 있으며 부당한 것이다. 모든 재일조선인에 대해 국적선택의 자유와 조국과의 자유왕래를 보장해야만 한다.
민주사회당	영주권자의 범위를 '손자'까지 양보한 것은 불만이다. 또한 협정의 대상은 한국적자에 한정되어, 그 밖의 지위는 미정인 채로 되었다. 이것은 우리나라에 소수민족문제를 가져 올 소지가 있다.
공명당	한국적자에게만 영주권과 사회복지의 권리를 주고, 한국적을 원하지 않는 자에게는 주지 않는 것으로 차별을 하는 것은 문제이다.

* 위의 재일조선인 문제에 대한 각 정당의 기본적 태도는『朝日新聞』(1965년 10월 5일자)이 제50회 임시국회의 개막(통상 '일한국회'로 불리워지며, 1965년 10월 5일에 개막)에 앞서 작성한 한일조약 승인문제에 대한 각 정당의 태도에 대한 기사를 요약한 것이다.

[130] 『第50回国会衆議院日本国と大韓民国との間の条約及び協定等に関する特別委員会会議録』第2号, 1965년 10월 25일.

대응으로 일관했다. 하지만 일본 내 비준국회에서는 아이러니하게도 일본정부 관계자들이 재일조선인들의 '역사적인 특수성'에 대한 이해를 촉구하는 상황이 출현했다.

앞서 살펴봤듯이 일본 내 비준국회에서는 식민지 지배를 반성하거나, 그에 마주하려는 자세는 매우 취약했다. '과거의 불행한 관계'라는 등의 표현이 종종 보이지만, 그것은 하나의 수식어로 사용되는 것에 불과했다.

다음은 민주사회당 가스가 잇코[春日一幸] 의원의 발언이다.

> 한국 내부에는 남북 간에 전쟁관계가 있으며 지금 적대관계가 있다고는 해도 그것은 한국 남북의 문제이며 일본으로서는 한때 같은 일본 국민이었다. 한때 형제였다. 동포였다. …중략… 그렇다면 북선 천수 백만 국민의 제군[諸君]도, 어쨌든 뭐라 해도 우리들은 36년간의 병합통치 가운데, 우리들은 선의[善意]에 따라 이를 통치했다고 자부하고 있지만, 상대방에서 보면 이민족의 통치를 받았다는 것은, 오늘날 오키나와[沖繩]의 동포 제군이 미국에 의해 통치를 받고 있는 것에 대한 끝없는 고통을 느끼고 있는 것과 같이, 그 만큼의 고통이 있었다는 것도 우리들은 동정하지 않으면 안된다고 생각한다.[131]

위와 같은 가스가의 발언은 입장에 따라 역사해석이 다르다는 것을 언명하고 있는 듯이 보이지만, 이러한 상대주의에 의해 '선의에 따른 통치'를 정당화하고 '자부'하는 논리가 당당히 제시되고 있다. 결국, 가스가와 같은 맥락에서 이해하자면, 역사해석의 차이는 당연한 것이고, 가스가 자신에게 일본의 식민지 지배는 정당화될만한 것이었다.

---

131) 『第50回国会衆議院日本国と大韓民国との間の条約及び協定等に関する特別委員会会議録』第6号, 1965년 10월 29일.

제5장

한일회담기 한국정부의 재일조선인 인식
: '무자각적인 기민'에서 '자각적인 기민'으로

이 장에서는 2005년 이후, 한일 양국정부가 공개한 한일회담 관련문
서를 토대로 한국정부의 재일조선인 인식을 검토함과 동시에 재일조
선인에게 한일회담이 갖는 의미를 조명해 보고자 한다. 이를 위해 14년
간에 걸친 한일회담 안에서 재일조선인 문제에 대한 논의의 변화에 주
목하고, 한일회담은 기민[棄民]으로써의 재일조선인이 가시화됨과 동
시에 그것이 재일조선인들 사이에서 자각화되어 가는 과정의 하나이
기도 했음을 밝히고자 한다.

한일 양국정부의 회담관련 문서가 공개되기 시작한 이후, 한일회담
과 재일조선인의 문제를 논한 연구는 상당수 발표되어 왔다. 그 중에
서도 공개된 한일회담 관련문서를 세밀하게 분석한 장박진과 이성의
연구가 주목된다. 장박진[1]은 한일회담 관련문서의 분석을 통해 '재일

---

1) 장박진, 「한일회담 개시 전 한국정부의 재일한국인 문제에 대한 대응 분석: 대한민
국의 국가정체성과 '재일성'(在日性)의 기원」, 고려대학교 아세아문제연구소, 『아
세아연구』 제52권 제1호, 2009, 205~239쪽; 「초기 한일회담(예비 – 제3차)에서의 재
일한국인 문제의 교섭과정 분석: 한일 양국의 교섭목표와 전후 '재일성'(在日性) 형
성의 논리」, 서울대학교 국제학연구소 『국제지역연구』 제18권 제2호, 2009, 1~38쪽.

성(在日性)'의 기원이 대한민국의 국가정체성에 기인하며, '65년에 귀결된 "한국", "조선" 국적 분단에 의한 법적지위의 차이와 거주권한의 불안정성이라는 "재일성"의 주요한 요소는 초기 한일회담에서부터 확실히 그 윤곽을 나타냈다'고 고찰한다. 이성[2]은 귀화와 영주권을 중심으로 박정희 정권의 교섭과정을 분석해, '한국정부는 처음부터 재일동포를 귀화에 유도하려고 하는 명백한 의도를 가지고 있었으며, 그것을 귀화권의 명문화를 통해 실현시키려고 했다'고 비판한다. 이 밖에 재일조선인 단체의 본국지향성과 한일회담의 관계를 논한 최영호[3], 노기영[4]과 한일회담에서의 법적지위 문제를 이주의 문제, 다문화주의의 문제, 기본적 인권의 측면에서 바라보려 한 한경구[5], 공개된 일본 측 외교문서를 중심으로 강제퇴거 문제를 논한 고바야시 레이코[6]의 논문이 있다.

제1절 GHQ 및 일본정부의 재일조선인 인식

재일조선인 문제에 대해 GHQ가 어떻게 접근하고 있었는지를 엿볼 수 있는 여러 문서 가운데 하나는, 1945년 11월 1일에 공포된 '일본점령 및 관리를 위한 연합국 최고사령관에 대한 항복 후 초기 기본지령'(이하, 기본지령)이다. 기본지령 제8항목에는 '군사상의 안전

---

2) 이성, 「한일회담으로 보는 박정희정권의 재일동포정책 – 귀화와 영주권을 중심으로」, 성균관대학교 수선사학회, 『사림』, 2009, 293~326쪽.
3) 최영호, 「해방 직후 재일한인 단체의 본국지향적 성격과 제1차 한일회담」, 국민대학교일본학연구소 편, 『의제로 본 한일회담』, 선인, 2010, 17~49쪽.
4) 노기영, 「민단의 본국지향노선과 한일교섭」, 위의 책, 87~117쪽.
5) 한경구, 「한일법적지위협정과 재일한인 문제」, 위의 책, 51~85쪽.
6) 고바야시 레이코, 「한일회담과 '재일한국인의 법적지위' – 퇴거강제를 중심으로」, 위의 책, 119~160쪽.

이 허락하는 한, 중국인 대만인 및 조선인을 해방민족으로 처우해야 한다. …중략… 필요한 경우에는 적국인으로써 처우해도 좋다'고 규정하고 있다. 이미 많은 논자들이 지적했듯이 GHQ는 재일조선인 문제에 대한 명확한 방침을 갖고 있지 않았으며, 단지 군사상의 목적에 따라 다시 말해, 점령통치에 유리한 쪽으로 그들을 다루고자 했던 것이다.

재일조선인들에 대한 GHQ의 인식은 비교적 이른 시기부터 '폭력적', '공산주의자'라는 인식을 갖고 있던 것으로 보인다. 고바야시 도모코는 G-Ⅱ 민간첩보국 정기보고서의 분석을 통해, 1946년 초순부터 '조선인을 "소요분자", "불법분자"로 보는 경향이 확인'되며, 더욱이 1948년을 전후해서는 '공산주의와 결부시켜 인식하는 경향이 현저'해 졌다고 지적한다.[7] 김태기 역시 'SCAP 측은 재일한국인 문제를 일본 사회가 안고 있는 하나의 중요한 사회문제라기보다는, 공산주의 활동에 대한 대책의 일환으로서의 인식을 굳히게 되었다'고 지적하고 있다.[8]

한편, 일본정부의 재일조선인 인식은 공식적으로는 재일조선인이 일본국적을 보유하고 있다는 견해였지만, 실질적으로는 1945년 12월 17일 공포된 법률 제42호 중의원의원 선거법중개정법률[衆議院議員選擧法中改正法律]의 부칙에서 재일조선인의 선거권을 당분간 정지한다며 선거권을 제한하는 조치를 취했다. 뿐만 아니라, 1947년 5월 2일 공포된 외국인등록령을 비롯한 이후의 관련 법령[9]에서도 재일조선인이 일

---

[7] 小林知子, 「GHQの在日朝鮮人認識に関する一考察－G-Ⅱ民間諜報局定期報告書を中心に」, 朝鮮史研究会編『朝鮮史研究会論文集』No.32, 1994, 171쪽.

[8] 김태기, 「일본정부의 재일한국인 정책」, 강덕상·정진성 외, 『근현대 한일관계와 재일동포』, 서울대학교출판부, 1999, 411쪽.

[9] 그 외에도 개정외국인등록령(1949년 12월 3일)에서는 외국인 등록증 휴대의무의 강화 및 외국인등록증의 갱신제 실시, 외국인등록법(1952년 4월 28일)에서는 지문 날인의 대상에 재일조선인도 포함되었다.

본국적 보유자라는 일본정부의 공식적인 견해와는 다른 모순적인 행동[10])을 취하고 있었다.

이러한 일본정부의 재일조선인 인식을 보다 명확히 보여주는 것은 당시 일본 총리대신 요시다 시게루[吉田茂]가 맥아더 앞으로 보낸 서한[11])에서 노골적으로 드러난다. 1949년 8월 말에서 9월 초에 보내진 것으로 추정되는 이 서한은 재일조선인의 '절반은 불법입국자이며, 일본경제에 공헌하고 있지 않다'고 잘라 말한다. 재일조선인은 '공산주의자 또는 그 동조자'로 '원칙적으로 전원 송환'해야 하며, '일본경제 재건에 공헌할 수 있다고 보여 지는 자에 한정해 재류허가를 인정하고 싶다'는 내용도 포함되어 있다. 패전 후 일본경제 재건에 유익한 재일조선인만을 일본정부가 선별하여 일본에 재류할 수 있는 허가를 내주고, 그렇지 못한 재일조선인은 필요 없으니 이제는 전부 돌려보내고 싶다는 것이다.

재일조선인에 대한 일본정부의 이러한 부정적 인식이 GHQ의 재일조선인 인식에 많은 영향을 주었겠지만, 이와 같은 요시다의 제안은 결과적으로 실패로 끝나고 만다. 하지만 위의 서한에서 보이는 일본정부의 재일조선인에 대한 부정적 인식은 적어도 한일조약이 체결되는 1965년까지는 조금도 변함없었다.

---

10) 일본정부의 이러한 모순적인 행동은 한일회담 안에서 일본 측도 다음과 같이 인정하고 있다.
　　'…국적 변동 시기에 있어 재일한국민은 일본정부로서는 평화조약 발효 전까지는 일본국적을 가지고 있다고 생각하며, 단 '폿츠담'선언 후의 한국의 독립 등으로 인하여 실질적으로 외국인대우를 하여왔고 또, 국제관례도 그렇다…'(「재일한교 법적지위 분과위원회 경과보고 제3차회담(1951.11.2)」(외무부정무과, 「제1차 한일회담(1952.2.15~4.21) 재일한인의 법적지위위원회 회의록, 제1-36차, 1951.10.30.~1952.4.1」(723.1JA 법 1951-1952), 698~699쪽).
11) 袖井林二郎編訳, 『吉田茂＝マッカーサー往復書簡集』, 法政大学出版局, 2000, 275~277쪽.

제2절 한일회담과 재일조선인 문제

1. 재일조선인 문제에 대한 한국정부의 기본방침

해방 후 신생독립국으로 국제사회에 복귀한 한국정부는 연합국의 대일강화조약에 조약체결국으로서 당당히 참가하기를 원했다. 하지만 영국과 일본의 집요한 반대 속에서 1951년 7월경, 미국정부로부터 조약체결국으로서는 대일강화조약에 참석할 수 없다는 통보를 받게 된다.[12] 대일강화조약에의 참가가 좌절된 한국정부는 일본과의 2국 간 교섭을 준비하지 않을 수 없게 되었다. 가능한 한 연합국점령하에서 일본과의 여러 현안문제를 해결하는 것이 유리하다고 판단한 한국정부는 재일조선인 문제와 관련한 기본방침도 준비하게 된다. 이러한 흐름 속에서 다음과 같은 4개의 문서군이 주목된다.

1) 주일대표부안

먼저 살펴 볼 문서는 대일강화조약에의 참가가 좌절되기 이전에 작성된 문서로, 주일대표부 대일강화조사위원회가 제출한 주일대표부안[13]이다. 주일대표부 정무과 직원들과 재일조선인 4명이 '대일강화에 대처하는 준비조사위원회(가칭)'를 구성해 작성한 주일대표부안에는 '재일한교[韓僑]의 국적 및 거주권(抄)'이란 항목이 설정되어 있다. '현재 일본 국내에 약 60만의 한교가 거주하고 있으며 이 기득권은 자못 큰 것'이라는 전제하에 '기득권 보호에는 국민적 견지에서 깊이 고려할

---

12) 박진희, 『한일회담 제1공화국의 대일정책과 한일회담 전개과정』, 선인, 2008, 73쪽.
13) 「대일강화조약에 관한 기본태도과 그 법적근거(1950.10)」(외무부정무과, 「한일회담 예비회담(1951.10.20~12.4) 자료집: 대일강화조약에 관한 기본태도와 그 법적근거, 1950」(72 3.1JA 자 1950)).

필요가 있다'고 설명한다. 아울러 '재일한교는 물론 대한민국 국민'이라는 점 역시 확인하고 있다.

여기서 주목하고 싶은 지점은 재일조선인을 대상으로 한 국적선택권 부여에 관한 검토가 있었다는 부분이다. 주일대표부안에서는 제1차 세계대전 후의 국적선택권 부여와 관련한 사례로서 폴란드, 유고슬로비아 및 오스트리아 헝가리제국의 사례를 통해 '거주이전[居住移轉]이 그 국적선택의 결과'로서 시행되고 있음을 밝힌 것이다. 이러한 사례 검토를 통해 한국정부는 재일조선인의 국적 및 거주이전 문제와 관련하여 '재일한교는 최초부터 최후까지 즉, 어느 순간일지라도 일본국적을 취득'한 적이 없으며, 그 '기능만을 36년간 정지당했다가 일본패전으로 자동적으로 그 기능'을 되찾은 것이기 때문에 '재일한교에 관해서는 국적선택운운 그 법적근거가 박약[薄弱]'하다고 주장한다. 또한 '재일한교의 거주이전을 요망하는 것은 일본정부의 일관한 생각'이라며, 일본정부는 '국적선택을 고집하며 최악의 경우일지라도 상호주의를 주장하여 일반외국인의 생활무능력자, 범죄자, 기타 방공진영강화에 ㅁㅁㅁ ㅁㅁ[14]한 자 등등의 타율적 귀국을 요청'할 것으로 예상했다. 이렇게 일본 측이 국적선택을 고집할 경우 한국 측은 '재일한인의 많은 입장, 특히 그 수의 다량[多量]과 5개년이란, 장구한 점령기한이란 특수한 사정하에서 강화조약에 대한 선례가 없음으로 대한민국으로서는 ㅁㅁ[15]의 거주자유권 획득을 주장함에 새로운 선례를 작성'해야 할 것임을 제안한다. 이와 함께 해방 후 '재일한교의 일시 흥분과 그 후 일부 적색분자의 반사회적 행동이 일본인은 물론 SCAP 자체에까지 그다지 좋은 인상을 주지 못했음으로 대일강화조약 안에 재일한교의 거주자유권을 확정하지 못하면 한교의 입장은 더욱 곤란한 상태에 이르기 쉽다'며 대

---

14) 문맥상으로 '반공진영강화에 방해행위를 한 자'로 이해할 수 있다.
15) 문맥상 '한교[韓僑]'로 이해할 수 있다.

일강화조약의 틀 안에서 재일조선인의 거주권 획득이 절실함을 주장하고 있다.

2) SCAP교섭 문서철

두 번째로 주목하고 싶은 것은 앞서 언급했듯이 대일강화조약의 참가가 좌절된 한국정부는 일본정부와 2국 간 교섭을 준비할 수밖에 없는 상황에 부딪히게 된다. 이에 한국정부는 SCAP과의 교섭으로 재일조선인의 법적지위를 확정하고, 이 SCAP의 각서를 통해 일본정부를 조정하기 위한 교섭을 시도한다. 하지만, SCAP는 '미국정부와 FEC(극동위원회)의 지령에 의하야 동건[소건]은 SCAP의 권한 외'로 '재일한교의 국적은 변경이 아니고 확인이라 할지라도 SCAP에서 결정할 수 없'고, '한국국적법을 일본정부가 그대로 수락토록 강제할 수 없다'며, 'SCAP으로서는 동건 결정에 관하야 한일 간의 직접교섭을 희망하며 SCAP는 대일강화조약 발효 전이라도 동건 교섭에 대한 허가를 일본정부에 했다'는 이유로 반대한다.[16) 이로써 한국정부는 일본과 2국 간 교섭을 진행하게 되는데, 한국정부와 SCAP과의 사이에서 어떠한 사안들이 오고갔는지 공개된 자료들을 통해 살펴보자.

먼저 국적문제[17)이다. 한국정부는, ①카이로선언 및 포츠담선언에 의해 한국의 주권이 회복되었으며, ②식민지기 한국인에 대해 일본국적법이 적용된 적이 없었다는 점, ③일본의 카이로, 포츠담선언 수락과 대한민국의 수립 및 승인으로 인해 '한국병합조약'이 무효가 되었다는

---

16) 「재일한교의 법적지위에 관한 일본정부와의 교섭에 관한 건 1951.9.14」(외무부정무과 「한일회담 예비회담(1951.10.20~12.4) 재일한인의 법적지위문제 사전교섭, 1951.5~9」(723.1JA 법 1951)), 337쪽.
17) 「재일한교의 법적지위에 관한 일본정부와의 교섭에 관한 건 1951.9.3」(외무부정무과, 앞의 문서철(723.1JA 법 1951)), 322~325쪽.

점, ④유엔회의에서 대한민국정부가 유일합법정부로 결의(1949년 10월 21일) 된 점, ⑤SCAPIN 제1679호(1947년 5월 15일)와 SCAPIN 제1912호(1948년 6월 21일)에서 각각 재일조선인은 비일본인(Non-Japanese), 재일조선인은 특수지위국인(Special Status Nations)이라고 규정한 점, ⑥국적선택권이 부여된 선례와는 ②에 의해 그 본질이 다르다는 점, ⑦한국합병에 의해 정치적으로는 한국의 주권이 일본국에 이양되었지만, 법률적으로는 그 기능이 정지되어 있었을 뿐이라는 점을 들어 재일조선인의 국적이 대한민국 국적임을 주장했다. 또한 '일본정부는 국적선택 방침을 주장할 것으로 추측[18]되며 따라서 그 결과에는 한국인의 재일거주권 및 그 재산권의 제한을 받게 될 것으로 사료[19]'된다며, 일본정부가 국적선택권을 주장할 것을 경계했다. 단 한국 국적임이 확인되게 되면 재일조선인의 거주권 문제가 발생하게 되는데, 이에 대해서는 거주권을 인정한 특별조약의 선례로서 러일전쟁의 결과 맺어진 포츠머스조약 제10조[20]와 재일조선인의 역사적 경위를 이유로 일본에서의 거주권 확보에 대한 정당성을 주장하려 했다.

3) 유진오의 출장보고서

세 번째로 주목되는 문서는 예비회담에 앞선 9월, 한일회담 교섭단의 법률고문으로 파견된 유진오[俞鎭午]의 출장보고서[21]이다. 그는 국

---

18) 김태기에 의하면, 일본정부가 재일조선인 정책의 구체적 틀을 확정한 것은 1949년 초반으로, 그 내용은 강화조약의 발효(당초의 계획에서는 강화조약의 발효 전)와 함께 재일한국인의 일본 국적을 일률적으로 박탈하고, 재일한국인에게 국적선택권을 주지 않는 것이었다고 한다(김태기, 앞의 논문, 425쪽).

19) 「재일한국거류민의 법적지위 확정에 관한 청훈의 건 1951.6.28」(외무부정무과, 앞의 문서철(723.1JA 법 1951)), 273쪽.

20) 포츠머스 조약 제10조의 내용은 동조약 제9조에 의해 일본은 러시아로부터 북위 50도 이남의 사할린을 할양받게 되는데, 이때 해당 지역 거주민들에 지속적인 거주를 원할 경우 그 거주권을 인정한 항목이다.

적과 관련한 국제법상의 관례를 조사하여, '영토변경의 경우에 그 변경되는 영토에 거주하는 사람들의 국적은 강화조약이 성립될 때까지는 종래의 지위를 유지하는 것이 국제법상의 원칙'이지만, 한국은 그에 적용되지 않는다고 봤다. 유진오는 그 이유로 '한국에 있는 한국인은 이번 강화조약 체결 전에 벌써 사실상뿐 아니라 법률상으로도 일본국적을 이탈하여 한국국적을 취득'했기 때문이라고 설명한다. 또한 국적선택권 부여에 관해서는 제1차 세계대전 후의 선례를 살펴보면, 한국국적을 선택한 사람은 일정 기간 내에 한국으로 퇴거하지 않으면 안 된다며 국적선택권을 부정한다. 국적선택권 부여는 '일본에 있는 한국인이 아직도 일본국적을 가지고 있다하는 SCAP 및 일본정부의 견해가 옳다'는 것을 전제하고 있지만, 사실은 '일본에 있는 한국인도 이미 한국국적을 취득한 것이며, 다만 그것을 일본정부가 확인하는 일만이 남아 있는 것'이다. 따라서 논리적으로 국적선택권 부여는 있을 수 없고, '재일한국인이 국적의 선택권을 얻어 한국국적을 취득하는 것이라 하면 일본 측에서 재일한국인의 한국철귀[撤歸] 문제를 제기할 위험성이 농후'하지만, 재일조선인이 '이미 3년 전에 완전히 한국국적을 취득한 것이라 하면, 이미 3년이나 거주한 일본에서 까닭 없이 강제퇴거를 당할 이유는 하나도 없다'고 주장한다.

4) 국적문제에 대한 협정요강 심의문서

네 번째로는 당시 법무부 장관이 국무회의 의장 앞으로 보낸 문서[22]이다. 한일회담을 앞두고 재일조선인 문제를 검토한 결과, 한국정부는

---

21) 「일본출장보고서, 1951.9.10」(외무부정무국, 「한일회담 예비회담(1951.10.20~12.4)본 회의 회의록, 제1-10차, 1951」(723.1JA 본 1951 1-10차)), 84~110쪽.
22) 「재일한교의 국적문제에 관한 협정의 요강 심의의 건 1951.10.8」(외무부정무과, 앞의 문서철(723.1JA 법 1951)), 359~388쪽.

한국국적으로의 전반적 국적회복과 국적선택이라는 두 가지 방안 앞에서 고민하게 된다. 위이 문서는 상기 두 안건을 상정하고, 각각의 장단점을 제시하며 이에 대한 심의를 요청하는 문서이다. 먼저 전반적 국적회복의 주된 내용은 재일조선인 모두에게 한국국적을 취득시키는 것을 전제로, '일본에 영구히 거주할 수 있는 권리'와 '자유로 퇴거할 수 있는 권리'를 부여하는 것이 기본방침이다. 일본에 계속 거주할 재일조선인들은 '부동산, 어업권, 광업권, 기업권 등의 모든 재산권의 소유'와 그 밖의 경제적 활동에 있어서도 일본인과 동일한 보호를 받게 한다는 내용이다. 일본에 계속 거주하지 않고 본국으로 돌아오려는 재일조선인에 대해서는 '모든 재산권을 일본에다 계속하여 보유할 수 있게'하며, 그들이 자기 재산을 휴대해 귀국하려 할 때에는 '일본정부로부터의 모든 세금의 부과를 면하게 할 수 있게' 한다는 것이다. 이 안의 장점은 '재일교포 전부가 우리 국민'이 되며, 일본국적을 얻고자 하는 재일조선인은 '일본 국적법에 의한 귀화'가 가능하다는 점을 들고 있다. 그러나 단점으로는 1951년 11월 1일에 발효될 예정인 일본의 외국인출입국관리령에 의해 소위 '일본이 '"원치 않은 한국인"에 대해서는 용이하게 한국에 추방 시킬 수 있'게 된다는 점을 들고 있다. 이러한 장단점에도 불구하고 이 안의 최대 걸림돌로 인식된 것은 일본정부에 의한 강제퇴거권의 행사가 가능해진다는 점이었다. 한국정부는 '한교의 영주권을 확보하기' 위해 '일방적인 추방'은 '적어도 대한민국의 동의 없이는 적용할 수 없도록'해야 하지만, 이는 각국의 고유한 권한이므로 일본정부의 강한 반대가 있을 것으로 예상했다. 따라서 차선책으로 '대한민국의 국민은 3년 이내에 일본의 국적을 선택할 수 있다하여 귀화에 있어서의 일본의 재량의 여지를 없이하여 추방보다는 일본의 국적을 선택하여 일본에서의 거주권을 얻도록 하는 방안'도 고려할 수 있다고 제시한다. 여기서 '귀화'라는 용어가 나온다. 여기서 사용된 귀화라는 용어는 일반적인 의미와는 조금 다른 뜻으로 해석할 수 있을 것이다. 즉 일반적인 귀화가 국가에 의한 선별이라고 한다면 위의 문건에서 사용된 귀화란 선택할 수 있는 권리로서의 의미라고 할 수 있을 것이다.

국적선택안의 내용은 '1945년 8월 9일 이전부터 일본에 거주한 자로서, 그 후까지 계속하여 일본에 거주한 한국인 전부를 일본국적을 가진 것'으로 인정하고, 재일조선인들에게 '일정한 기간 내에 한국의 국적을 선택할 수 있는 권리 즉, 국적선택권을 부여'하며, 한국국적 선택자도 '일본에 영구히 거주할 수 있는 권리와 모든 재산권의 소유와 경제적 활동, 퇴거시의 재산권의 계속보유와 처분, 휴대, 귀국시의 면세 등'을 받을 수 있도록 한다는 안이다.

이 안의 장점은 '일본 측에서 소위 "원하는 한국인"만을 일본인으로 하여서 일본에 거주시킬 수는 없고, 한국의 국적을 선택하지 않은 자는 일본이 원하든 원치 않든가를 불문하고 일본인으로 받아드리지 않을 수 없게'되며, '한국의 국적을 선택한 자에게 전술한 영주권 등의 특권을 부여한다면 진실로 대한민국의 국민이 되기를 원하는 조국애가 있는 자만이 대한민국의 국적을 선택하지 않을까'하는 점을 들고 있다.

사실상 위의 2가지 안은 재일조선인이 한국국적을 회복 내지 선택하든 선택하지 않던 일본 내에서의 거주권 및 제권리를 보장받으려 한다는 점에서 공통분모를 갖고 있다. 단지, 한국국적의 확인인가 선택인가라는 점과 일본정부의 강제퇴거권을 어떻게 막을 것인가라는 점에서 고민했던 것으로 보인다.

한일회담에서 한국정부는 재일조선인의 '처우문제에 관련하여 국제선례상 선택 문제를 고려할 수 있다[23]'는 취지의 발언은 있었지만, 국

---

23) 「제5차 재일한교 법적지위분과 위원회 경과(1951.11.9)」(외무부정무과, 「제1차 한일회담(1952.2.15~4.21) 재일한인의 법적지위위원회 회의록, 제1-36차, 1951.10.30.~1952.4.1」(723.1JA 법 1951-1952)), 727~726쪽.

적선택권을 일본정부에 정식으로 요구한 흔적은 찾을 수 없었다. 따라서 한국정부가 재일조선인의 국적문제에 관심을 보였지만, '일본인 배우자를 가진 자의 존재나 그 국적선택권도 고려되지 않았을 것[24]'이라는 인식이 통설로 자리 잡아 왔지만, 상기 문서들을 참고하면 이는 사실과는 사뭇 다른 것 같다. 본격적인 회담에 앞선 이 시기 한국정부는 적어도 재일조선인들이 일본에서 안정적으로 거주할 수 있는 방안을 모색했고, 국제적인 선례를 통해 국적선택권을 부여하는 것이 안정적 거주권 확보에는 불리하다는 판단도 신중하게 고려되고 있었음을 확인할 수 있기 때문이다.

2. 한일회담 공개문서를 통해 본 재일조선인 문제

1) 예비회담 및 제1차 한일회담기(1951년 10월~1952년 4월)

1951년 10월부터 시작된 예비회담과 제1차 한일회담기에는 재일조선인의 국적상실 시기설정에 대한 문제가 주로 논의 되었다. 일본측은 한일양국에게 재일조선인 문제는 '대단히 중요한 문제'이고, '평화조약 제2조에 의하여 평화조약이 발효하면 일본국적을 상실하'는 것은 명백하다며, '어느 나라 정부가 재일한인의 보호책임을 지나, 이것이 해결되어야 할 제일의 문제'라고 지적했다. 하지만, 현실적으로 한반도에 '2개의 정부가 있는 것은 무시할 수 없는 사실'이며, '재일한인의 일부의 태도가 대한민국에 가담치 않는 것도 사실'이지만, '대한민국 정부가 재일한인에 관한 일절의 책임을 진다면 일본은 대한민국 국적을 인정할 것'이라는 입장을 밝혔다.[25] 이에 대해 한국

---

24) 도노무라 마사루, 「한일회담과 재일조선인 – 법적지위와 처우문제를 중심으로」, 역사문제연구소 편, 『역사문제연구』 No.14, 2005, 110~111쪽.

측은 한국국적이 식민지기에는 그 기능만을 정지당했던 것이고 일본의 패전으로 자동적으로 그 기능을 되찾았다는 입장을 내세웠다. 따라서 1945년 8월 9일 해방되었기 때문에 이미 이때 일본국적은 상실된 것이며 또한 해방 후 6년간 재일조선인은 일본인이 된 적이 없었기 때문에 강화조약과는 관계가 없다는 주장을 펼쳤다.[26] 여기서 국적상실 시기설정이 문제가 되는 이유는 일본 측 주장에는 1910년 한국병합에 의해 일본인이 되었다는 전제와 일본의 패전으로 연합국과의 강화조약에 의해 한국의 독립을 인정한다는 인식이 깔려 있기 때문이다.

국적선택권[27]과 관련해서는 일본 측은 일본국적을 원하는 사람은 일본의 국적법에 의해 국적을 취득하면 된다는 입장을 취하고 있었다. 하지만, 한국정부는 '국적선택은 요구하지 아니하나 국적선택의 경우와 동일한 보호를 재일한국인이 받을 것을 요청하는 것'이라 주장했으며, 영주권 문제와 관련해서는 1945년 8월 9일 이전부터 일본에 거주하고 있던 자에 대해서는 무조건 영주권을 부여할 것을 요구했지만, 일본 측은 이를 거부하고 영주권 문제는 출입국관리령에 의해 결정할 문제라고 반론했다. 또한 한국정부는 강제퇴거 문제와 관련해 영주권자에 대한 강제퇴거는 절대 반대한다는 입장을 취하면서도, '공산분자'의 강제퇴거에는 일부 찬성한다는 의견을 내비쳤다.

예비회담기에 이어 제1차 한일회담기에는 재일조선인 문제를 해결하기에는 양국의 견해차가 너무나 컸다. 그렇지만 한일양국은 소위원

---

25) 예비회담 본회의 제2차회의, 「한일회담 경과 대요(1951.10.22)」(외무부정무과, 앞의 문서철(723.1JA 본 1951 1-10차)), 147쪽.
26) 예비회담 본회의 제8차회의, 「한일회담 경과 대요(1951.11.22)」(외무부정무과, 앞의 문서철(723.1JA 본 1951 1-10차)), 214~217쪽.
27) 「제22차 재일한교 법적지위 분과위원회 경과(1952.1.16)」(외무부정무과, 앞의 문서철(723.1JA 법 1951-1952)), 926~940쪽.

회에서의 활발한 논의 끝에 국적확인 문구[28]에 대한 조정 작업에 들어가게 된다. 일본 측은 '평화조약 발효 후는 일본국적을 상실한다'라는 문구를 제시했고, 한국 측은 '재일한국인은 대한민국 국민이다'라는 주장에서 '대한민국은 재일한인이 대한민국 국민임을 확인한다'[29]라는 문구로 법적지위 분과위원회에서 잠정 합의하고 본회의로 넘겨졌다. 하지만, 일본 측의 역청구권 요구에 대한 한일 간의 대립으로 제1차 회담은 결렬되게 되었고 상기 안건은 심의조차 하지 못한 채 끝나버린다.

한편 1952년 4월 28일 대일평화조약 및 미일안전보장조약이 발효되기 이전에 재일조선인의 국적문제를 해결하고자 했던 일본 측은 제1차 한일회담의 결렬로 인해 한일양국의 합의하에 재일조선인의 국적문제를 해결하지 못하게 되었다. 일본 측은 1952년 4월 19일 일본 법무부 민사甲 제438호 민사국장 통달 '평화조약에 따른 조선인 대만인 등에 관한 국적 및 호적사무의 처리에 관하여'라는 통달을 내려 재일조선인은 일본정부에 의해 일방적으로 일본국적을 이탈하게 되었고, 소위 '법률 126호'로 불리는 임시적인 재류허가를 받게 되었다.

2) 제2차 한일회담기(1953년 4월~1953년 7월)

1953년 제2차 한일회담이 시작되자마자 일본 측은 '국적 및 처우분과위원회'에서 강제퇴거 해당자 460명의 인수를 한국 측에 요구했다.[30] 일본 측의 이러한 요구는 제1차 한일회담의 법적지위 분과위원회에서

---

28) 「제24차 재일한교 법적지위 분과위원회 경과(1952.1.24)」(외무부정무과, 앞의 문서철(723.1JA 법 1951-1952)), 949~961쪽.
29) 「제36차 재일한교 법적지위 분과위원회 경과(1952.4.1)」(외무부정무과, 앞의 문서철(723.1JA 법 1951-1952)), 1083쪽.
30) 「제1차 재일한교 국적 및 처우 분과위원회 경과 보고의 건(1953.5.13)」(외무부정무과, 「제2차 한일회담 (1953.4.15~7.23) 국적 및 처우분과위원회 회의록, 제1-6차, 1953, 5.13~6.19」(723.1JA 국 1953.5 1-6차)), 786쪽.

잠정 합의된 '재일한인을 대한민국 국민이라고 확인[31]'한다는 내용과 강제퇴거가 '주권국가의 당연한 권리'라는 인식에서 나온 요구였다. 하지만 한국정부는 '해당자의 국적이 미확정 상태'에 있다는 점과, '협정 성립 전에 발생'했다는 점, '퇴거처분에 관하여 사전 협의가 없었다'는 점을 들어 이들의 인수를 전면 거부했다. 한국 측의 행동은 한일회담이 시작되기 이전부터 재일조선인은 이미 한국국적 보유자이기 때문에 일본 측이 한국국적임을 확인하는 절차만 남았다는 입장과는 모순되는 행동이었다. 하지만 한국 측이 이 시점에서 강제퇴거 해당자를 인수하지 않은 것은 그 근간에 앞으로의 회담과정에서 재일조선인이 일본에서 안정적 거주권을 확보해야 한다는 기본방침이 어느 정도 영향을 미치고 있었다고 생각된다.

제2차 한일회담기에서도 역시 재일조선인의 국적문제가 주로 논의되었다. 일본 측은 '재한주민에 관한 국적은 규정하지 않고 재일한인에 한하여서만 그 국적을 규정함은 적당하지 않다'며 한국 측이 조약에 명시하고 싶다면 '부속교환공문에 규정'할 것을 제안했지만, 한국 측은 이에 반대하고, '조약에 명정[明定]·명시'할 것을 주장했다. 이는 재일조선인이 '일반 국제법상의 원칙인 국적선택제도와 다른 협정에 의하여 국적을 결정하게 됨으로 명정함이 필요'하다는 이유에서였다.[32]

그 밖에 재일조선인 빈곤자의 보호문제[33]가 논의되었는데, 일본정부는 '무기한으로 원호장치를 계속하기 곤란'하니 한국 측이 보호책임을 이어받을 것을 요구했다. 한국 측은 재일조선인 문제는 식민지기 일본의 강제동원에 원인이 있다고 지적하고 일본 측의 계속적인 지원

---

31) 「제2차 한일회담 국적처우 분과위원회 보고에 관한의 건(1953.5.22)」(외무부정무과, 앞의 문서철(723.1JA 국 1953.5 1-6차)), 802쪽.
32) 「제1차 재일한교 국적 및 처우 분과위원회 경과 보고의 건(1953.5.13)」(외무부정무과, 앞의 문서철(723.1JA 국 1953.5 1-6차)), 789쪽.
33) 위의 문서, 788쪽.

을 요청했다. 또한 '해외동포는 원래 해외에서 돈을 벌어서 그 본국에 송금함으로써 본국을 원호하는 것이 통례임으로 한국 국내에는 국내 빈곤자의 원호우선을 주장하는 반대론이 있는 상태'[34]라는 한국 내 상황을 설명하고, 한국 측으로서는 '일본 측의 성의에 의하여 원호장치를 취함을 기대할 수 밖에 없다'고 말했다. 다소 무책임한 발언이지만 한국전쟁 중인 한국정부의 현실을 솔직히 토로한 것으로 볼 수도 있을 것이다.

제2차 한일회담은 한국전쟁의 휴전이 성립하고 제네바 회의의 개최가 결정되는 등, 이를 계기로 잠정 휴회에 들어갔다.

3) 제3차 한일회담기(1953년 10월~1953년 10월)

1953년 10월 6일 시작된 제3차 한일회담은 일본 측 수석대표 구보다 간이치로의 '일본의 과거의 한국통치가 한민족에 은혜를 주었다[35]'는 발언으로 파국을 맞이하게 되었고, '국적 및 처우 분과위원회'의 회의는 단한 차례로 끝나버렸다. 구보다 발언은 이후 4년 반에 걸쳐 한일회담이 중단될 정도로 그 여파는 상당히 컸다. 양국에서는 "인질외교"라 불릴 정도로 한국 측은 평화선을 침범한 일본어선과 어부들을 나포했고, 일본 측은 밀입국자에 대한 단속 및 불법체류자에 대한 검색을 강화하여 한국의 부산수용소와 일본의 오무라(大村)수용소는 초만원 상태였다.[36]

제3차 한일회담기에는 2차 한일회담기에 이어 재일조선인 빈곤자에

---

34) 「제4차 재일한교 국적 및 처우 분과회의에 관한 보고의 건(1953.6.5)」(외무부정무과, 앞의 문서철(723.1JA 국 1953.5 1-6차)), 828쪽.

35) 「한일회담 제3차회담 경과 보고(1953.10.20)」(외무부정무과, 「제3차 한일회담(1953. 10.6~21) 본회의 회의록 및 1-3차 한일회담 결렬경위, 1953.10-12」(723.1JA 본 1953.10)), 1282쪽.

36) 김동조, 『회상30년 한일회담』, 중앙일보사, 1986, 85~90쪽.

대한 보호문제[37]에 대한 논의가 있었다. 일본 측은 재일조선인에 대해 '인도주의적 입장에 의하여 보호'하고 있지만, '그러한 보호장치를 무제한으로 계속하기 곤란하므로 한국 측이 보호책임을 인계하여 주기를 바란다'며 앞선 회담의 요구를 되풀이했고, 한국정부 역시 '한국휴전이 성립된 지 얼마 안되고 현재 국내에는 이재민이 허다하므로 현 단계에 있어서는 재일빈곤자까지 원호하기가 대단히 곤란한 상태'에 있다며, '물론 자기국민임으로 앞으로도 보호하여야 할 입장'에 있지만, '한국 부흥 계획도 미확정이므로 일본 측의 원호를 계속할 것을 기대'한다는 소극적인 자세를 취했다.

4) 제4차 한일회담기(1958년 4월~1960년 4월)

구보다 발언 이후, 한일관계는 냉각기에 들어섰지만, 북일관계는 새로운 국면을 맞이하게 되었다. 일본 국내 정치는 1954년 12월 7일 요시다 내각이 총사직하고, 같은 해 12월 민주당 하토야마 이치로[鳩山一郎] 내각이 성립한다. 하토야마 내각은 헌법개정, 재군비 및 자주외교, 중·소와의 관계개선을 내세웠다. 또한 1955년 2월에 실시된 총선거에서는 소위 혁신4당(좌[左]사회당[社会党], 우[右]사회당[社会党], 농로당[農労党], 공산당[共産党])이 전의석의 1/3을 넘는 162석을 확보했다. 하토야마 내각은 중·소와의 국교회복을 위해 노력했으며, 1955년 6월, 영국 런던에서 일·소교섭이 시작된다. 이러한 분위기 속에서 남일 북한외상은 일본과의 교류증진을 촉구하는 성명을 발표(1955년 2월 25일)하고, 해방 후 처음으로 일본국회의원들의 방북이 이루어지게 된다. 또한

---

37) 「한일회담 제1차 국적 및 처우 분과위원회호의에 관한 보고의 건(1953.10.10)」(외무부정무과, 「제3차 한일회담(1953.10.6.-21) 국적 및 처우분과위원회 회의록, 제1차 1953.10.10」(723.1JA 국 1953.10 1차)), 1226~1240쪽.

표면적으로는 양국의 적십자사를 통해 재일조선인의 귀국문제를 둘러싼 협의가 실시되고, 일본 미디어들이 '지상의 낙원'이라 선전하던 북한으로의 귀국이 실현되기에 이른다. 북한으로의 재일조선인의 귀국을 막으려던 한국정부는 서둘러 한일회담을 재개했다. 하지만, 한국정부는 '북송저지'를 주목적으로 회담에 임했고, 회담은 고착상태에 빠지게 되었으며, 1960년 4·19혁명에 의해 중단되게 되었다.

이 시기 '재일한인 법적지위위원회'에서의 논의는 재일조선인의 귀국사업을 다분히 의식하면서 논의되었다. 회담개시와 더불어 일본 측은 재일조선인의 법적지위 문제와 관련해 첫째, 국내문제에 개입하지 말 것, 둘째 타국의 사법권을 존중할 것, 셋째 재일한국인의 역사적 배경을 고려할 것이라는 3대원칙을 제시했다.38) 이는 북한과의 '귀국사업'을 진행함에 있어 그것이 국내문제라고 선을 그은 것이며, 영주권 및 강제퇴거 문제가 자국의 사법권 행사에 해당하므로 이를 존중해 줄 것을 요구한 것으로 볼 수 있다. 한국 측은 일본 측이 제시한 3대원칙이 재일조선인의 추방에 초점이 맞추어져 있다고 파악했다.39)

제4차 한일회담기에 들어서면서 재일조선인 문제는 이전과는 달리 보다 구체적인 논의가 진행되지만, 양국의 견해 차이 역시 뚜렷했다. 영주권 문제와 관련해서는 한국 측이 재일조선인의 자손도 재일조선인의 범주에 넣을 것을 주장했지만, 일본 측은 특수한 지위 및 처우는 인정할 수 없다며 대립했다.40) 또한 강제퇴거 문제에 있어서도 한국

---

38) 「재일한인의 법적지위위원회 제2차 회의요록(1958.5.26)」(외무부정무과,「제4차 한·일회담(1958.4.15~60.4.19) 재일한인의 법적지위위원회 회의록, 1-22차, 1958.5.19.~59.11.2」(723.1JA 법 1958-59 1-22차)), 864쪽.

39) 「8개월에 걸친 제4차 한일회담 협상에 관한 고찰(1959.1.14)」(외무부정무과,「제4차 한·일회담 본회의 회의 록, 제1-15차, 1958.4.15~60.4.15」(723.1JA 본 1958-60. 1-15차)), 88~97쪽.

40) 「8개월에 걸친 제4차 한일회담 협상에 관한 고찰(1959.1.14)」(외무부정무과, 앞의 문서철(723.1JA 본 1958-60. 1-15차)), 88~97쪽.

측이 양국의 협의에 의한 강제퇴거가 아니면 영주권의 의미가 없음을 주장했다. 이에 일본 측은 추방권을 보유한 조건하에서만 영주권의 부여가 가능하다는 상반된 주장을 펼쳤다.[41]

앞서 언급했듯이 제4차 한일회담은 북한으로의 귀국사업을 막으려는 의도가 상당히 강했는데, 한국정부는 일본정부가 재일조선인들에게 재정착을 위한 보상을 지급한다면, 재일조선인들이 한국으로 귀환하는 것을 장려하겠다고 제안했다.[42] 이 제안은 다분히 귀국사업을 저지하기 위한 궁여지책으로 나온 것이었다.[43] 이에 대해 일본 측은 긍정적인 반응을 보였다. 재정착금에 대한 뚜렷한 언급은 없었지만 대량송환의 경우에는 항만, 숙사, 음식, 의약품 등을 제공할 의향이 있음을 밝혔고, 송금 및 재산반출에 있어서는 호의적으로 고려한다는 입장을 밝혔다.[44] 하지만 이후 이렇다 할 진전은 보이지 않았고 회담은 중단되어 버린다.

5) 제5차 한일회담기(1960년 10월~1961년 5월)

1960년 8월 새롭게 등장한 민주당 장면 정권은 이승만 정권과는 달리 북한으로의 귀국사업을 가급적 문제시하지 않고 적극적으로 대일

---

41) 「재일한인의 법적지위위원회 제13차 회의요록(1958.11.28)」(외무부정무과, 앞의 문서철(723.1 JA 법 1958-59 1-22차)), 968~980쪽.
42) 「재일한인의 법적지위위원회 제18차 회의요록(1959.9.15)」(외무부정무과, 앞의 문서철(723.1JA 법 1958-59 1-22차)), 1018~1024쪽.
43) 이현진에 의하면 한국정부가 제안한 한국에로의 귀한에 관한 건은 '북송저지를 위한 하나의 제안에 불과'했으며, '한국정부 관료들은 재일한인들의 정치적 성향을 의심하고 있었고, 애초부터 재일한인들의 수용을 받아들일 의사가 없었다'고 지적하고 있다(「한일회담 외교문서를 통해서 본 재일한국인의 북한 송환」, 국민대일본학연구소 편, 『일본공간』 Vol.4, 2008.11, 227쪽).
44) 「재일한인의 법적지위위원회 제21차 회의요록(1959.10.29)」(외무부정무과, 앞의 문서철(723.1JA 법 1958-59 1-22차)), 1040~1051쪽.

외교를 전개해 나갔다. 당시 일본 수상이었던 이케다 하야토[池田勇人]는 한국 내 신정권 수립에 경축사절단을 보내기로 하고, 한국정부 역시 이를 받아 들여 해방 후 처음으로 일본 공식사절단의 방한이 실현되었다. 이를 하나의 계기로 양국은 1960년 10월 하순부터 제5차 한일회담을 개최할 것에 합의한다. 하지만 제 5차 한일회담은 1961년 한국 내 군사쿠데타로 인해 회담이 중단될 때까지 한 번도 본회담은 개최하지 못하고 소위원회에서 각각의 현안만을 논의했을 뿐이다.

앞선 회담에서처럼 국적확인 문제에 대해 일본 측은 여전히 필요 없다는 입장이었으며, 한국 측은 대한민국 국적임을 확인한다는 입장을 굽히지 않았다. 영주권문제[45]와 관련해서는 한국 측이 '영주권 부여 대상자의 확대'를 요구했다. 1945년 8월 9일 이전부터 일본에 거주하는 본인 · 배우자 · 자손까지 제한 없는 영주권의 부여를 요구한 것이었지만, 일본 측은 이에 대해 반대의 입장을 내세워 '자손의 안정적 거주를 위해 귀화를 고려'한다는 발언을 했다. '법적지위 소위원회'에서 '귀화'라는 단어가 등장한 것은 이때가 처음인 것으로 보이는데, 한국 측은 확실한 반대의사를 밝혔다. 일본 측은 자손들까지 무제한으로 영주권을 부여하는 것은 일본 국내법상 곤란하지만, 차선책으로 '사실상의 영주권 부여 방법을 연구 중'이라고 언급했다. 여기서 한국 측은 영주권 부여 대상자를 1945년 8월 9일 이전을 기점으로 생각하고 있었지만, 일본 측은 영주권 부여는 강화조약 발효를 전후한 시기로 생각하고 있었으며, 그 이후의 출생자에 대해서는 영주권 부여에서 제외한다는 입장이었다.

강제퇴거 문제에 있어서는 한국 측이 '영주권 해당자는 완전배제'[46]

---

45) 「재일한인의 법적지위에 관한 위원회 제2차 회의 회의록(1960.11.14)」(외무부정무국, 앞의 문서철(723.1JA 법 1960-61)), 15~24쪽.
46) 「외무부장관이 수석대표에게 보내는 전문(1960.12.8)」(외무부정무국, 앞의 문서철(723.1JA 법 1960-61)), 141~142쪽.

할 것을 주장한데 반해, 일본 측은 '일본국법령을 협정에 명문화하지 않는 것은 곤란'하다며, '실시면에 있어서는 폭력으로 국가 전복을 기도한 자, 양국 간의 친선을 명백히 방해하는 행위를 하는 자 등 이외는 강제퇴거하지 않겠다'는 뜻을 내비쳤다.[47]

그 밖에 재일조선인의 처우문제에 관해서도 논의가 있었다. 한국 측은 영주권자에 대해 참정권을 제외한 모든 면에서 '내국민 대우'를 해 줄 것을 요구했지만, 일본 측은 교육문제에 있어서는 차별하지 않을 것이며, '생활보호자는 당분간은 현상유지'할 것임을 밝혔다. 일본정부가 교육문제에 있어 차별하지 않겠다는 것은 민족교육을 허가하겠다는 의미는 아니며, 재일조선인 자손이 일본학교에 입학하는 것을 제한하지 않겠다는 뜻이다.

이 시기 새롭게 출발한 한국정부는 경제부양을 위해 외자투입촉진법 등을 제정하게 되는데, 이와 관련하여 1960년 10월 18일 재외동포의 재산 반입을 허가한다는 담화를 발표한다. 담화문의 발표 후 한국 측 회담 담당자들은 일본 측에 재일조선인이 한국에 귀국할 때에는 반출재산에 대한 무과세와 생활보호자가 귀국을 원할 경우 재정착금으로 세대당 2천 달러를 지급해 줄 것을 요구한다. 이러한 한국 측의 제안에 일본 측은 원칙적으로 전 재산의 반출을 인정한다는 견해를 밝혔지만, 재정착금과 관련한 논의는 찾아볼 수 없다.

제5차 한일회담기에는 재일조선인 문제에 대한 내용이 상당히 구체적으로 논의되고 있었지만, 한국에서 일어난 군사쿠데타로 인해 회담은 중지되고, 이후 제6, 7차 한일회담은 쿠데타로 권력을 잡은 박정희 정권 아래에서 이루어지게 된다.

---

[47] 「수석대표가 외무부장관에 보내는 전문(1960.12.15)」(외무부정무국, 앞의 문서철 (723.1JA 법 1960-61)), 144~145쪽.

6) 제6차 한일회담기(1961년 10월~1964년 4월)

군사정권이 대일외교에 상당히 적극적이었음은 앞서 논했는데, 이처럼 한국 측의 적극적인 접근에 의해 1961년 8월 7일, 한일회담의 재개가 결정되었고, 동년 10월 20일, 제6차 한일회담이 시작되었다.

제4차 한일회담기부터 한국 측은 재일조선인의 영주권 부여 범위의 확대를 요구했지만, 제6차 한일회담기에 들어서 한국 측은 '재일교포의 자손에 대하여 일정한 시기를 정하고 그 전에 출생한 자에 한하여서만 영주권을 주는 것은 인도적인 견지에서 안 될 뿐만 아니라 그들에게 불안감을 준다'고 밝혔다. 하지만 뒤이어 '그 자손에게 영원히 영주권을 주는 것도 일본으로서는 어려울 것이니 협정체결 후의 상당한 기간까지 출생한 자손에는 영주권을 주고, 그 후에 출생한 자손에 대하여는 그 당시에 가서 영주권 부여 문제를 재검토'할 것을 제의한다.[48] 한국 측의 이러한 제의는 이전 정권들과는 확연히 다른 주장으로 한국 측이 스스로 영주권 부여대상의 한정을 밝힌 것이다. 한국 측의 이러한 주장에 일본 측은 긍정적으로 검토할 것임을 밝힌다. 한국 측은 한 발 나아가 '영주권부여 문제에 대한 대안으로서 해당 한인에게 집단귀화권을 인정'[49]하게 한다는 안마저 상정하고 있었고, 실제로 회담 안에서 '집단귀화권'을 요구하고 명문화마저 시도하려 했다.[50]

한국 측의 이러한 요구에 일본 측은, 귀화촉진에 대한 한국 측의 동조를 요구하며, 강화조약 발효일(1952년 4월 28일) 이전에 출생한 자에

---

48) 「재일한인 법적지위 제1회 비공식회의 보고(1961.11.7)」(외무부정무과, 「제6차 한 · 일회담 재일한인의 법적지위 관계회의, 1961.10-64.3」(723.1JA 법 1961.10-64.3)), 13쪽.
49) 「한일회담에 있어서의 한일간 제반 현안문제에 대한 정부방침(안)에 관한 건(1961.7.18)」(외무부정무과, 「제6차 한 · 일회담 예비교섭 1961. 전2권(V1. 7-8월)」(723.1JA 예 1961. V1)), 25쪽.
50) 이에 대한 자세한 논의는 이성, 「한일회담으로 보는 박정희정권의 재일동포정책 – 귀화와 영주권을 중심으로」(성균관대학교 수선사학회, 『사림』, 2009)를 참조.

게는 영주권을 부여하고, 그 이후 출생한 자가 성인이 되면 귀화를 할 것인지 일반영주권를 택할 것이지 선택해 정할 것을 주장했다.

제6차 한일회담기에 들어서 이처럼 재일조선인의 귀화문제가 논의되기 시작하는데 한국 측은 '무조건 귀화'를 주장하며, '한인의 2, 3세는 일본에 귀화할 공산이 크기 때문에 그들에게 영주권을 주는 것에 일본 측이 걱정할 필요는 없다'는 주장을 펼친다. 이에 대해 일본 측은 귀화에 있어서는 일본 국적법의 일부적용을 주장하며, '재일한인의 2, 3세는 언젠가 결국 일본인화될 텐데 그 기간이 짧으면 짧을수록 본인들에게 좋다고 생각하기 때문에, 영주권이 너무 특례적인 것이면 일본인화하는 노력이 약화되기 때문에 영주권부여에 적당한 한계를 만들어 쉽게 일본인화될 수 있는 여지를 준비하지 않으면 안 된다'고 주장했다.[51] 이러한 논의들은 재일조선인의 일본거주가 길어지면 길어질수록 그들이 자연적으로 일본에 동화되어 귀화할 것이라는, 나아가 그래야만 한다는 생각이 어느 정도 양국 사이에 공유되어 있었기 때문에 가능했던 것으로 여겨진다.

7) 제7차 한일회담기(1964년 12월~1965년 6월)

1964년 12월 3일, 한국 내 정치혼란과 한일회담 반대운동에 의해 중단되었던 제6차 한일회담으로부터 6개월 만에 제7차 한일회담이 열리게 되었다. 이미 1962년 '김·오히라 회담'에 의해 한일회담 최대의 난관이었던 '청구권 문제'에 대한 해결의 물꼬가 트여 타결을 향해 급속도로 진전되고 있었다. 제7차 한일회담의 초점은 기본관계문서의 작성[52]이었으며, 1965년 2월 20일 시이나 일본외상과 이동원 외무장관 사

---

51) 「제20차 회의 요록(1963.4.2)」(외무부정무과, 앞의 문서철(723.1JA 법 1961.10-64.3)), 198~201쪽.

이에서 기본조약의 가조인이 행해졌다.

제7차 한일회담기에 한국 측은 제6차 한일회담기에 제시한 귀화문제와 관련해 이 문제가 표면상으로 드러나는 것을 꺼려했다. 영주권자의 각종 권리 등을 논의하는 가운데 일본 측이 '한국 측이 주장하는 바대로 해준다는 것은 어려운 것이고 그렇다면 일본인으로 귀화하는 것이 좋지 않겠는가?'라는 발언에 대해, 한국 측은 '우리 교포, 특히 1세는 민족의식이 강하고 2세 이후에 가서 선택에 따라 귀화하는 경우가 있어도 우리가 협정으로 귀화를 강요하는 인상을 주어서는 안 된다고 본다'고 대답했다.[53] 한국 측의 이러한 발언은 민단계 재일조선인들의 반발에서 그 이유를 찾을 수 있을 것이다. 1963년 5월부터 다음해 7월까지 민단은 김금석 단장을 중심으로 법적지위요구관철운동이 활발히 펼쳐졌으며, 민단 산하 재일본한국청년동맹 및 재일본한국학생동맹에 의한 반대운동도 활발했다. 특히 1964년 2월 14일, 히비야 공회당에서 열린 '법적지위 요구관철 민중대회'에서는 한국 측 대표의 일본퇴거를 요구하고 대일교섭반대를 요구하는 등 대규모 데모행진까지 벌였다.

국적확인 문제에 관해 '다년간 일본국에 거주하고 있는 대한민국 국민'이라는 문구로 합의를 본 한일 양국은, 영주권 문제에 있어서는 '협정의 효력발생일로부터 5년 이내에 영주허가의 신청'을 한 자로 한정해 영주허가를 인정하며, 그 대상으로는 ①1945년 8월 15일 이전부터 신청 시까지 계속하여 일본국에 거주하고 있는 자, ②①에 해당하는 자의 직계비속으로서 1945년 8월 16일 이후 본 협정의 효력발생일로부터 5년 이내에 일본국에서 출생하고, 그 후 신청 시까지 계속하여 일본

52) 이원덕, 「한일협정의 경과」, 민족문제연구소, 『한일협정을 다시 본다-30주년을 맞이하여』, 아세아문화사, 1995, 85쪽.

53) 「제4차 회의 외의록(1964.12.26.)」(외무부정무과 「제7차 한일회담 법적지위위원회 회의록 및 훈령, 1964-65. 전2권(V1. 제1-24차, 1964.12.7~65.4.16)」(723.1JA 법 1964-65 V.1)), 31~37쪽.

국에 거주하고 있는 자로 한정하며, '협정의 효력발생일로부터 25년이 경과할 때까지는 협의를 행함에 동의한다'고 합의했다.

강제퇴거 문제와 관련해서는 ①내란에 관한 죄 또는 외환에 관한 죄로 금고 이상의 형에 처하여진 자, ②일본국의 외교상 중대한 이익을 해한 자, ③마약류의 취체[取締]에 관한 일본국의 법령에 위반하여 무기 또는 3년 이상의 징역 또는 금고에 처하여진 자, 또는, 마약류의 취체에 관한 일본국의 법령을 위반하여 3회 이상 형에 처하여진 자, ④일본국의 법령에 위반하여 무기 또는 7년을 초과하는 징역 또는 금고에 처하여진 자로 합의하고, 재일조선인의 처우문제는 교육, 생활보호 및 국민건강보험 및 대한민국으로 귀국하는 경우의 재산의 휴대 및 자금의 대한민국에의 송금에 관한 사항에 관해서는 '타당한 고려'를 한다는 선에서 합의를 이루게 되었다.

3. 한일회담 담당자들의 재일조선인 인식

이승만은 재일조선인 문제에 그다지 관심이 없었던 것으로 보인다. 김태기는 이승만이 '법적지위 문제에 대해 적극적인 관심을 보이지 않았다'며, '재일조선인은 한국정부의 수립에 의해 자기들의 국제적인 지위가 명확해지고, 더욱 향상 될 것이라고 기대했지만, 재일조선인의 법적지위와 생활 문제는 이대통령의 안중에는 없었다'고 지적한다. 또한 이승만이 '방일 중에 그것(재일조선인들의 법적지위 문제)에 관한 자기의 생각을 재일조선인들 앞에 내비친 적도 없었다. 그가 재일조선인에게 관심을 갖고 있던 것은 재일조선인 사회에서 공산주의자를 배척하는 것뿐이었던 것'이라고 비판한다. 54) 확실히 이승만의 첫 번째 방일

---

54) 金太基, 『戦後日本政治と在日朝鮮人問題』, 勁草書房, 1997, 508쪽.

에 민단계 동포들은 환영행사를 준비했지만 이승만은 모습을 보이지 않았다. 두 번째 방일 중엔 민단계 동포의 환영행사에 참석하여 연설도 했지만, 과거 식민지배와 일본정부에 대한 비난뿐이었고, 재일조선인에 대한 그의 생각은 전혀 내비치지 않았다.

박진희는 이승만 정권이 박정권보다 상대적으로 한일관계에 소극적이었던 이유를, '이승만이 "반일주의자"였기 때문이 아니라 관계개선의 필요성이 절실하지 않았기 때문이라고 보는 것이 정확하다'[55]는 지적을 하는데, 대일관계 개선의 불필요성과 재일조선인이 공산주의자라는 인식이 재일조선인 문제에 대한 무관심으로 이어졌을 가능성도 크다.

한편, 한일회담에 참석한 한국 측 대표들 사이에서도 재일조선인에 대한 인식은 지극히 냉전적 이데올로기에 입각한 부정적 이미지였다. 예를 들어 제4차 한일회담 대표단의 사전협의 회의록[56]의 일부를 인용해 보겠다.

유진오 대표	… 보상을 주면 재일한인은 대체로 받겠다는 요사이 정부의 입장이 사실이라면 찬성할 수 없다.
장경근 대표	동감이다. 그 사람들을 다 받아오면 그 속에 별별 사람이 다 있을 텐데 그 성분을 우리가 알 도리도 없고 내년 선거에도 많은 방해가 될 것 같다.
허정 대표	사실 빨갱이들을 남한에 데려오면 우리 손해다. 제1차 한일회담 때에도 자기는 일본이 안들을 것이지만 재일한인들에게 국적선택의 자유를 주는 것이 좋을 것이라고 생각을 하였는데 지금이라도 우리가 할 수 있다면 국적선택의 자유를 주는 것이 좋을 것이다.

---

55) 박진희,『한일회담 제1공화국의 대일정책과 한일회담 전개과정』, 선인, 2008, 329쪽.
56) 「제4차 한일회담 대표단 사전협의회」(외무부정무과,「재일한인 북한송환 및 한·일양국 억류자 상호 석방 관계철, 1955-60(V2. 재일한인 북한송환, 1959.1-8)」 (723.1JA 북 1955-60 V.2)), 271~272쪽.

유진오 대표	제1차 한일회담 당시 그런 의견이 있긴 하였으나 이 박사께서 한인은 절대로 일인이 된 일이 없다고 주장 하시니까 이 주장으로서는 선택자유란 결론이 도저 히 나올 수가 없다.(장경근 대표 동감을 표시하다) 보 상을 주면 다 받아온다는 것은 극히 위험한 일이다. 그러나 여하튼 우리도 대안을 내놓아야 할 것이다.(장 경근 대표 동감 표시하다)
이호 대표	재일한인에게 우리가 어떻게 해서든지 일본국적을 갖게 하든가 그렇지 않으면 영주권을 갖게 하든가 해 야지 이리로 데리고 온다는 것은 말도 안 된다. 이 이 야기를 재일한인들이 알면 일본에서 내쫓기는 줄 알 고 야단이 날 것이다. …

위의 내용은 북한행 귀국사업을 저지하기 위해 한국정부가 궁여지 책으로 내세웠던 재일조선인의 한국송환 제의에 대한 대표단의 의견 들이다. 공산주의자들의 국내 유입 가능성에 대한 우려와 그것을 막기 위해서는 어떻게든 일본에 거주시켜야 한다는 대목에서는 그들의 재 일조선인에 대한 레드콤플렉스마저 느껴진다.

재일조선인이 '빨갱이'라는 인식은 1965년 12월 18일, 한일조약 비준 서 교환과 관련한 박정희의 대통령 담화에서도 엿보인다. 담화의 내용 중에는 재일조선인에 관련된 부분이 있는데, '그간 재일교포의 일부가 공산주의자들의 사주를 받아 그 계열에 가담하게 된 것도, 실은 대부분 본국정부가 재일동포를 보다 따뜻이 보다 철저하게 보호하지 못한 책 임'이라며, '일시적인 과오로 조련계에 가담한 동포들이 일체의 전과를 불문에 붙이고 본국정부의 보호하에 돌아올 것을 희망'한다고 밝혔 다.[57] 이는 재일조선인들에게 일종의 전향을 촉구하는 것임은 말할 필

---

[57] 「韓日協定批准書 交換에 즈음한 談話文」, 大統領秘書室, 『朴正熙大統領演說文集 第2輯』, 1966, 426쪽 및 鹿島平和硏究所, 『日本外交主要文書·年表(2)1961-1970』, 原書房, 1984, 630쪽 참조.

요도 없을 것이다.

재일조선인들에 대한 불신 역시 강했던 것으로 보이는데, 민단의 법적지위위원회에의 참가요청과 관련해서도 '한국 측의 사전협의 내용이 일본 측에 누설될 걱정[58]'이 있다며 부정적인 태도를 보이기도 했다. 또한, 1964년 1월부터 약 10개월간 박정희 대통령의 특사자격으로 일본에서 한일회담을 촉진하기 위한 활동을 펼치며 당시 일본 자민당의 실력자들을 두루 만났다던 박태준 역시 '재일동포는 당시 여러 가지 문제도 있고 불신했기에 거의 만나지 않았다'고 회상하고 있다.[59]

한일회담의 최대 난관이었던 청구권 문제를 해결했던 김종필은 박정희 정권의 핵심 인물 중 한 사람으로 한일조약이 체결된 후의 한일관계에서도 중요한 역할을 했음은 두말할 필요도 없을 것이다. 1980년 일본잡지 『쇼군』의 '일본과 한국 내일을 위해서[60]'라는 특집호에서 다음과 같은 이야기를 하는데, 그 내용은 놀랍고도 노골적이기까지 했다. 그는 재일조선인 1세들은 '자기 의사로 일본에 간 사람은 극히 일부에 지나지 않을 뿐더러, 거의 모든 사람들은 징병, 징용에 의해 강제적으로 끌려 온 것'이라며, '돌아가고 싶어도 고향의 토지는 일본에 빼앗겼'으며, 그들은 '갖은 박해와 차별을 참아내고' 살아왔고, '정말 고생했다'고 말한다. 그렇기 때문에 재일조선인 1세들은 '일본사회에 그리 간단히 융화 될 수 없는 것도 무리는 아니다'고 말한다. 그러나 이어진 2세, 3세들에 대한 발언 내용은 당시 일부 한국정치인들의 재일조선인 인식을 보여주는 일례이다.

---

58) 「한일회담 한국측 자문위 설치에 관한 재일동포여론」(외무부정무과, 「제6차 한일회담 예비교섭 대표단 임명관계, 1961-1964」(723.1 JA 대 1961-64)), 196쪽.

59) 이원덕, 「오럴히스토리: 박태준 인터뷰 한일회담 타결 전야, 박정희의 특명받아 일본 잠행한 박태준 특사」, 국민대학교 일본학연구소 편, 『일본공간』 Vol.1, 2007.5. 272~295쪽.

60) 金鍾泌, 「(日本と韓国・あしたのために〈特集〉)思い出すこと 言いたいこと」, 『諸君』, 文藝春秋, 1980.4, 22~37쪽.

문제는 일본에서 태어나 일본에서 자란, 일본어를 말하는 2세, 3세들입니다. 언젠가는 한국에 돌아가 한국에서 살고 싶다고 생각하고 있다면 별개지만, 죽을 때까지 일본에서 살고, 일본에 뼈를 묻는다는 결심이 서 있다면, 지금의 삶은 어중간한 것으로 본인들을 위해서라도, 일본을 위해서라도 아주 불행한 것이라고 생각합니다. 굳이 말하자면, 이제 완전히 일본인이 되라고, 일본에서 태어난 아이들은 일본 시민으로써 살아갈 수 있도록 그렇게 키우기 바란다고 저는 생각합니다.

소설가 김석범은 한국의 정치가가 재일조선인으로써 어떻게 살아갈 것인가를 모색하는 젊은 세대들에게 어떻게 힘이 되어주고, 어떻게 후원해 줄 수 있는지를 생각하는 것이 본래의 도리인데, 그것을 '뻔뻔하게 어중간한 삶'이라고 잘라 말하고, 적극적으로 귀화를 권하는, 마치 일본정부의 정책에 맞장구를 치는 듯한 발언을 할 필요는 없을 것'이라고 비판한다.[61] 김종필의 이러한 발언은 앞서 살펴보았듯이 제6차 한일회담기 이후 등장한 귀화를 염두에 둔 한국정부의 논의와 일맥상통하는 것이다.

4. 기민의 가시화와 자각화

일반적으로 재일조선인들은 한국정부의 재일조선인 정책을 '기민정책[棄民政策]'이라고 말한다. 사전적 의미로서 기민은 국가로부터 버려져 국가 등의 보호하에 없는 사람들을 가리키는데, 세계 어느 국가도 재외국민에 대한 정책으로 기민정책을 내세우는 국가는 없을 것이다. 한국정부 역시 재외국민에 대한 정책을 기민정책이라 표방한 적은 없다. 하지만 문제는 당사자로서 그리고 동시대를 살아 온 재일조선인들이 본인들의 놓인 상황에 대해 스스로 기민이라 느끼고

---

61) 金石範, 『「在日」の思想』, 筑摩書房, 89~90쪽.

있었다는 점에 있다.

　민단 중앙의 주요 요직을 맡았던 정철은 각종 강연회 등에서의 연설을 묶은 그의 저서[62]에서 재일조선인들의 입장이 '해방 이후 실질적으로 본국정부에서 버려진 꼴'이라고 말한다. 한일회담이 진행되던 14년간 재일조선인들에게는 기민이란 두 글자가 서서히 각인되기 시작했던 것은 아닐까?

　한일조약이 체결된 이후 기민이란 단어는 개개인의 의식에서 벗어나 집단의 공유된 의식으로 발전하며, 한국정부의 기민정책적 본질을 한일회담의 법적지위협정에서 찾는다.

　도쿄 도내 5개 대학의 한국문화연구회가 공동 편찬한 『한국시사문제연구자료』의 일부를 인용해 본다.

　　지난 65년 봄, '한일회담'을 둘러싼 조야의 분규 속에서, '회담'의 반민족성, 반국민성이 지탄받고, '법적지위협정'에 대해서도 '기민정책'적 본질이 논란의 핵심이었다. '회담'의 매국적 내용과 반민족적 성격을 규탄하면서, '정부는 "법적지위협정"으로 "경제원조" 3억 달러 획득을 위한 거래의 재료로써 60만 동포의 생살여탈권[生殺與奪權]을 일본에 팔아버렸다'는 절규의 소용돌이 속에서 재일한국청년학생들에 의한 한일회담 반대투쟁은 격렬히 고조되었고, 일경[日警]의 탄압에 의해 수십 명의 선배들이 혹은 체포, 투옥되고, 혹은 부상당한 기억이 지금도 생생하다.[63]

　1975년 한청 중앙이론 기관지 『선구』의 창간호에서는, 한청 제4강령 '우리들은 재일한국청년의 민족의식을 높여 재일거류민의 권익옹호를 위해 전력을 다한다'라는 항목에 대해 다음과 같이 설명하고 있다.

---

[62]　鄭哲, 『民團－在日韓国人の民族運動』, 洋々社, 1967, 254쪽.
[63]　在東京五大学・韓文研共同編纂, 『韓国時事問題研究資料』, 1967, 57쪽.

일본에 거주하는 재일 60만 한국인은, 일본정부에 의한 민족 억압과 동화의 차별정책, 게다가 역으로는 민족배외, 추방정책에 의한 제반의 민족적 권익 혹은 기본적 인권조차도 박탈 억압받고 있다. 더욱이 본국 정부에 의한 기민정책에 대해 우리들 재일한국인은 스스로, 스스로의 권인옹호를 위해 단결하고, 궐기하지 않으면 안 된다는 민족적 입장, 금일 [今日]적 입장이 존재한다. …중략… 본국의 박정권은 '재일한국인은 머지않아 일본에 귀화할 운명에 있다'며 해외국민을 버려버리는 정책을 처음부터 명확히 하면서 더욱이 그 범주에 있어서는 '집권자가 하라는 대로 하는 충실한 자만이 우리의 해외공민'이라는 틀을 명확히 내세우고 있다.[64]

위의 설명과 같이 본국 정부의 기민정책으로 인해 자기 스스로의 권익옹호를 위해서는 단결, 궐기해야 한다며 하나의 운동의 논리로서 기능하고 있음을 알 수 있다.

재일조선인들이 이처럼 자기 자신들이 처한 상황을 기민이라고 인식하게 된 것은 지금까지 살펴본 14년간의 한일회담 과정에서도 그 답을 찾을 수 있을 것이다. 재일조선인 문제의 논의 속에서 박정희 정권 이전과 이후의 교섭은 큰 차이가 있었음을 알 수 있었다. 가장 뚜렷하게 드러난 것은 '영주권 부여 문제와 강제퇴거 문제'였다. 박정권 이전의 교섭에서 한국 측은 무조건 영주권 부여를 주장해왔고, 제4차 한일회담기부터는 무조건 영주권 부여 대상자의 확대를 주장해왔다. 제5차 한일회담기에는 일본 측의 귀화를 고려한다는 발언도 있었지만, 이에 대해 명확한 거부 의사를 밝혔다. 하지만 박정권하에서는 스스로 영주권의 제한과 집단귀화권을 제안하기에 이르렀다. 강제퇴거문제에 있어서도 박정권 이전에는 강제퇴거의 절대불가 혹은 영주권자의 완전 배제를 주장해왔지만, 결과적으로 강제퇴거의 물꼬는 트여졌다.

---

[64] 在日韓国青年同盟中央理論機関紙, 『선구』, 創刊号, 1975, 12~13쪽.

앞서 이승만이 재일조선인 문제에 있어 상당히 무관심했음을 논했는데, 이러한 무관심은 알게 모르게 재일조선인을 기민적 상황에 빠뜨렸다. 이를 '무자각적 기민'이라 한다면, 박정권하에서의 기민의 성질은 자각된 기민 즉, '자각적인 기민'이라고 정의내릴 수 있지 않을까 생각한다.[65] 이는 박정권하에서의 재일조선인 논의가 장래 재일조선인은 일본에 동화되어 자연적으로 소멸되어 갈 것이라는 인식이 전제되어 있고, 그 전제 위에서 논의가 전개되고 있었다는 점에서 그렇다. 박정권이 내세운 '조국근대화'란 쿠데타의 명분이기도 했는데, 이를 위해선 일본과의 국교정상화를 통한 외자도입이 가장 시급했으며, 이를 얻어오기 위해선 무언가 내어주어야 했다. 박정권하에서 영주권 논의가 급변한 것은 재일조선인 문제가 부차적인 것으로 인식되었고, 회담을 성사시키기 위한 거래의 대상으로서 인식되었기 때문일 것이다.

국가 간에 국교를 갖게 되면 상대국에 거주한 자국민에 대한 국가의 실효성이 높아지기 마련이다. 김영달[66]은 국가의 실효성 문제와 관련해 그 국가의 국민이라는 것에 의한 권리, 의무가 실제로 기능하고 있는가 없는가의 문제로 설명한다. 이 국가의 실효성이란 측면에서 보면 한국정부가 일본과 국교를 맺게 됨으로 인해 국교수립 이전과 비교하면 재일조선인에 대한 한국정부의 실효성은 보다 증대하게 된다. 하지만 국교수립이 이후 재일조선인들은 의무는 강요받지만, 권리는 찾을 수 없게 된다. 박정희식 조국통일, 근대화에 협력하지 않는 재일조선인은 철저하게 배제되었고, 그러한 배제는 반공 이데올로기 앞에서 정당화되었다. 노기영[67]의 지적대로 이승만 정권의 '무위무책의 재일한국

---

65) "무자각적인 기민"과 "자각적인 기민"이란 두 용어는 아직 시론적 성격에 멈춰있다. 여기에서는 한일회담 14년이란 교섭과정이 재일조선인의 입장에서 과연 어떠한 의미를 갖는지 위의 두 용어로 정리해 봤지만, 보다 체계적인 용어의 정의는 앞으로의 과제로 삼고자 한다.

66) 金英達, 『金英達著作集Ⅲ 在日朝鮮人の歴史』, 明石書店, 2003, 64~72쪽.

인정책'이 박정희 정권기에 와서 '통제와 관리의 정책'으로 바뀌었다고 볼 수도 있을 것이다.

이렇게 한일회담 14년은 한국정부의 '무자각적인 기민'에서 '자각적인 기민'에 이르는 과정이었으며, 그 과정은 재일조선인에 있어서도 기민은 기정사실로 자각되었다고도 말할 수 있을 것이다.

---

67) 노기영, 앞의 논문, 116쪽.

종 장

여기에서는 마지막으로 지금까지 살펴본 각 운동의 전개과정을 바탕으로 이들이 갖는 특징과 한계, 그리고 그 의의에 대해 정리해 보는 것으로 일본에서의 한일회담 반대운동의 전체상을 그려 보고자 한다.

제1절 한일회담을 둘러싼 민단계 재일조선인운동의 특징

1. 민단운동의 특징

일본에서 한국정부를 지지하는 대표적 민족단체인 민단은 한일회담의 초기 단계부터 이를 지지하고 촉진하는 운동을 전개해 왔으며, 더나아가 한일회담 자체에 적극적으로 참여하려 했다. 민단은 어떠한 불편과 억압이 있다할지라도 본국의 초지[初志]가 관철될 것을 바라며, 또한 이를 위해 투쟁할 것을 재삼 확인하는 등, 본국 정부를 절대적으로 지지하는 입장을 취해 왔다. 재일조선인 사회의 민족단체로서는 후

발주자이며 광범위한 지지를 얻지 못했던 당시 민단은 한일회담이 성립되어 만성적인 재정난의 해결과 조직의 확대강화, 그리고 법적지위가 해결되기를 기대했다. 다시 말해 민단으로서는 한일회담이 조기에 타결되는 것이 바람직한 것이었으며, 한일회담은 민단이 처한 상황을 역전시킬 수 있는 기회이기도 했다. 그러나 한국정부는 한일회담에서 재일조선인 문제를 부차적인 문제로 인식하였고, 한일회담 타결을 위해서는 일종의 거래를 위한 재료로 사용하려는 측면조차 나타났다. 이러한 한국정부의 재일조선인에 대한 무위무책[無爲無策]과 무지[無知]에 대한 불만은, 한때 민단 3기관장에 의한 '본국정부 불신임안' 및 주일한국대표부의 철수 요구 등으로 표면화되기도 했다.

1960년대에 들어서 한국에서는 군사정권이 등장했다. 이는 한일회담이 급속히 타결로 진전되는 계기가 되었으며, 민단 중앙은 군사정권에 협력하여 한일회담 촉진운동을 보다 활발히 전개해 나갔다. 이렇듯 한일회담에 대한 민단의 대응은 전체적으로 한일회담 촉진운동을 전개해 나갔다고 정리할 수 있을 것이다. 이와 더불어 진행한 것이 법적지위 요구관철 운동이었다.

민단은 법적지위 요구관철 운동을 전개하게 된 이유의 하나로 '한국대표는 재일동포의 법적지위 문제에 대한 그 중요성을 인식하지 못한 채, 공중의 면전에서 "귀화론"를 떠벌리는 고관조차 나타났기 때문이었다[1]'고 설명한다. 박정희 정권은 한일회담 타결에는 적극적이었지만, 재일조선인 문제에 대한 인식은 이전 시기와 그다지 다르지 않았다. 때문에 민단에서는 촉진운동과 더불어 자신들의 법적지위 문제에 대해 적극적으로 자기주장을 해 나갈 필요성이 생긴 것이다.

이러한 민단의 한일회담 촉진운동을 뒷받침한 사상은 다음의 세 가

---

1) 在日本大韓民国民団中央本部, 『図表でみる韓国民団50年の歩み』, 五月書房, 1997, 53쪽.

지로 요약할 수 있다.

첫 번째는 '반공사상'을 들 수 있을 것이다. 민단은 한일회담을 성립시켜 반공체제를 확립하는 것으로 자유 아시아 방위와 세계민주평화의 실현을 도모할 수 있다 주장했다.

두 번째는 법적지위 문제의 해결 요구에서 보이는 '현실주의'이다. 일본에서 법적지위를 정당히 받아 사회적 차별이 없는 권익을 주장하고 불안정한 생활을 하루빨리 타개하겠다는 설명에서 보이듯 민단 운동은 자신들의 생활에 기초한 현실주의에 입각한 것이었다.

세 번째는 '애국주의'라 할 수 있을 것이다. 조국의 경제발전과 우방국가와의 연대를 강화하기 위해서라는 민단의 한일회담 촉진운동의 논리는 확실히 본국 박정희 정권의 '선[先]건설 노선'과 일치하는 것이었으며, 그 애국주의를 구체화한 것에 지나지 않았다.

이러한 사상적 배경을 갖는 민단운동은 다음과 같은 세 가지의 특징이 있었다고 정리할 수 있다.

첫 번째는 한일조약의 타결에 의해 재정난을 해결하려 했던 점과 외국인등록증의 국적란에 기재되어 있는 기호로서의 '조선'을 국적으로서의 '대한민국'으로 바꾸는 것, 다시 말해 재일조선인들에게 대한민국 국적을 보유시킴으로서 민단 세력의 확장을 꾀하고 있었던 점이다. 이것은 회담초기부터 보이는 특징 중의 하나로, 한국정부에 대한 특별요구사항 및 회담 타결과 동시에 재일조선인의 한국국적 획득을 주장한 것은 이러한 맥락과 무관한 것은 아니었다.

두 번째는 민단운동이 법적지위 요구관철 운동에 한정되어 있었던 점이다. 민단은 한일회담에 대한 반대와 불만은 조직 내부에서 억누르고, 일본에서의 법적지위 획득에 방점[傍點]을 두는 것으로 재일조선인 사회의 합의를 얻으려 했다. 다시 말하자면 그들의 운동은 재일조선인들이 일본에서 에스닉 마이너리티로 존재해 나갈 것을 상정하고 있었던 것이다.

세 번째는 민단운동이 앞서 말한 사상적 배경을 갖고 있었다고는 하나, 박정희 정권의 노선과 궤를 같이 함으로써, 본국과의 연대를 강화하는 결정적인 계기가 되었다. 권일 단장은 이동원 당시 외무부장관이 방일일정을 하루 연기해 가면서 철야로 법적지위 문제의 해결을 위해 노력해 주었다고 기회가 있을 때마다 강조했다. 또한 본국 국민에 대한 호소문에서도 '지금까지의 어느 정권보다 현 정권(박정희 정권)은 재일한국인에 대해 뜨거운 관심을 갖고 이번 회담에 임하고 있는 것에 대한 감사의 마음'을 표명했다. 즉, 박정희 정권이 이전 정권과는 달리, 재일한국인 문제에 대한 이해와 적극성을 보여 주었다고 강조함으로써 본국의 박정희 정권과의 연대감을 높여간 것이다.

2. 재일한국청년학생운동의 특징

한편, 재일한국청년학생들은 민단 중앙과 대립하는 측면도 있었지만, 기본적으로는 민단 중앙과 같이 한일양국의 국교정상화 그 자체에 대해서는 지지하는 입장을 취해 왔다. 다만, 민단 중앙이 '선[先] 국교정상화·후[後] 제문제의 해결'이라는 입장을 취해 온 것에 반해, 재일한국청년학생들은 '제문제의 해결을 전제로 한 국교회복'을 주장했던 것이 차이점이라 할 수 있다. 그리고 이러한 입장 차이가 한일회담 후반기에 접어들어 재일한국청년학생들이 민단 중앙과 대립하게 된 이유였다.

재일한국청년학생들은 한일회담이 본조인에 이르게 되자, 한일조약에 대한 반대와 무효를 주장했다. 하지만, 이것 역시 총련의 반대론과는 다른 것이었다. 그들은 한일회담의 내용에 대한 반대와 무효를 주장한 것이었고, 총련과 같이 한일회담 그 자체를 반대한 것은 아니었다. 이는 한일회담에서의 미국의 역할에 대한 인식이 상징적이라 할 수 있을 것이다. 재일한국청년학생들은 '한일회담이 "한미일교섭"이라 불리는 것은 이상한 것이 아니'라고 주장하며, '한일회담을 오로지 미국의 전략과 이익을 위해, 미국의 주도권에 의해 행해졌다고 단정하는 것은 지나친 견해일 것'이라 주장한다. '일미안보체제를 일본외교의 기본노선으로 확정한 일본지배층은 한국을 극동 반공체제의 최전선, 일본방위의 전선[前線]기지라는 생각에 입각해, 그 전략적 의미에서 "일본 자신을 위한"회담 타결을 추진해 왔다[2]'고 평가한다. 다시 말해, 한일회담에서의 '미국의 역할'과 '극동반공체제'의 구축 등에 대해 반드시 반대하고 있던 것은 아니었다. 하지만, '우리들은 "국제정치" 또는 국내정치상 한일회담을 서둘러야 한다는 어떠한 요인이 산적해 있다 할지라도 우리 민족적 권익을 옹호하는 입장에서 우리 민족의 권익에 반하는 어떠한 조건도 허용할 수는 없다'며, '특히 주권이 침해되고, 자주독립, 남북통일에의 길이 멀어지는 어떠한 조건도 받아들일 수 없다. 월남에서의 사태에 대비하여 동북아시아의 군사적 방위체제 강화를 제창하는 미일의 극동정책의 일환으로만 한일회담이 무원칙적으로 서둘러 진행된다면, 우리들은 민족의 총력을 다해 그것에 대처해야 한다[3]'고 주장하며, 냉전 이데올로기 아래 '민족적 권익'이 무시되는 것에 대해서는 강한 경계심을 드러내고 있었다.

재일한국청년학생들이 한일회담 반대운동을 전개한 주요 이유는 재일조선인의 법적지위 문제와 평화선 문제의 두 가지에 있었다. 재일조선인 운동에서 유일하게 평화선 문제를 강력히 제기한 것은 재일한국청년학생들의 운동이었다. 한국 내에서는 청구권 문제와 평화선 문제가 반대운동의 핵심적 지위에 있었지만, 일본 국내에서 '평화선 사수'를

---

[2] 韓学同中央 学習資料,『韓日会談 — その最終的段階と我々の態度』, 1965.3.1, 2쪽.
[3] 위의 책, 25~26쪽.

외치는 것은, 그들의 운동이 일본국민들로부터 지지를 받을 수 없고, 고립될 가능성이 높았다. 그럼에도 불구하고 재일한국청년학생들이 이 문제를 전면에 내세운 것은 다음과 같은 이유가 있었다고 생각된다. 그 하나는 당시 재일한국청년학생운동의 본국지향성에서 찾아 볼 수 있다. 1960년 한국에서 일어난 4월혁명은 재일한국학생청년들에게 큰 영향을 주었으며, 이후 한국 내 학생운동과의 연대지향성이 강하게 존재했다. 그들의 학습자료 등에서는 항상 본국학생들의 움직임 및 주장 등이 상세히 소개되었고, 또한 그에 대한 연대감을 표명하고 있었다. 한국에서 활발히 전개된 3·24 및 6·3학생운동이 박정희 정권의 거센 탄압에 의해 침정화되자, 스스로 궐기하여 한국 학생들에 대한 지지, 성원운동을 전개하는 등 이러한 연대감을 표명한 것도 그 한 예라 할 수 있다. 또한 재일조선인의 법적지위 문제가 한국 내 한일회담 반대운동에서는 크게 주목받지 못했지만, 평화선 사수라는 것은 가장 민족적인 공감을 불러일으킬 수 있는 주장이었다.

이상에서 살펴본 바와 같이 재일한국청년학생들의 운동은 본국의 한일회담 반대운동과 서로 공조하는 것이었다고 할 수 있을 것이다. 그들의 운동 속에서 보이는 내셔널리즘은 본국의 한일회담 반대운동과 공유된 또 하나의 애국주의적 내셔널리즘과 동일한 것이었다.

제2절 총련계 재일조선인의 한일회담 반대운동의 특징

북한을 지지하는 총련계 재일조선인은 한일회담의 초기 단계부터 반대 의사를 명확히 해 왔다. 14년간에 걸쳐 일관되게 한일회담 반대운동을 전개해온 총련계 재일조선인 운동의 특징은 크게 4시기로 구분할 수 있다. 먼저 한일회담이 시작되고 총련이 결성되기 까지가 제1기, 총련

결성 후 1963년까지를 제2기로, 1964년부터 한일조약의 체결 및 일본국회 비준까지를 제3기로, 그 이후의 단계를 제4기로 구분 지을 수 있다.

제1기는 민전을 중심으로 한일회담 반대운동이 전개되던 시기이며, 북한정부보다는 일본공산당의 영향력이 보다 강했던 시기였다. 이 시기의 민전운동이 '반미, 반요시다, 반재군비'로 대변되듯이 일본 국내의 민주혁명이 운동의 주요 목표로 설정되어 있었다. 민족문제보다는 소위 말하는 계급문제가 우선시되었던 시기라 말할 수 있다. 또한, 시기적으로 6·25전쟁 중이기도 했으며, 미국의 참전과 패전국 일본의 단독강화 및 재군비가 진행되던 시기이기도 했다. 이러한 시대적 상황에서 한일양국의 연대는 북한정부의 존립자체를 위협하는 것으로 인식되었고, 때문에 군사동맹 반대론이 보다 강조되던 시기였다. 민전이 일본 내 출입국관리령 등과 관련한 강제송환 문제를 전쟁동원에 결부시켜 나간 것도 같은 맥락이다.

그리고 이 시기에 이와 더불어 한국정부의 정당성 문제가 제기되기 시작했다. 미국의 괴뢰정권인 이승만 정권은 '조선인 3천만을 대표할 자격이 없다'며, 국가 간 교섭의 상대로는 '조선의 정당한 정부인 조선민주주의 인민공화국 정부'와, '재일조선인 문제에 관해서는 민전과 교섭'할 것을 주장했다.

총련계 재일조선인의 한일회담 반대론의 핵심적 위치에 있는 군사동맹반대론과 한국정부의 정당성 문제가 이 시기부터 제기되어 온 것이다.

제2기의 특징으로는 먼저, ①총련결성과 더불어 재일조선인 운동의 노선전환이 있었던 점, ②일본정부의 대공산권 외교가 적극적으로 전개되던 시기였다는 점, ③1954년 구보타 발언으로 한일회담이 결렬되고 기나긴 중단기에 들어서면서 한일양국의 관계가 악화되어 북한정부의 대일접근외교가 적극적으로 진행되었던 시기라는 점이다. 이러한 정세하에서 총련은 귀국사업과 조국자유왕래운동을 전개하면서 간접적으로 한일회담의 진전을 견제해 왔다고 볼 수 있을 것이다. 즉, 이 시기 총련에게 한일회담 반대운동은 당면한 1차적 과제로 인식되지 않았으며, 이 보다는 일조우호단체 및 일본 내 혁신세력과 연대하여 귀국운동 및 조국자유왕래운동, 북일무역요구 등의 운동을 추진하는 것이 우선과제였다. 이는 북일 간의 관계개선 및 국교정상화를 포석에 둔 북한정부의 대일접근외교와 무관한 것은 아니었다.

제3기는 한일회담의 타결이 눈앞으로 다가온 시기로 북한정부와 총련은 한국 내에서 활발히 전개되던 한일회담 반대운동을 지지, 성원하면서 민단계 재일조선인들에게 공투을 호소하는 등, 적극적인 반대운동을 전개해 나갔다. '반공'과 '조국근대화'를 목표로 내건 박정희 정권은 무엇보다 일본으로부터의 경제지원을 필요로 했다. 이에 북한 및 총련은 일본의 경제침략이란 측면을 보다 강하게 비판하고 북한정부의 남한 원조 제안과 병행하여 자주적 민족경제의 건설, 평화통일, 반미구국운동을 전개해 나갈 것을 촉구했다. 또한 기본조약이 가조인되자, 그 즉시 조약의 비준반대 및 조약의 무효화를 주장하고 나섰다. 한일회담의 시작과 더불어 제기된 군사동맹반대론 및 한국정부의 정당성 문제에 일본독점자본의 경제침략론 및 남북통일 저해론 등 다각적인 비판이 적극적으로 제기되던 시기이다.

제4기는 한일조약의 체결로 총련이 조직방위에 들어서는 단계라 말할 수 있을 것이다. 한국과 일본의 국교정상화는 총련에 다대한 타격을 줄 것이라 예상되었다. 따라서 이 시기의 총련은 국적변경요구운동 및 조국자유왕래운동의 지속적인 전개와 사상교육의 강화에 역점을 두게 되었다.

총련의 한일회담 반대 입장은 한일회담 초기부터 일관된 것이었지만, 앞서 기술한 각 시기의 상황에 따라 그 강약은 조금씩 변화해 왔다.

총련의 한일회담 반대론을 종합해 보면, ①한일회담은 자주적 평화통일을 방해하며, ②한미일 군사동맹은 극동과 아시아의 평화에 중대한 위협을 줄 것이며, ③한반도를 대표할 수 없는 박정희 정권이 일본정부와의 매국적 거래를 통해 미제국주의에 이어 일본제국주의를 한국에 끌어들여 2중의 식민지로 전락할 것이라는 것이었다. 총련은 이러한 반제국주의적 이데올로기를 일관되게 유지하면서도, 한일회담의 타결이 다가옴에 따라 민단과의 통일전선을 강화의 필요성 등으로 그 주장은 조금씩 민족주의적인 부분으로 중점이 옮겨 갔다.

제3절 일본인의 한일회담 반대운동의 특징

일본인에 의한 한일회담 반대운동은 주로 일조협회를 중심으로 한일조우호단체와 일본사회당 및 총평, 그리고 일본공산당을 중심으로 하는 이른바 일본 내 혁신세력에 의해 전개되었다. 일본인의 한일회담 반대운동이 고양기를 맞이하게 된 것은 1960년대에 들어서부터인데, 그 전사前史라 할 수 있는 1950년대의 한일회담 반대운동은 일조우호운동에서 태어났다. 1952년 일조협회 발족 시에는 많은 재일조선인들이 관여했지만, 1955년 재일조선인운동의 노선전환은 일조협회에도 영향을 미치게 되었다. 동년 일조협회는 제1차 전국대회를 개최하고, '일본인이 조직하는 평화우호단체'를 표방하며 재출발하게 된다. 일본인이 중심이 되어 북한과의 우호를 지향하는 일조우호운동은 '문화교류문제', '일조무역의 실현', '(북한과의) 국교정상화문제', '재일조선인과의 연대'등을 목표로 활동해 나갔다. 하지만, 귀국사업과 자유왕래운동에 참가하는 과정에서 한일회담을 그 저해 요인으로 인식하고, 한일회담 반대운동에 적극적으로 나서게 된다. 이처럼 한일회담 반대를 중요한 운동과제로 삼은 일조협회는 일본 내 혁신세력 등에게 한일회담 반대운동에 적극적으로 참가할 것을 호소했다.

그런데, 1960년 미일안전보장조약의 강행체결과 그에 따른 혼란에 책임을 지고 기시 내각이 총사직하게 되고, 당시 대중적으로 고조되었던 안보투쟁이 방향성을 상실하게 되자, 미일안보동맹에 대한 반대론은 한일회담으로 향해졌다. 때마침 1961년에는 한국에서 군사쿠데타가 발생하고, 군사정권이 등장함에 따라 한일회담은 거듭 주목받게 되었다. 한국 군사정권은 한일회담에 적극적으로 임했고, 또한 일본정부 역시 군사정권을 상대로 한 한일회담의 타결을 향해 움직이기 시작했다. 한일회담의 타결을 위한 양국의 움직임에 혁신세력 내에서는 위기감이 고조되었다. 안보투쟁 '국민회의'의 재가동을 요구하는 목소리가 높아져, 이윽고 '국민회의'가 한일회담반대를 전면에 내걸게 되자, 일본에서의 한일회담 반대운동은 고조되기 시작했다. '국민회의' 아래에 모인 혁신세력들은 '한일회담분쇄'와 겸행해 '미군의 베트남 철수', '원자력잠수함 기항저지', '일미한군사동맹반대' 등의 슬로건을 내걸었다. 하지만 소련의 핵실험 문제 등을 둘러싼 일본사회당 및 총평과 일본공산당의 대립이 두드러지게 되자, 한일회담 반대운동의 공투는 일시기 수면상태에 빠지게 되었다. 또다시 고조기를 맞이하게 된 것은 한일조약의 국회비준을 남긴 1965년 후반기였다. 이 시기 일본 내 '한일회담 반대운동 세력은 연일 국회의사당을 둘러싸4)'고, '한일회담분쇄'와 '핵무장반대', '기지철수', '오키나와 · 오가사와라제도[小笠原諸島] 반환', '생활옹호' 등의 슬로건을 내걸었다. 이러한 슬로건에서도 알 수 있듯이 일본에서의 한일회담 반대운동은 군사적 측면이 강조되었고, 일본의 조선식민지 지배라는 역사문제에 대한 논의까지는 발전하지 못했다. 이

---

4) 吉澤文寿,「日本における日韓会談反対運動－一九六〇年代を中心に」,『戦後日韓関係－国交正常化交渉をめぐって－』, 図書出版クレイン, 2005, 282쪽.

점은 비준국회에서의 반대론 역시 마찬가지였으며, 오히려 사회주의권 국가에 대한 일본의 외교자세가 문제시되었다.

이상으로 일본인의 한일회담 반대운동의 특징을 정리해 보면, 첫째로 일본인의 한일회담 반대운동은 일조우호운동을 출발점으로 해, 이를 기조(基調)로 한 것이었다. 따라서 한일회담 반대운동의 고양도 일조협회를 중심으로 한 일조우호운동 단체가 그 핵심적인 역할을 하고 있었다. 둘째로 일본인의 한일회담 반대운동은 안보투쟁으로부터의 전회[轉回]라는 성격을 갖고 있으며, 어디까지나 군사동맹에 반대하는 논리가 그 중심에 자리 잡고 있었다는 점이다. 다시 말해 한미일 군사동맹적인 성격에 대한 반대론이 반대운동의 초기부터 마지막까지의 핵심 논리로 움직이고 있었고, 거기에 더해 일본독점자본의 경제침략론, 남북통일 저해론 등을 이유로 한일회담을 반대한다는 논리였다.

제4절 일본에서의 한일회담 반대운동의 한계와 의의

이 절에서는 앞서 살펴온 일본에서의 한일회담 반대운동이 갖는 한계와 의의에 대해서 생각해 보고자 한다.

1. 일본에서의 한일회담 반대운동의 한계

(1) 1950년대에 전개된 한일회담 반대운동에서는 일본의 조선식민지 지배에 대한 역사인식 문제와 관련한 문제제기는 거의 보이지 않는다. 이는 재일조선인 사회와 일본사회에 있어서도 마찬가지였으며, 그나마 역사인식 문제에 대한 문제제기가 등장하게 되는 것은 1960년대에 들어서 부터이다.

저명한 재일조선인 활동가인 김천해는 '재일조선인의 정치적 경제적 문화적 활동의 자유, 그리고 생명재산의 안전을 보장'하기 위해서는 '침략주의의 대표 일본천황제를 타도하고 일본 내에 평화적인 민주주의 인민공화정부를 수립하는 것'이며, '이것만이 우리 조선의 독립과 안전 및 세계평화를 보장하는 길이라고 굳게 믿'고 있다고 말한다.5) 일본의 민주혁명이야말로 조선혁명의 길이라는 인식은 해방 직후 재일조선인 운동의 일반적인 인식이었다. 이러한 인식에 서면, 민족문제보다는 계급문제가 우선되기 쉽지만, 동시에 재일조선인의 각종 권리 및 생활옹호를 위해서도 이러한 인식은 유효하게 작용했다. 일본의 민주혁명이나 재일조선인의 각종 권리 및 생활옹호나 어느 쪽도 일본민족과 '조선' 민족의 '친선'/'우호'는 핵심적인 키워드가 될 테지만, 이 '친선'/'우호' 관계를 쌓아 가는 데 있어 역사인식 문제는 곧바로 유효하게 작용하는 것만은 아니다. 구보타 발언이 나왔을 당시 어느 신문의 독자투고란에는 '총독통치시대의 조선은 도로, 치수공사, 그 외 토목 사업도 충분히 이루어져 농민은 진보한 농법에 의해 전보다 더한 성과를 얻고 있었다. 또한 학교도 여기저기에 공민학교를 설치해서 교육에도 힘을 쓰고, 하등 내지인과 다름없이 평등하게 취급되고 있었다. 나는 이 사실에 확신을 갖고 단언할 수 있다. 구보타 대표가 36년 동안 다대한 은혜를 베풀었다고 발언했다지만, 당연한 것을 말한 것이라고 우리들은 믿어 의심하지 않는다. 한국 측은 쓸데없이 과거의 감정에 얽매이지 말고, 가슴을 열고 선린우방의 입장에서 일한국교의 길을 강구해야 할 것6)'이라는 독자투고가 게재되었다. 여기에서 보이듯 식민지 지배를 '시혜적 [施惠的]'으로 인식하고 있는 구보타 발언은 당시 일본인들에게는 '당연

---

5) 「對談 わが祖國の建設を語る」(『民主朝鮮』, 1946년 6월호) 24쪽.
6) 「日韓会談決裂に思う」(藤沢市・古谷敏雄・団体役員) 読者の欄, 『読売新聞』(1953년 10월 24일자).

한 것'이었으며, 뒤쳐진 조선에 앞선 일본이 '은혜'를 베푼 것에 불과했다고 생각하고 있었다. 이것은 식민지 종주국 국민에 의한 또 하나의 폭력이지만, 이러한 인식은 당시 일본사회에서는 극히 일반적인 것이었다.

그러나 보다 심각한 것은 당시의 재일조선인 사회에서도 식민지기 일본인들에 의해 강요된 역사인식을 공유하고 있었던 점이다. 일본의 패전 직후, 재일조선인의 손으로 출판된 '조선사'관련 도서를 검토한 조경달은, 거기에는 '정체사관' 및 '타율성사관', '당파사관' 등에 입각한 인식이 있었던 것을 실증하고 있다.[7]

이러한 인식은 한일회담 촉진운동을 전개했던 민단의 논리에서는 보다 선명히 확인할 수 있다. 앞서 인용한 민단 기관지 『한국신문[韓国新聞]』의 어느 논설에서는 1960년대의 한일회담 반대논리의 하나로 등장하는 경제침략론에 대한 비판에서, '후진국의 영역에서 벗어나지 못한 한국으로서는 동양의 선진국 일본으로부터 당연히 많은 것을 배우고 또한 받아들이지 않으면 안된다'며, 경제침략 운운은 '과거의 일본이 좋은 본보기'라고 주장한다. 과거의 일본은 '진취적인 기상을 갖고 서구의 제외국으로부터 기술을 배움과 동시에 자본을 빌려', '근대공업국가의 건설'에 매달려, '자신들이 처한 종속적 지위를 탈피하여 세계열강에까지 진출하게 되었다'고 평가한다. 그리고 '한국이 일본의 경제적 종속국이 될 것인가 아닌가'는 '일본의 기술과 자력[資力]을 어떻게 받아들여 또한 어떻게 소화할 것인가'에 달려 있다고 주장한다.[8] 말하자면, 근대화에 성공한 일본과 실패한 조선, 그리고 또다시 그 시험대에 올라선 것은 한국이라는 역사인식이다. 이러한 인식이야말로 근대지

---

7) 趙景達, 「解放直後の在日朝鮮人」(『植民地期朝鮮の知識人と民衆－植民地近代性論批判』, 有志舎, 2008), 266~300쪽.
8) 『韓国新聞』 1965년 1월 28일자.

상주의라 할 수 있을 터인데, 이는 식민지주의 비판에 대한 시점을 흐려 놓는 것이 아닐까 생각한다. 심각한 포스트콜로니얼적인 역사인식이 잔존해 있었음을 엿볼 수 있다.

(2) 한일조약은 한일 간의 민족모순과 남북 간의 분단모순을 내포한 채로 체결되었다. 재일조선인 사회 역시 이러한 민족모순과 분단모순이 강하게 지배하고 있었지만, 재일조선인들의 한일회담에 대한 대응은 특히나 분단모순을 극복하기 위한 운동으로 발전해 나가지 못했다는 한계를 지적할 수 있을 것이다.

정철은 재일한국청년학생들의 이데올로기성의 문제를 지적하고 있다. 그는 '재일한국청년이란, 일제시대를 모르는 2세, 3세를 말한다'며, '그들은 민족의 일체감이 무시된 민족분열 속에서 사상대립과 적대관계에 선동되면서 성장하고, 그대로 실사회의 운동에 참가했기 때문에 민족문제를 인식하는 감각의 정상성을 잃어버린 경향이 있다[9]'고 비판한다. 재일한국청년학생들은 법적지위 요구관철 운동을 전개하면서 조약반대운동까지 전개했다. 하지만, 반공 이데올로기성을 극복하지 못한 채, 다시 말해 분단모순을 극복하지는 못했다. 이러한 모순 속에서 체결된 한일조약에 의해, 이후 재일조선인 사회 내의 분단구조는 보다 선명해 졌으며, 상호 간의 대립과 갈등을 심화시키는 결과를 초래했다는 한계성을 지적하지 않을 수 없을 것이다.

(3) 일본 공안 측 자료를 참조하면, '총련의 일한조약 반대운동은 북조선의 지도에 기초하여 일본의 좌익 제단체에 혹은 스스로도 통일행동 등을 조직하여 반대[10]'했다며 총련운동의 특징을 기술하고 있다. 총련운동의 주체성을 부정할 생각은 없지만, 총련결성 이후 조국지향성이 강화되면서 북한의 '국가논리'가 그때그때의 국제적, 국내적 사정에

___

9) 鄭哲, 『在日韓国人の民族運動』, 洋々社, 1970, 92쪽.
10) 公安調査庁, 『内外情勢の回顧と展望』, 1963.1, 78쪽.

의해 변화하게 됨과 동시에, 그에 따라 총련운동의 역점이 이동하는 성격을 가질 수밖에 없었다. 이 점이 총련의 한일회담 반대운동에서 보이는 가장 본질적인 점일 것이다.

한일조약이 체결되고 협정영주권 신청이 마감된 1972년 1월 현재 신청자수는 351,955명에 달해 재일조선인 인구의 과반수를 넘기게 된다.[11] 이러한 현실을 생각하면 총련의 반대논리가 북한 주도의 북일우호론에 경도되면서, 또한 총련의 조국지향 의식이 강화되면 강화될수록 재일조선인들의 생활문제와는 동떨어진 채 관념화, 관료주의화되어 갔기 때문일 것이다. 시기적으로 한일조약 체결 이후이기는 하지만 총련의 활동가였던 김성화의 증언은 그 일면을 시사하고 있다.

> 난 자주 도쿄본부와 다퉜다. 예를 들면 당시, 재일에게는 국민건강보험이 없었어. 그래서 우리들이 지역에서 활동해 간신히 획득했지. 그랬더니 그걸 '중지하라'고 하는 거야. 그 이유가 '일본국민건강보험을 취득하다니 공화국 공민으로써의 긍지가 없다'는 게야. 금융 쪽에서도 우리 상공회가 도쿄도와 교섭해서 공적융자를 받게 됐어. 그걸 '안 된다'고 하는 거야.
>
> 난 조직에서 몇 십 년이나 있었지만 제대로 된 급료도 없었던 시기조차 있었지. 있어도 없는 것 같은 박한 급료[薄給]. 지역 상공인이 딱하다고 원조해 줄 정도였어. 그런 속에서 활동하고 있는데, '반민족주의자'니까.
>
> 윗 놈들은 지역에 있는 동포 생활 실정을 몰라. 우리들은 지역 활동을 자주 보고하고 있었지만, 총련중앙본부 놈들은 파악하지 못했어. 그리곤 자기들 성적만 올리려고 해. 철저한 관료주의자지. 조직도 커지면 그런 놈들이 나와.

---

11) 『朝日新聞』 1971년 6월 21일자.

(4) 일본인의 한일회담 반대운동이 갖는 한계로는 단일투쟁목표로 '한일회담반대'가 내걸린 적이 거의 없고, 한일회담 반대운동은 항상 '미군의 베트남 철수', '일한회담분쇄', '원잠기항저지', '일미한군사동맹 반대'와 같이 다른 현안과 병립적으로 놓여져, 투쟁의 중심적 과제가 명확하지 않았다는 점과 사회주의 진영의 핵개발 및 핵실험 등을 둘러 싼 외적 요인들로 인한 혁신진영 내부의 분열이 운동의 역점을 저하시 켰다는 점을 들 수 있을 것이다

그리고 일본인의 한일회담 반대운동의 가장 본질적인 문제는 냉전 이데올로기적 대립 구조 속에서밖에 한일회담을 인식하지 못했다는 점이다. 이로 인해 전체적으로 식민지 침략과 지배라는 역사를 마주 보지 못했다.

일조협회 및 일본조선연구소에서 활약했던 하타다 다카시[12][旗田巍 (전 도쿄도립대학[東京都立大学] 교수)]는 '일찍이 조선통치에 대한 일 본인의 생각은 유감스럽지만 대단히 잘못된 것'이라 지적하면서, 일본 '정부에 반성이 모자란 것뿐만 아니라, 지식인에게도 반성이 부족하다' 며, '조선통치가 조선 민중에게 무엇을 가져왔는지에 대해 충분히 생 각하고 있지 않다'는 점을 비판했다. 나아가 '일본의 혁신파는 아시아 의 해방운동에 공조하면서도 한국정부의 움직임이 아시아 해방에 향 하고 있지 않다는 것에 착목해, 단지 그 점만을 주목하고, 한국 민중이 일본의 조선통치에 대해 커다란 분노를 갖고 있다는 것을 잊고 있다' 는 지적은, 일본인의 한일회담 반대운동의 문제점을 근본부터 되묻고 있는 것이다. 한일회담 반대운동의 모든 시기를 통해 역사인식 문제 가 일본사회 전반에 공유된 적은 없었다. 군사동맹반대론과 한국정부 의 정당성 문제가 제기되기는 해도, 혁신진영의 주류에서는 북일우호

---

12) 旗田巍, 「日韓会談の思想」, 『日本人の朝鮮観』, 勁草書房, 1969, 86~87쪽(初出, 『統 一評論』, 第二巻六号(通巻一〇号) 1962.11).

를 강조하지만, 일본과 '조선'의 역사인식 문제를 적극적으로 제기한 적은 없었다.

이상에서 살펴본 것과 같이 한일회담 반대운동의 논리를 둘러싼 문제야 말고 오늘날 일본의 대북관 및 대한관에도 심각한 영향을 주고 있는 중요한 요인의 하나라고 할 수 있다. 현대 일본사회의 헤이트 스피치 등에서 보이는 레이시즘 및 혐한嫌韓감정의 근저에는 일본의 조선식민지 지배라는 역사인식 문제가 일본사회 안에서 얼마나 방치되어 왔는가를 보여주는 한 예일 것이다. 여기에는 여전히 포스트콜로니얼적인 문제가 숨어있다.

2. 일본에서의 한일회담 반대운동의 의의

마지막으로 일본에서의 한일회담 반대운동이 갖는 의의에 대해 생각해 보고자 한다.

첫째로 한일조약을 둘러싼 운동은 현대세계에서 민족적인 문제가 여전히 미해결인 채로 남아있다는 것을 명백히 한 점에서 역사적 의의를 갖고 있다고 할 수 있을 것이다.

본질적으로 국가 간의 관계를 재검토해야 할 문제였던 한일조약 체결 문제는 과거의 역사적 관계를 불문에 부쳐 정리될 문제가 아니었다. 수많은 우여곡절이 있었다고는 하나 한일조약을 둘러싼 운동에서 이러한 문제를 해결하지 못한 채 그대로 남겨두는 것에 대한 문제성을 날카롭게 지적한 것 역시 사실이다. 이는 오늘날 한일/북일 관계와 관련한 다양한 국면과도 관련되어 있는 것이다.

두 번째로는 한일회담이 진행된 14년은 재일조선인에게 '기민'이 가시화되면서 스스로 자각되어 가는 과정이라고도 말할 수 있다. 스스로의 권익옹호를 위해서는 한일회담에 대항하지 않으면 안 되었다. 민단

내 한일회담 반대세력과 재일한국청년학생들은 이 운동을 통해 조국의 정치상황의 변화에 민감히 대응하게 되었다. 그들은 이를 계기로 박정희 정권과 직접적인 대결자세를 명확히 해 갔으며, 나아가 일본에서의 반독재(반박정권) 민주화운동의 지지모체로 성장해 갔다. 이것은 민단의 자세와는 대조적이었다. 이렇듯 한국 내 정치 구도가 재일조선인사회 안에서도 확립되어감에 따라 일본에서의 한국인식 및 역사인식이 더 한층 다양화되어 가면서 구체화되어가는 기반을 만들어냈다고 평가할 수 있을 것이다. 이 시기의 재일한국청년학생운동이 그러한 계기를 만들어 냈다는 점에서 하나의 역사적 의의를 찾을 수 있다.

세 번째로는 일본인의 한일회담 반대운동의 특징으로 조선식민지지배에 대한 일반대중과 운동주체의 인식부족 문제를 언급했지만, 운동의 내부에서 일본인의 식민지 조선인식에 대한 문제제기가 없었던 것 역시 아니다. 일조우호운동을 전개하던 일조협회 및 일본조선연구소, 그리고 역사학자들을 중심으로 한 그룹은 일본의 조선에 대한 식민지지배 책임론을 전개했다. 이를 위해서는 먼저 '가해자'로서의 자기인식이 필요하다는 것을 주장했다.

하타다 다카시의 다음의 글을 주목하고 싶다.

> 지금 많은 일본인들은 식민지주의를 긍정하고는 있지 않다. 적어도 머릿속에서는 반대하고 있다. 아시아·아프리카의 식민지해방운동에 공감하고 있는 사람들이 많이 있는 것은 명확한 사실이다. 거기에는 전전과는 전혀 다른 사상적 상황이 있다. 그런데, 일단 조선문제가 되면 그 점이 이상해진다. 그것은 조선문제가 식민지지배 일반의 문제가 아니라, 일본인 자신의 문제이기 때문이다. 조선문제에 대해서는 단순히 식민지주의에 반대하는 것만으로는 끝나지 않는다. 일본 자신이 식민지 지배국이며, 일본인 자신이 식민지 지배민족이었다. 이 경우 식민지주의에 대한 반대는 자기부정 없이는 해결되지 않는다. 거기에서 혼란에 빠지게

되는 것이다. 일한문제가 알기 어렵다고 종종 말해지지만, 그것은 식민
지 지배국, 식민지 지배민족으로서의 일본, 혹은 일본인을 직시[直視]하
기 어렵기 때문이었다. 일본인은 자국의 군국주의 아래서 고통을 받은
희생자였지만 동시에 식민지 지배민족이기도 했다. 그 이중의 성격의 보
유자였다. 군국주의의 희생자였던 점은 알기 쉬워도, 지배민족이었다는
점은 좀처럼 알기 어렵다. 조선문제, 일한문제가 알기 어려운 근원은 거
기에 있다.[13]

하타다는 위의 글에서 식민지주의에 반대하는 많은 일본인이 '조선
문제'가 되면 '이상해진다'고 말한다. 거기에는 일찍이 식민지 지배자로
써의 '자기부정' 없이, '군국주의의 희생자'로써 자신들을 인식하고 있
기 때문에, 자신들이 '지배 민족'이었던 점을 잊고 있다는 점을 지적한
다. 환언하면 조선민족과 동일한 '군국주의의 희생자'가 아닌, '식민지
지배민족', 즉 '가해자'로서의 '자기부정'이 필요하다는 것을 역설하고
있는 것이다.

한일회담 반대운동이 전개되던 당시, 대다수의 일본인들이 그들의
노력에 응답했다고는 할 수 없다. 하지만 그들의 운동은 그 후 각 분야
에서 한반도의 남과 북에 대한 인식을 넓히는데 많은 영향을 주게 된
다. 일본에서의 한일회담 반대운동이 갖는 가장 큰 의미라면 아마도
이점에 있을 것이다.

---

13) 旗田巍, 『日本人の朝鮮観』, 勁草書房, 1969, 124쪽(초출, 『NOMAプレスサービス』
第66号, 1966.3.5).

1. 단행본

[한국어]

강덕상, 정진성 외,『근현대 한일관계와 재일동포』, 서울대학교 출판부, 1999.

국민대학교 일본학연구소 편,『외교문서 공개와 한일회담의 재조명1 – 한일회담과 국제사회』, 도서출판 선인, 2010.

국민대학교 일본학연구소 편,『외교문서 공개와 한일회담의 재조명2 – 의제로본 한일회담』, 도서출판 선인, 2010.

김동조,『회상 30년 한일회담』, 중앙일보사, 1986.

김상현,『在日韓国人 – 僑胞八十年史』, 檀谷学術研究院, 1969.

김인덕,『식민지시대 재일조선인운동 연구』, 국학자료원, 1996.

박진희,『한일회담:제1공화국의 對日정책과 한일회담 전개과정』, 도서출판 선인, 2008.

성대경 편,『한국현대사와 사회주의』, 역사비평사, 2000.

성황용,『日本의 對韓政策:1800-1965』, 明知社, 1973.

원용석,『韓日会談十四年』, 三和出版社, 1965.

이강훈,『民族解放運動과 나』, 제3기획, 1994.

이도성, 『실록 박정희와 한일회담』, 도서출판 한송, 1995.

이원덕, 『한일과거사 처리의 원점-일본의 전후처리 외교와 한일회담』, 서울
　　　대학교 출판부, 1996.

이재오, 『한·일관계사의 인식-한일회담과 그 반대운동』, 학민사, 1984.

이재오, 『해방후 한국학생운동사』, 형성사, 1984.

장박진, 『식민지 관계 청산은 왜 이루어질 수 없었는가』, 논형, 2009.

전　준, 『朝總聯硏究(第2卷)』, 고려대학교 출판부, 1972.

정혜경, 『日帝時代在日朝鮮人民族運動硏究』, 국학자료원, 2001.

민족문제연구소 편, 『한일협정을 다시 본다-30주년을 맞이하여』, 아세아문화
　　　사, 1995.

한일민족문제학회 편, 『재일조선인 그들은 누구인가』, 삼인, 2003.

[일본어]

太田 修, 『日韓交涉-請求權問題の硏究』, 図書出版クレイン, 2003(박상현·송병
　　　권·오미정 옮김, 『한일교섭-청구권문제 연구』, 도서출판 선인, 2008).

小熊英二·姜尚中編, 『在日一世の記憶』, 集英社新書, 2008.

かわさきのハルモニ·ハラボジと結ぶ2000人ネットワーク生活史聞き書き·
　　　編集委員会編, 『在日コリアン女性20人の軌跡』, 明石書店, 2009.

佐藤勝巳, 『在日朝鮮人の諸問題』, 同成社, 1973.

佐藤勝巳, 『わが体験的朝鮮問題』, 東洋経済新報社, 1978.

篠崎平治, 『在日朝鮮人運動』, 令文社, 1955.

袖井林二郎編訳, 『吉田茂=マッカーサー往復書簡集』, 法政大学出版局, 2000.

高崎宗司, 『検証日韓会談』, 岩波書店, 1996(김영진 옮김, 『검증 한일회담』, 청
　　　수서원, 1998).

高崎宗司·朴正鎮 編, 『帰国運動とは何だったのか』, 平凡社, 2005.

玉城 素, 『民族的責任の思想-日本民族の朝鮮人体験』, 御茶の水書房, 1967.

坪井豊吉, 『在日同胞の動き』, 自由生活社, 1975.

外村 大, 『在日朝鮮人社会の歴史学的研究-形成·構造·変容』, 緑蔭書房, 2004
　　　(신유원, 김인덕 옮김, 『재일조선인 사회의 역사학적 연구』, 논형, 2010).

旗田 巍 他, 『日本と朝鮮(アジア·アフリカ講座Ⅲ)』, 勁草書房, 1965.

旗田 巍, 『日本人の朝鮮観』, 勁草書房, 1969.

「百萬人の身世打鈴」編集委員編, 『百萬人の身世打鈴』, 東方出版, 1999.

藤原彰・荒川章二・林博史共著, 『日本現代史:1945－1985』, 大月書店, 1986(노 길호 옮김, 『일본현대사』, 図書出版九月, 1993).

藤原書店編集部編, 『歴史のなかの「在日」』, 藤原書店, 2005.

藤島宇内 他, 『日韓問題』, 青木書店, 1965.

法務研修所, 『在日朝鮮人処遇の推移と現状』, 法務研修所, 1955.

松尾尊兊, 『国際国家への出発』, 集英社, 1993.

吉澤文寿, 『戦後日韓関係－国交正常化交渉をめぐって－』, 図書出版クレイン, 2005.

若宮啓文, 『戦後保守のアジア観』, 朝日新聞社, 1995.

金慶海, 『在日朝鮮人民族教育の原点』, 田畑書店, 1979,

金斗鎔, 『日本に於ける反朝鮮民族運動史』, 郷土出版, 1948.

金斗昇, 『池田勇人政権の対外政策と日韓交渉』, 明石書店, 2008.

金石範, 『「在日」の思想』, 筑摩書房.1981.

金英達, 『金英達著作集Ⅲ 在日朝鮮人の歴史』, 明石書店, 2003.

金日成, 翻訳委員会訳, 『金日成著作集』, 第4巻,未来社, 1971.

金日成, 『金日成主席談話集』, 読売新聞社, 1973.

金太基, 『戦後日本政治と在日朝鮮人問題』, 緑陰書房, 1997.

権 逸, 『権逸回顧録』, 刊行委員会, 1987.

朴慶植, 『在日朝鮮人運動史－8・15解放前』, 三一書房, 1979.

朴慶植, 『解放後 在日朝鮮人運動史』, 三一書房, 1989.

朴正鎮, 『日朝冷戦構造の誕生―1945-1965 封印された外交史』, 講談社, 2012.

梁永厚, 『戦後・大阪の朝鮮人運動1945-1965』, 未来社, 1994.

李東元(崔雲祥・監訳), 『韓日条約締結秘話－ある二人の外交官の運命的出会い』, PHP研究所, 1997.

李順愛, 『二世の起源と「戦後思想」－在日・女性・民族』, 平凡社, 2000.

李瑜煥, 『在日韓国人60万－民団・朝総連の分裂史と動向』, 洋々社, 1971.

李瑜煥, 『日本の中の三十八度線－民団・朝総連の歴史と現実』, 洋々社, 1980.

李鍾元, 『東アジア冷戦と韓米日関係』, 東京大学出版会, 1996.

呉圭祥, 『ドキュメント在日本朝鮮人連盟』, 岩波書店, 2009.

張錠壽, 『在日六〇年·自立と抵抗』, 社会評論社, 1989.

鄭栄桓, 『朝鮮独立への隘路 在日朝鮮人の解放五年史』, 法政大学出版局, 2013.

鄭　哲, 『民団-在日韓国人の民族運動-』, 洋々社, 1967.

鄭　哲, 『在日韓国人の民族運動』, 洋々社, 1970.

鄭　哲, 『民団今昔-在日韓国人の民主化運動』, 啓衆新社, 1982.

趙景達, 『植民地朝鮮の知識人と民衆-植民地近代性論批判』, 有志舎, 2008(정다운 옮김, 『식민지기 조선의 지식인과 민중』, 도서출판 선인, 2012).

韓德銖, 『在日朝鮮人運動の転換について』, 学友書房, 1955.

韓德洙, 『主体的海外同胞運動の思想と実践』, 未来社, 1986.

2. 학위논문

[한국어]

太田修, 『한국에서의'한·일조약'반대투쟁의 논리에 관한연구 1964-65』, 고려대학교 석사학위 청구논문, 1993.

[일본어]

朴正鎮, 『冷戦期日朝関係の形成(1945-65年)』, 東京大学大学院総合文化研究科博士学位請求論文, 2009.7.

3. 연구논문

[한국어]

小林玲子, 「한일회담과 '재일한국인'의 법적지위문제-퇴거강제를 중심으로」, 국민대학교 일본학연구소 편, 『의제로 본 한일회담』, 도서출판 선인, 2010.

김태기, 「일본정부의 재일조선인 정책」, 강덕상·정진성 외, 『근현대한일관계와 재일동포』, 서울대학교 출판부, 1999.

노기영, 「민단의 본국지향 노선과 한일교섭」, 국민대학교 일본학연구소 편, 『의제로 본 한일회담』, 도서출판 선인, 2010.

外村　大, 「연구상황: 일본내 재일조선인 문제 연구의 발자취」, 한일민족문제학회 편, 『재일조선인 그들은 누구인가』, 삼인, 2003.

外村　大, 「한일회담과 재일조선인-법적지위와 처우 문제를 중심으로」, 역사문제연구소 편, 『역사문제연구』 No.14, 2005.

外村　大, 「국민도 아닌 민족도 아닌 소수자의 역사—전후 일본의 재일조선인사 연구」, 비판과 연대를 위한 동아시아 역사포럼 기획, 『역사학의 세기-20세기 한국과 일본의 역사학』, 휴머니스트, 2009.

박정진, 「북한과 일본혁신운동-일본 한일회담반대운동의 발생(1960-1962년)」, 한림대학교 일본학연구소 편, 『翰林日本學』 Vol.17, 2010.

吉澤文寿, 「한국에서의 한일회담반대운동의 전개-1964~65년을 중심으로」, 『중한인문과학연구』, 제6집, 2001.6.

吉澤文寿, 「日本에서의 韓·日条約 反対運動-1960년대를 중심으로」, 한일민족문제학회 편, 『한일민족문제연구』, 제3집, 2003.

이　성, 「한일회담으로 보는 박정희정권의 재일동포정책-귀화와 영주권을 중심으로」, 성균관대학교 수선사학회, 『史林』, 제33호, 2009.6.

이연식, 「解放 後 在日朝鮮人에 대한 國內의 研究成果와 大衆書 記述」, 한일민족문제학회 편, 『한일민족문제연구』, 제5호, 2003(宋恵媛訳, 「解放後の在日朝鮮人についての韓国内の研究成果と一般書の叙述」, 在日朝鮮人運動史研究会編, 『在日朝鮮人史研究』, 第34号, 2004).

이원덕, 「한일협정의 경과」, 민족문제연구소 편, 『한일협정을 다시 본다-30주년을 맞이하여』, 아세아문화사, 1995.

이원덕, 「오럴 히스토리: 박태준 인터뷰 한일회담 타결 전야, 박정희의 특명을 받아 일본에 잠행한 박태준 특사」, 국민대학교 일본학연구소, 『일본공간』 Vol.1, 2007.5.

이재오, 「1960년대 한국 학생운동사 試論-한일회담반대 학생운동을 중심으로」, 『民族·統一·解放의 論理』, 形成社, 1984.

이현진, 「한일회담 외교문서를 통해서 본 재일한국인의 북한 송환」, 국민대학교 일본학연구소 편, 『일본공간』 Vol.4, 2008.11.

장박진,「한일회담 개시 전 한국정부의 재일한국인 문제에 대한 대응 분석:대한민국의 국가정체성과 '재일성'(在日性)의 기원」, 고려대학교 아세아문제연구소 편,『아세아연구』, 제52권 제1호, 2009.

장박진,「초기 한일회담(예비~제3차)에서의 재일한국인 문제의 교섭과정 분석 : 한일 양국의 교섭목표와 전후 '재일성'(在日性) 형성의 논리」, 서울대학교 국제학연구소,『국제지역연구』, 제18권 제2호, 2009.

최영호,「재일본 조선인연맹(조련)의 한반도 국가형성과정에의 참여」, 강덕상 · 정진성 외,『근 · 현대 한일관계와 재일동포』, 서울대학교 출판부, 1999.

최영호,「해방 직후 재일한인 단체의 본국지향적 성격과 제1차 한일회담」, 국민대학교일본학연구소 편,『의제로 본 한일회담』, 도서출판 선인, 2010.

한경구,「한일법적지위협정과 재일한인 문제」, 국민대학교 일본학연구소 편,『의제로 본 한일회담』, 도서출판 선인, 2010.

[일본어]

板垣竜太,「日韓会談反対運動と植民地支配責任論－日本朝鮮研究所の植民地主義論を中心に」, 岩波書店,『思想』No.1029, 2010.1.

木村昌人,「日本の対韓民間経済外交－国交正常化をめぐる関西財界の動き」, 日本国際政治学会編,『国際政治』第92号, 1988.

小林知子,「8 · 15直後における在日朝鮮人と新朝鮮建設の課題－在日朝鮮人連盟の活動を中心に」, 在日朝鮮人運動史研究会編,『在日朝鮮人史研究』No.21, 1991.

小林知子,「GHQの在日朝鮮人認識に関する一考察－G-Ⅱ民間諜報局定期報告書を中心に」, 朝鮮史研究会編,『朝鮮史研究会論文集』, No32, 1994.

小林知子,「戦後における在日朝鮮人と,『祖国』, －朝鮮戦争期を中心に」, 朝鮮史研究会編,『朝鮮史研究会論集』No.34, 1996.

佐藤勝巳,「国会の日韓論議にあらわれた日朝関係把握の問題点」, 朝鮮史研究会編集発行,『朝鮮史研究論文集』, 第6号, 1969.6.

仲尾宏 · 尹達世 · 太田修 · 飛田雄一,「座談会 日韓条約締結四〇周年を振り返り, 現状と未来を語る」, ひょうご部落 · 人権研究所,『ひょうご部落解放』Vol.117, 2005.6.

中村英樹, 「[解説−判例・答申]判例2: 国交正常化を目的とする日韓会談に関する行政文書」, (財)行政管理研究センター編, 『季報 情報公開・個人情報保護』Vol.37, 2010.6.

高崎宗司, 「日韓会談の経過と植民地化責任−1945年8月~1952年4月」, 歴史学研究会編集, 『歴史学研究』No.545, 青木書店, 1985.9.

外村 大, 「日本史・朝鮮史研究と在日朝鮮人史: 国史からの排除をめぐって」, 宮嶋博史・金容徳編, 『近代交流史と相互認識Ⅲ−1945年前後』, 慶応義塾大学出版会, 2006(「일본사・조선사 연구와 재일조선인사−국사로부터의 배제를 둘러싸고」, 김용덕・미야지마 히로시 공편, 『근대교류사와 상호인식Ⅲ−1945년 전후』, 아연출판부, 2008).

外村 大, 「朴慶植の在日朝鮮人史研究をめぐって」, 在日朝鮮人研究会編, 『コリアン・マイノリティ研究』, 第2号, 新幹社, 1999.6.

外村 大, 「近年の在日朝鮮人史研究の動向をめぐって」, 在日朝鮮人運動史研究会編, 『在日朝鮮人史研究』, 第29号, 緑蔭書房, 1999.

外村 大, 「在日朝鮮人史研究の現状と課題についての一考察」在日朝鮮人運動史研究会編, 『在日朝鮮人史研究会』, 第25号, 緑蔭書房, 1995.

真崎光晴, 『日韓交渉−その経緯と問題点(国際問題シリーズ第27号)』, 日本国際問題研究所, 1962.11.

畑田重夫, 「日韓会談反対運動の歴史的意義と役割」, 『朝鮮研究月報』No.25, 1965.8.

畑田重夫, 「日韓会談反対闘争の発展とその歴史的役割」, 旗田 巍 他, 『日本と朝鮮(アジア・アフリカ講座)』, 勁草書房, 1965.

山本剛士, 「第3章日韓国交正常化」, 『戦後日本外交史2: 動きだした日本外交』, 三省堂, 1983.

山本剛士, 「日韓関係と矢次一夫」, 日本国際政治学会編, 『国際政治』, 第75号, 1983.10.

吉澤清次郎, 「第1章日韓関係」, 『日本外交史28』, 鹿児島平和研究所, 1973.

吉澤文寿, 「韓国における日韓会談反対運動−一九六四~一九六五年を中心に」, 『戦後日韓関係−国交正常化交渉をめぐって−』, 図書出版クレイン, 2005(초출, 「韓国における韓日会談反対運動の展開−1964-65年を中心に」, 『中韓人文科学研究』, 第6集, 2001.6)

吉澤文寿,「日本における日韓会談反対運動——一九六〇年代を中心に」,『戦後日韓関係－国交正常化交渉をめぐって－』,図書出版クレイン, 2005(초출,「日本에서의 韓・日條約反對運動－1960년대를 중심으로」, 한일민족문제학회 편,『한일민족문제연구』제3집, 2003).

吉澤文寿,「植民地支配責任,『忘却』,の論理－日韓国交正常化交渉を題材として」,同時代史学会編,『朝鮮半島と日本の同時代史』,日本経済評論社, 2005.

吉澤文寿,「公開された日韓会談関連外交文書について」,日本の戦争責任資料センター,『戦争責任研究』No.49. 2005.

吉澤文寿,「韓国政府による日韓会談文書全面公開と日本の課題」,『インパクション』,インパクト出版会, No.149. 2005.

吉澤文寿,「2005年に韓国で公開された日韓会談関連外交文書」,近現代東北アジア地域史研究会編,『近現代東北アジア地域史研究会 News Letter』,第18号, 2006.

吉澤文寿,「日韓会談研究の現状と課題」,『歴史学研究』No.813, 青木書店, 2006.4.

金廣烈,「韓国社会における在日コリアン像」,『歴史のなかの「在日」』,藤原書店, 2005.

金仁徳/坂本悠一訳,「韓国における在日朝鮮人史研究」,在日朝鮮人運動史研究会編,『在日朝鮮人史研究』No.33, 2003.

金鍾泌,「(日本と韓国・あしたのために〈特集〉)思い出すこと 言いたいこと」,『諸君』,文藝春秋, 1980.4.

朴慶植,「解放後における在日朝鮮人の民族的統一運動の再検討」,在日朝鮮人運動史研究会編,『在日朝鮮人史研究』,第15号, 1985.10.

朴慶植,「在日朝鮮人史研究の現代的意義」,在日朝鮮人運動史研究会編,『在日朝鮮人史研究』,第21号, 1991.

朴慶植,「解放後時期の在日朝鮮人史研究の現状と課題」,在日朝鮮人運動史研究会編,『在日朝鮮人史研究』,第25号, 1995.

徐東晩,「『日韓基本条約』と『日朝国交正常化交渉』の相関関係」,伊豆見元・張達重編,『金政日体制の北朝鮮－政治・外交・経済・思想』,慶応義塾大学出版会, 2004.

李尚珍, 「日朝協会の性格と役割」, 高崎宗司・朴正鎮編著, 『帰国運動とは何だったのか』, 平凡社, 2005.

李鐘元, 「韓日会談とアメリカ−, 『不介入政策』の成立を中心に」, 日本国際政治学会編, 『国際政治』第105号, 1994.1.

林光澈, 「在日朝鮮人問題」, 歴史学研究会編, 『歴史学研究 特集号 朝鮮史の諸問題』, 1953.

張界満, 「判決報告『日韓会談文書公開請求訴訟』」, 宇都宮軍縮研究室編, 『軍縮問題資料』No.358, 2010.10.

鄭栄桓, 「『解放』直後在日朝鮮人自衛組織に関する一考察−朝連自治隊を中心に」, 朝鮮史研究会編, 『朝鮮史研究会論文集』No.44, 2006.

鄭栄桓, 「敗戦後日本における朝鮮人団体規制と朝連・民青解散問題−勅令第百一号・団体等規正令を中心に」, 朝鮮史研究会編, 『朝鮮史研究会論文集』No.47. 2009.

鄭栄桓, 「日本敗戦直後における『警察権確立』と在日朝鮮人団体」, 歴史学研究会編, 『歴史学研究』No.860, 2009.

鄭栄桓, 「『再入国許可』, 制度の歴史と現在−在日朝鮮人に対する適用を中心に」, 明治学院大学国際平和研究所編, 『PRIME』, 2011.3.

鄭栄桓, 「『解放』, 後在日朝鮮人運動と, 『二重の課題』, −在日本朝鮮人連盟を中心に」, 五十嵐仁編, 『「戦後革新運動」, の奔流 占領後期政治・社会運動史論1948-1950』, 大月書店, 2011.

趙慶喜, 「韓国社会の在日朝鮮人認識の変遷」, 東京外国語大学海外事情研究所編, 『Quadrante』No.11, 2009.4.

4. 자료 · 자료집

[한국어]

국민대학교 일본학연구소・동북아역사재단, 『한일회담 일본외교문서 목록집』, 도서출판선인, 2010.

동북아역사재단, 『한일회담 외교문서 해제집 I~V』, 2008.

[일본어]

現代日本・朝鮮関係史資料第2輯, 『在日朝鮮人団体重要資料集1948-1952』, 湖北社, 1975.

在日本朝鮮人人権協会, 『朝鮮民主主義人民共和国主要法令集－原典, 『朝鮮民主主義人民共和国法典』－』, 日本加除出版, 2006.

日本国際問題研究所, 『朝鮮問題戦後資料』, 第3巻, 1980.

日本赤十字社, 『在日朝鮮人帰国問題の真相』, 1956.9.

日本平和委員会編, 『平和運動20年資料集』, 大月書店, 1969.

金英達・高柳俊男, 『北朝鮮帰国事業関係資料集』, 新幹社, 1995.

朴慶植, 『朝鮮問題資料叢書 第9巻 解放後の在日朝鮮人運動Ⅰ』, アジア問題研究所, 1991.

朴慶植, 『朝鮮問題資料叢書 第10巻 解放後の在日朝鮮人運動Ⅱ』, アジア問題研究所, 1991.

朴慶植, 『朝鮮問題資料叢書 第15巻 日本共産党と朝鮮問題』, アジア問題研究所, 1991.

朴慶植, 『在日朝鮮人関係資料集成『戦後編』第1~10巻』, 不二出版, 2000.

－정부 관련 자료

[한국어]

한국정부 공개 한일회담 관련문서

국회의사록

大韓民國公報局, 『韓日會談의 어제와 오늘』, 1965.

大韓民國公報局, 『韓日協定의 問題點의 解說』, 1965.

大韓民國政府, 『韓日會談白書』, 1965.3.

大韓民國政府, 『大韓民國과 日本國間의 條約 및 解說』, 1965.

[일본어]

日本政府公開日韓会談関連文書

『第48回国会参議院本会議会議録』, 1965.

『第50回国会衆議院日本国と大韓民国との間の条約及び協定等に関する特別委員会会議録』, 1965.

『第50回国会参議院日韓条約等特別委員会会議録』, 1965.

外務省情報文化局, 『日韓会談のいきさつ−韓国の態度が決定する−』, 1953.11.

外務省情報文化局, 『北鮮自由帰還問題について』, 1959.3.

外務省条約局, 『条約集(昭和四十年二国間条約)』, 1961.1.

外務省特別資料部, 『日本占領及び管理重要文書集 第1巻基本編』, 東洋経済新報社, 1949.1.

公安調査庁, 『内外情勢の回顧と展望』, 1960.1.~1968.1.

公安調査庁, 『日韓条約反対闘争の総括』, 1966.7.

谷田正躬 他, 『時の法令 別冊 日韓条約と国内法の解説』, 大蔵省印刷局, 1966.

内閣官房内閣調査室, 『日韓條約締結をめぐる内外の動向』, 1966.

法務府特別審査局, 『秘 特審月報』, 第二巻第八号, 1951.8.

法務府特別審査局, 『秘 特審資料』, 1951.8.21.

−일본 내 혁신계 · 정당 관련 자료

安保批判の会, 『知らない間に−日韓会談がもたらすもの』, 1962.10.10.

安保批判の会, 『続知らない間に−日韓会談と安保体制−』, 1963.

自由民主党, 『外国人学校制度に正しい理解を』, 1967.5.

全学連, 『日韓会談 日本帝国主義の新植民地主義粉砕!』, 1964.3.

総評 · 国民文化会, 『日韓条約とベトナム戦争』, 1965.10.10.

日本共産党中央委員会出版部, 『日韓会談を粉砕しよう(政策シリーズ第67集)』, 1962.10.

日本共産党中央委員会出版部, 『「日韓会談」の本質と背景(大衆活動シリーズ3)』, 1963.6.

日本共産党中央委員会出版部, 『日韓条約と日本共産党』, 1965.10.

日本共産党中央委員会出版部, 『日本共産党決議決定集』, 1958~1967(No.4~16).

日本社会党, 「日韓会談と党と大衆行動」, 『月刊 社会党』, 1963.2.

日本社会党結党四十周年記念出版刊行委員会編, 『資料 日本社会党四十年史』, 1986.

日本社会党政策資料集集成刊行委員会編, 『日本社会党政策資料集成』, 1990.

日本社会党東京都本部, 『日本社会党東京都本部40年史』, 1991.

日本社会党政策審議会, 『日韓条約反対・経済危機打開(政策資料国会報告第49
[臨時])』, 1965.8.

民社党三十五周年頒布会, 『民社党三十五周年史』, 1992.

民社党史刊行委員会, 『民社党史 資料編』, 1994.

-재일본조선인총련합회 관련 자료

『韓日会談』反対在日本朝鮮人闘争委員会, 『『韓日会談』の陰謀』, 1965.3.

在日本朝鮮人総聯合会, 『在日朝鮮人の帰国問題について-人道主義の原則は守
れねばならない』, 1959.8.

在日本朝鮮人総聯合会, 『祖国の懐に抱かれて-在日朝鮮人の帰国実現30周年』,
1989.11.

総聯中央常任委員会, 『「韓日会談」と日本独占資本の南朝鮮再侵略策動に反対
する(朝鮮問題資料シリーズ第13集)』, 1962.4.

総聯中央常任委員会, 『アメリカ帝国主義と朴正煕一味を断罪する:朝鮮各社会
団体の告発状(朝鮮問題資料シリーズ第14集)』, 1962.6.

総聯中央常任委員会, 『南朝鮮から米軍を撤退させ朝鮮の自主的平和統一を実
現するために(朝鮮問題資料シリーズ第18集)』, 1962.12.

総聯中央常任委員会, 『「韓日会談」を粉砕し, 祖国の平和的統一を促進するた
めに(朝鮮問題資料シリーズ第20集)』, 1964.4.

総聯中央常任委員会, 『「韓日会談」の本質を衝く(朝鮮問題資料シリーズ第22集)』,
1965.2.

総聯中央常任委員会, 『「韓日会談」を論ず(朝鮮問題資料シリーズ第23集)』, 1965.3.

総聯中央常任委員会, 『全民族が団結して犯罪的な「韓日会談」を粉砕することに
ついて(朝鮮問題資料シリーズ第24集)』, 1965.6.

総聯中央常任委員会, 『「韓日会談」の諸「協定」は無効である(朝鮮問題資料シリー
ズ第25集)』, 1965.7.

総聯中央常任委員会, 『アメリカ帝国主義の朝鮮戦争挑発15周年と関連して(朝
鮮問題資料シリーズ第26集)』, 1965.7.

総聯中央常任委員会,『「韓日協定」は無効である(朝鮮問題資料シリーズ第27集)』, 1965.9.

総聯中央常任委員会宣伝部,『「韓日会談」と東北アジア軍事同盟』, 1958.7.

総聯中央常任委員会社会経済部,『『資料』「韓日条約」で論議されているいわゆる「在日朝鮮人の法的地位」問題について－外国人登録法の改悪と関連して－』, 1964.3.

総聯中央常任委員会,『총련(総連)』, 朝鮮新報社, 2005.

在日本朝鮮人科学者協会社会科学部門委員会,『弾劾文 南朝鮮にたいするアメリカ帝国主義の侵略的で略奪的な援助の本質を暴露, 糾弾する』, 1963.9.

在日本朝鮮人祖国往来要請委員会,『在日朝鮮公民の祖国への自由な往来を実現するために』, 1963.7.

在日本朝鮮人祖国往来要請委員会,『六十万の切実なねがい－在日朝鮮公民の祖国往来実現のため－』, 1965.2.

在日本朝鮮青年同盟朝鮮大学委員会,『闘う南朝鮮の青年学生』, 1964.6.

在日本朝鮮青年同盟中央常仕委員会宣伝部,『『韓日条約』を破棄せよ!－闘う南朝鮮の青年学生－』, 1965.10.

朝鮮大学校,『「日韓会談」の本質について－その経過と背景に関する考察(朝鮮に関する研究 資料第4集)』, 1961.4.

朝鮮大学校,『朝鮮の平和的統一を妨げる,「韓・日会談」(朝鮮に関する研究資料第6集)』, 1962.6.

朝鮮大学校,『侵略勢力と売国政権に反対する南朝鮮の学生闘争(朝鮮に関する研究資料第11集)』, 1964.8.

朝鮮大学校,『売国的「韓日条約」は無効である(朝鮮に関する研究資料第13集)』, 1965.11.

朝鮮大学校,『在日朝鮮人運動にかんする論文集(朝鮮に関する研究資料第21集)』, 1980.9.

－일조우호단체 관련 자료

日朝協会,『日朝友好運動10年のあゆみ』, 1960.12.

日朝協会,『「日韓条約」批准は阻止できる』, 1965.9.

日朝協会，『国連と朝鮮問題』，1973.8.

日朝協会，『日本と朝鮮との往来実現のために(日朝友好運動シリーズ第1集)』，
　　　　1963.10.

日朝協会，『動きだした「日韓条約」(日朝友好運動シリーズ第5集)』.

日朝協会，『在日朝鮮人の「帰国協定」打切りの狙いはなにか(日朝友好運動シリー
　　　　ズ第6集)』，1967.7.

日朝協会文化宣伝委員会，『最近の日朝問題－日米共同声明路線と日朝友好運
　　　　動』No.16，1970.11.

日朝協会愛知県連合会，『放棄せよ!「日韓条約」』，1965.11.8.

日朝協会東京都連合会，『その道をくり返すな韓日会談は侵略と戦争への道』，
　　　　1962.11.

日朝協会東京都連合会，『わたしたちの日朝友好運動』，1964.4.

日朝協会福岡県連合会，『現代の怪談 日韓会談のはなし』，1963.1.

日朝協会福岡県連合会，『とどめを刺そう!!日韓条約(敵の論拠をあばく)』，1965.11.

日朝貿易会，『「日韓条約」と日本の経済進出－日本朝鮮研究所長秋田重夫氏の講
　　　　演記録－』，1965.9.

日朝貿易会，『「日韓条約」とアジアの情勢－評論家 高橋 甫氏講演記録』，1965.9.

日朝往来自由実現神奈川県連絡会，『在日朝鮮公民の祖国往来自由実現のため
　　　　に』，1964.9.

日韓会談対策連絡会議，『「日韓会談」の背景と本質』，1961.2.

日韓会談対策連絡会議，『日韓会談反対運動推進のために』，1961.10.

日本朝鮮研究所，『当面の朝鮮に関する資料』，第1集，1961.

日本朝鮮研究所，『当面の朝鮮に関する資料』，第2集，1961.

日本朝鮮研究所，『私たちの生活と日韓会談』，1962.12.15.

日本朝鮮研究所，『日本の将来と日韓会談－ポラリス段階での日韓会談の諸問
　　　　題－』，1963.8.1.

日本朝鮮研究所，『アジアの平和と日韓条約』，1965.9.

在日朝鮮人の人権を守る会，『在日朝鮮人の法的地位－はく奪された基
　　　　本的人権の実態－』，1964.12.

在日朝鮮人の人権を守る会，『在日朝鮮人の民主主義的民族教育』，1965.3.

在日朝鮮人の人権を守る会, 『帰国協定の延長と帰国事業の保障のために-20の
　　　質問-』, 1967.5.
在日朝鮮人民族教育対策委員会, 『在日朝鮮人の民族教育をまもるために』, 1967.3.

-재일본대한민국민단 관련 자료

在日本大韓民国居留民団, 『民団20年史』, 1967.
在日本大韓民国居留民団, 『民団30年史』, 1977.
在日本大韓民国居留民団, 『民団40年史』, 1987.
在日本大韓民国民団, 『民団50年史』, 1997.
在日本大韓民国民団, 『ドキュメンタリー韓国民団(DVD)』, 2008.
在日本大韓民国民団中央本部, 『図表でみる韓国民団50年の歩み』, 五月書房, 1997.
在日本大韓民国居留民団西東京地方本部, 『民団西東京四十三年史』, 1990.
在日本大韓民国民団新宿支部, 『民団新宿60年の歩み』, 2009.
在日本大韓民国青年会中央本部, 『「歴史を伝える運動」中間報告書 2001年度版』,
　　　2002.9.
在日本韓国学生同盟中央本部, 『第二回韓学同綜合文化祭実施要綱Thema「韓国
　　　の近代化」』, 1964.12.
在日本韓国学生同盟中央本部 学習資料, 『絶糧と韓国農業』, 1964.7.
在日本韓国学生同盟中央本部　学習資料, 『韓日会談その最終的段階と我々の
　　　態度』, 1965.3.1.
在日本韓国学生同盟中央本部 資料, 『法的地位問題-第三回綜合文化祭-』, 1966.
在日本韓国学生同盟中央本部 1966年度夏期キャンプ, 『在日僑胞史』, 1966.
在日本韓国学生同盟中央本部, 『第3回綜合文化祭パンフレット』, 1966.12.10~12.
在日本韓国学生同盟中央本部, 『資料 法的地位問題-第三回綜合文化祭』, 1966.
在日本韓国学生同盟中央本部　総合資料, 『在日韓国人の基本的人権-その「は
　　　く奪」の実態と「闘い」の記録』, 1969.2.
韓学同中央総本部常任委員会, 『1965年3・1独立運動四十六周年記念式典並び座
　　　談会に関する中央総本部常任委員会からの通知文』, 1965.2.23.
韓学同第一回綜合文化祭実行委員会 資料集, 『韓日会談と民族の将来』, 1963.12.

韓学同第三回綜合文化祭歴史分科会資料,『韓国史の論争点－主体的歴史観確立の為に－』, 1966.

韓学同京都府本部,『白衣民族』, 第3号, 1966.12.17.

韓学同中央 学習資料,『韓日会談-その最終的段階と我々の態度』, 1965.3.1.

本国学生市民愛族闘争支援在日韓国人学生委員会学習資料,『最近の本国情勢-3月2日からの母国学友の動きを中心に-』, 1964.6.10.

在日韓国青年同盟中央本部,『在日韓国人の歴史と現実』, 洋々社, 1970.

在日韓国青年連合・在日韓国学生同盟,『過去と冷戦を越えて－いま日韓条約を問う－』, 1996.

－대학 관련 자료(조선문화연구회・한국문화연구회)

在東京五大学・韓文研共同編纂,『韓国時事問題研究資料』, 1967.

東京大学朝鮮文化研究会,『조선－在日韓国公民の祖国往来問題と日韓会談によせて－』, 1963.11.

法政大学朝鮮文化研究会,『日本人の朝鮮観調査報告書』, 1966.11.19.

早稲田大学理工学部理工展委員会本部企画部,『日韓条約とベトナム戦争(第12回早稲田祭理工展)』, 1964.

5. 연표・연감・사전・색인

姜　徹,『在日朝鮮韓国人史総合年表－在日同胞120年史－』, 雄山閣, 2002.

鹿島平和研究所編,『日本外交重要文書・年表(1)1941－1960』, 原書房, 1983.

鹿島平和研究所,『日本外交主要文書・年表(2)1961-1970』, 原書房, 1984.

統一朝鮮新聞社編,『1964年 統一朝鮮年鑑』, 統一朝鮮新聞社, 1964.

統一朝鮮新聞社編,『1965-66年 統一朝鮮年鑑』, 統一朝鮮新聞社, 1965.

統一朝鮮新聞社編,『1967-68年 統一朝鮮年鑑』, 統一朝鮮新聞社, 1967.

6. 신문 · 잡지 · 기관지

『朝日新聞』,『毎日新聞』,『読売新聞』,『神奈川新聞』,『統一朝鮮新聞』,『東亜日報』, 朝鮮労働党機関誌『労働新聞』, 法政大学朝鮮文化研究会機関誌『学之光』, 早稲田大学韓国文化研究会機関誌『高麗』, 在日韓国青年同盟 機関紙『선구』, 総聯機関誌『朝鮮新報』, 日朝協会機関誌『日本と朝鮮』, 日本共産党機関誌『アカハタ』, 日本朝鮮研究所機関誌『朝鮮研究月報』, 民団機関誌『韓国新聞』.

일본 내 한일회담 반대운동 관련 주요 연표

구분 년월일	민단계	총련계	혁신세력
1951.10.20	·예비회담개시		
1952.2.1		재일조선통일민주전선(이하, 민전) – 시마네현 조선인대회(시마네현 마쓰다시 공회당·약 250명)	
2.15	·제1차 한일회담시작(~1952.4.21)		
2.15		민전 – 한일회담, 강제송환반대투쟁월간(2.15~3.15)	
3.28		민전 – 한일회담 결정 반대(이바라키현청 앞·약 200명)	
1953.1.5		민전 – 한일회담반대인민궐기대회(오사카, 시가현): 대회 후 삐라 살포	
1.6		민전 – 한일회담반대집회(도쿄·약 160명): 미대사관, 수상관저, 외무성에 결의문 수교	
1.14		민전 – 한일회담반대집회(후쿠야마, 쿠마모토)	
1.21		민전 – 한일회담반대집회(아이치현)	
1.24		민전 – 한일회담반대집회(가가와)	
1.27		민전 – 한일매국협정, 일본국민 조선 출병 반대 항의 투쟁(야마나시현)	
3.16		민전 – 한일회담반대·빈청년대회 파견 대표 여권 문제 항의 집회(약 300명): 대표자 15명, 외무성, 한국대표부,미대사관에 항의	
4.15	·제2차 한일회담 시작(~1953.7.23)		
4.15		민전 – 한일회담재개반대항의집회(약 400명): 외무성에 항의	
4.21		민전중앙본부 – 한일회담 반대를 주장하며 도쿄내 각국 대사관에 문서로 협력 요청	
5. 5		민전 – 한일회담반대강연회(가나가와현, 약 100명): 트럭을 타고 시내 선전 활동	

구분 년월일	민단계	총련계	혁신세력
10.26	·제3차 한일회담 시작(~1953.10.21)		
1957.18.20	·제4차 한일회담 준비를 위한 예비회담 시작(~1957.12.31)		
1958.3.11	재일본대한민국거류민단(이하, 민단)-3.1절 기념식전 및 한일 회담 성공 촉진 민중대회(도쿄 히비야공회당)		
4.15	·제4차 한일회담 시작(~1960.4.19)		
4.24			일조협회-「제4회 전국 상임 이 사회」약 35명 참가): 일한회담 저지를 강력히 주장
5.23			일한문제긴급대책연락회의(이 하, 일한대련)-일한회담반대 토 론회 개최(약 20명 참가)
1960.3.1	민단-제41회 3.1절 기념식전 및 북송반대, 한일국교정상화촉 진 민중대회, 데모행진(도쿄 히 비야공회당·약 3,000명)		
10.25	·제5차 한일회담 시작(~1961.5.15)		
12.10			일조협회-「제6회 전국대회」: 일한회담 즉시 중지 요청 결의 채택
1961.3.11			일한대련-「일한회담 중지 요구 국민 집회」
3.27		재일본조선인총련합회(이하, 총 련)-남조선인민의 악법반대투 쟁지지 재일조선인 중앙대회(도 쿄 교리츠강당·약 2,500명)	
4.19			일한대련-「일한회담분쇄, 조선 의 평화적 통일 지지 중앙 국민 집회」
5.6		총련-하네다 공항에서 자민당 방한사절단에 대한 저지 행동(약 500명)	
5.17		재일본조선유학생동맹(이하, 유 학동)·재일한국학생동맹(이하, 한학동)-단합집회(도쿄 청년회 관)	
9.2		「한일회담」반대대책연락회의- 재일조선인 중앙 궐기대회	
10.14		총련-한일회담반대 재일조선인 청년 학생 중앙 궐기대회	
10.20	·제6차 한일회담 시작		
11.7		총련-박의장 입국 저지 집회(약 400명)	일한대련-「일한회담 분쇄 중앙 집회」: 박의장 방일 반대 결의 집회

구분 년월일	민단계	총련계	혁신세력
11.8			일한대련 – 「일한회담 분쇄 국민 중앙 집회」(약 2,300명)
11.10		재일조선청년동맹(이하, 조청)·일본민주청년동맹(이하, 민청동)·중앙합창단 – 「일·조·중 청년 평화 집회」(약 800명): 이케다·박 회담 반대, 한일회담분쇄 대회 선언 발표	
11.11		총련 – 박정희의장 방일에 따른 하네다 공항에서의 대중동원 항의 행동(약 4,500명)	일본공산당(이하, 일공)·민청동 공최 – 「박 방일반대, 일한회담 분쇄 총궐기 대회」(약 1,300명): 정부, 박의장에 대한 항의의, 결의문 채택. 대회 후 데모 행진
		총련 – 미제와 박정희 일당을 규탄하고 한일회담에 반대하는 도쿄조선인대회(시나가와 공회당, 약 2,000명)	
12.11	일한친화회, 한일경제협회, 한일무역협회, 아세아토모노카이 등 6개·단체 – 한일회담의 성립을 요망하는 강연회(지요다 공회당)		
12.16		총련 – 한일회담배격 재일조선인 대회(쿄리츠강당·약 1,500명)	
12.17		총련 – 한일회담을 반대배격하는 재일조선인 중앙대회	
1962.1.24	재일대한부인회, 전일본부인회, 전일본불교부인연맹 등 민간단체합동 주최 – 「한·일담담 촉진 간담회」(고란쿠엔)		
2.15			일조협회 – 「일한회담 반대 도내 각지구 집회」
2.23			일한대련·일중국교회복국민회의 공최 – 「일한회담분쇄, 일중국교 회복 실현 전국통일행동 중앙집회」(약 2,300명)
3.12		총련대표, 한일회담 반대로 외무성에 항의	일한대련 대표 15명, 외무성에 일한회담반대 항의
3.14			일한대련, 「일한회담분쇄, 외상회담 중지 요구 대회」(약 300명)
3.17		총련 – 일본군국주의의 남조선재침략과 한일회담 반대 재일조선인·중앙대회(도쿄·약 4,500명)	
3.20		총련 – 한일회담반대중앙대회(히비야공원, 약 1만 명)	

구분 년월일	민단계	총련계	혁신세력
3.30			안보반대국민회의 – 「일한회담, 갈리·타이·반대·제1차 전국통일행동」(전국 13개소, 약 7,700명 참가)
5.19			안보반대국민회의 – 「일한회담 반대 제2차 전국통일행동」
6.1			일공중앙위원회 – 「아메리카 제국주의의 인도차이나 침략 반대, 오키나와반환, 일한회담분쇄 전관동집회」(약 6,000명 참가)
6.24		총련 – 최고인민회의 제안 지지 재일조선인중앙대회(기타구 공회당·약 1,300명)	
6.25		총련 – 6·25기념 「남조선에서 미군의 즉시 철퇴를 요구하는 재일조선인 중앙대회」(히비야·공회당·약 2,500명)	
9.7			일본사회당 – 「일한회담 즉시 중지를 요구하는 긴급 중앙 집회」(약 150명)
9.10			일중우호협회 – 「일한회담 중지를 요구하는 긴급집회」
9.13			일본사회당 – 「일한회담분쇄, 나이키 반입 반대 중앙 집회」(약 7,000명 참가)
9.15		총련 – 한일회담 반대 배격 제1차 전국통일행동: 각현에서는 9월14일 전국에서 일제히 현대회를 개최	
9.21			평화와 민주주의를 지키는 공투회의(이하, 평민공투회의) – 「일한회담분쇄 교토 대집회」(교토, 약 3,000명 참가)
10.6~12		총련 – 한일회담을 반대 배격하고 귀국협정의 무수정 연장을 요구하는 제1차 통일행동	
10.21			일본평화위원회·일공·민청동 공최 – 「핵전쟁 저지, 일한회담분쇄, 수도권 미사일 기지화 반대, 민주주의와 생활옹호를 위한 10·21·대집회」(전국 7개·도도부현 7개소, 약 64,000명 참가)

구분 년월일	민단계	총련계	혁신세력
10.23		총련 – 한일회담 분쇄 재일조선인중앙대회(도쿄·약 4,000명) 총련 – 제3차 통일행동으로 한일회담 반대 배격, 귀국협정 무수정 연장 요국 재일조선인 중앙대회(히비야 야외 음악당, 약 3,500명)	
10.25			안보반대국민회의 – 「일한회담 분쇄 제3차 통일행동 중앙집회」(연인원 약 12,000명 참가)
10.31	민단 – 한일회담 타결 촉진 중앙민중대회(히비야 야외 음악당·약 5,000명)		
11.5		총련 – 제5차 한일회담 반대 집회(전국 11개 도도부현·약 23,000명)	
11.19			안보반대국민회의 – 「일한회담 반대분쇄 제4차 통일행동 주간(~11.29)」을 결정
11.24		총련 – 제6차 한일회담 반대 집회(전국 43개 도도부현·약 18,000명)	
12. 8		총련 – 제7차 한일회담 반대 전국 선전 활동	
12.10			안보반대국민회의 – 「제5차 통일행동(~12.19)」: 사회당과 공산당의 대립으로 중앙집회 열리지 못함
12.13		총련 – 한일회담 즉시 중지와 3자회담의 제창을 지지하는 재일조선인 대회(도쿄·약 1,600명)	
12.20		총련 – 북조선정부의 일한회담에 관한 성명 지지 중앙대회(분쿄·공회당, 약 2,000명)	
1963.11.16			일본평화위 – 「일한회담분쇄를 위한 평화우호단체 합동회의」(약 200명 참가)
1.18		총련 – 제8차 한일회담 반대 집회	
1.20			안보반대국민회의 – 「일한회담 반대 제6차 통일행동(~1.25)」(전국 26개·도도부현156개소, 연인원 약 59,500명 참가)
2.4	민단 – 한일회담촉진 법적지위 관철요구대회(히비야 음악당)		

구분 년월일	민단계	총련계	혁신세력
2.15			인권을 지키는 부인협의회-일 한반대 가두서명 활동(2월16일 일한회담반대 전오사카부인 집 회)
2.16			안보반대국민회의-「일한회담 반대 제7차 통일행동」(전국 60 개소, 약 68,000명 참가)
2.27	민단-도쿄도내 데모 행진		
3. 8			안보반대국민회의-「일한회담 반대 제8차 통일행동(~3.10)」 (전국 17개·도도부현 28개소, 연인원 약 15,000명 참가)
3.20			전일본학생자치회총련합(이하, 전학련)(일본마르크스주의학생 동맹·중핵파(이하, 마르학동중핵 파), 사회주의학생동맹(이하, 사 학동), 일본사회주의청년동맹(이 하, 사청동)공최-「김종필 한국 민주공화당 의장 방일 저지 하네 다 투쟁」(약 180명 참가, 검거 9명)
5.20			안보반대국민회의-「일한회담 반대 제9차 통일행동(~5.27)」 (전국 30개·도도부현 114개소, 연인원 약 58,000명 참가)
6.6			안보반대국민회의-「제10차 통 일행동 국민 청원 대회」(전국 32개·도도부현117개소, 연인원 약 46,500명 참가, 검거 6명, 경찰관 부상 26명)
6.25		총련-남조선에서 미군의 즉시 철퇴를 요구하는 재일조선인중 앙대회(분쿄 공회당·약 1,600명)	
7.27		총련-조선전쟁 승리 10주는 기 념, 미제를 철퇴시키는 재일조선 인 도쿄대회(기타구 공회당·약 1,200명)	
9.4	민단중총-법적지위문제에 대한 각지방 본부에의 순회공청회(법 대위위원, 박성진, 정철)		
10.31			전학련(마르학동혁마르파)-「일 한회담분쇄 전학련 궐기 집회」 (약 170명 참가, 검거 2명)
11.28		총련-미군의 만행을 규탄하는 도쿄 조선인대회(고쿠로 회관· 약 300명)	

구분 년월일	민단계	총련계	혁신세력
12.17		총련-남북합작과 협력으로 조국의 자주적 평화통일을 촉친하는 재일조선인대회(교리츠 강당·약 1,600명)	
1964.1.10		총련-재일본조선인연합회 관동지방 열성자 대회	
12.11	민단긴키지협-법적지위 관철 민중대회(오사카 나카노지마 공회당): 박정권 대일 굴복·자주자립 조국건설을 요구		
2.8		총련-《한일회담》반대 재일조선인 중앙대회(분쿄 공회당·약 1,800명)	
2.14	재일한국청년동맹(이하, 한청)-법적지위요구 관철 민중대회(히비야 공회당): 주일대표부에 일본에서 퇴거할 것을 요구하며 항의		
2.16	민단관동지협-한일회담 법적지위요구 관철 중앙민중대회: 주일대표부의 일본 철거, 박정권의 대일교섭반대 결의		
2.23		총련 기후현-한일회담반대 자전거 행진	
2.26		총련교토부본부-한일회담반대 강연회	
2.29		총련 후쿠시만현 아에즈와카마츠지부 타지마분회-「조국영화상영회」후, 한일회담 반대 선전활동	
3.1	민단-3·1절 중앙 민중 대회: 법적지위에 한정하여 한국정부에 직접 진정을 결정	총련-3·1운동 45주년 기념 한일회담반대 재일조선인 중앙대회(전국각지 및 교리츠 강당·약 2,000명): 일본정부에 대한 한일회담 즉지 중지 요청문 채택	
3.10			일본사회당(이하, 사회당)·일본노동조합총평의회(이하, 총평)의 일한회담반대 제1차 행동 10일 행동 개시(~3.20)
3.11		총련-한일회담을 반대하는 재일조선인 중앙대회(히비야 공원·약 7,800명)	
3.14		총련아이치현 지국-한일회담을 반대하는 재일조선인 대회(모리야마 공민관·약 2000명)	
3.16	한학동-재일한국학생「한일회담」반대 투쟁위원회 결성대회		

구분 년월일	민단계	총련계	혁신세력
3.20		총련 - 김종필 방일에 항의하여 전국에서 일제히 「한일회담반대 재일조선인 대회」(전국 35개소·약 11,200명)	
3.21	재일한국유학생, 재일한국학생 「한일회담」 반대 투쟁위원회 - 한일회담 법적지위 요구 관철 청년학생 중앙 궐기대회(도쿄 신바시 토라몬 닛쇼회관)		사회당·총평의 일한회담반대 제2차 10일 행동 개시(~3.30)
3.24		총련 - 한일회담 반대 재일조선인 중앙대회(히비야 야외 음악당)	
		조선대학교(이하, 조대) - 남조선 청년학생의 애국투쟁을 열렬히 지원하며 한일회담을 반대하는 궐기 대회	
3.25		총련 가나가와현 가와사키지부 - 한일회담을 반대하며 남조선 인민들의 투쟁을 지지하는 궐기 대회(가와사키 조선초급학교)	
3.26		범죄적인 한일회담을 반대하며 남조선·인민들의 투쟁을 지지하는 총련 야마구치현 시모노세키 조선인대회(시모노세키, 약 100명의 민단 동포와 약 50명의 중립층 동포가 참가)	
3.27	민단 - 법적지위 요구 관철 진정단 파견		
3.28		조대·조청 - 한일회담을 반대하며 남조선 청년학생들의 애국투쟁을 지지하는 재일조선청년학생 궐기대회(도쿄 조선중고급학교 운동장, 약 2,500명)	
3.29		총련 - 한일회담에 반대하는 재일조선인 중앙대회(히비야 공원·약 6,000명): 총련 각 지방에서도 집회 개최(~4.4)	
		총련, 오사카 청년학생대회(오사카 시텐오지 회관, 약 2,000명)	
3.30		총련 - 범죄적 한일회담을 반대 배격해 일어선 남조선인민들의 영웅적 투쟁을 적극 지지하는 궐기 집회(도쿄)	
4.7		총련도쿄도본부 - 조선민주주의인민 공화국 회고인민회의의 호소문을 지지하는 도교조선인대회(규단회관·약 1,500명)	

구분 년월일	민단계	총련계	혁신세력
4.19		조청 – 한일회담에 반대하며, 4·19인민봉기 4주년 기념, 재일조선청년학생 궐기 대회	
4.24		총련도쿄도본부 – 남조선인민의 애국투쟁을 지지 지원하는 도쿄조선인대회(기타구 공회당·약 1,200명)	
		조청·유학동 – 한일회담을 반대하며, 남조선청년학생들의 애국적 투쟁을 지지 성원하는 조선대학학생궐기대회	
5.22			평민학련 – 「일한회담분쇄 전국학생 총궐기집회」(전국 7개·도 도부현 11개소, 약 2,110명 참가): 미대사관, 외무성, 문부성에 항의
6.3		총련 – 한일회담반대 재일조선인중앙대회	
6.4			마르학동중핵파 – 「한국 계엄령 항의, 한국 학생 지지 집회」(약 250명 참가, 검거 5명): 집회 후, 한국대표부에 항의
6.6	한학동 – 본국학생의 총궐기에 대한 재일한국학생지원대회		
6.8		총련 – 남조선 인민의 애국투쟁을 지지, 성원하는 도쿄조선인대회(기타구 공회당·약 700명)	
6.16			민청동·평민학련 공최 – 「남조선학생의 반미애국투쟁지원, 일한회담분쇄, 6.16청년학생 총궐기집회」(약 6,000명 참가, 검거 1명): 집회 후, 국회청원
6.25		총련 – 한국 민중의 애국투쟁을 열렬히 지지하며, 미군과 박정희 정권에 반대하는 재일본조선인중앙대회(기타구 공회당, 약 1,300명)	
8.2			반전전국노동자(사·총계) – 「일한회담분쇄, 헌법개악저지·반전전국노동자학생집회」(오사카, 약 1,600명 참가, 검거 2명)
9.11			일한분쇄 원자력잠수함 저지 전국 실행위원회결성(사·총계)

구분 년월일	민단계	총련계	혁신세력
9.27			사·총계 원자력잠수함 기항 저지 전국실행위원회 – 「9·27일한회담반대 동일본 요코스가 대집회」(약 45,900명 참가, 검거 1명, 결찰관 부상 10명): 이 집회에 대해 애국당 선전차 3대가 삐라 살포하며 방해
10.29		총련 – 한일조약분쇄, 재일동포의 민주주의 권리 획득을 위한 강연회(도쿄·약 1,000명)	
11.3		총련 – 한일회담 대책 간담회(신주쿠 「명월관(明月館)」): 총평, 일조협회, 사회당 및 각 단체가 출석	
12.3	·제7차 한일회담 시작		
12.7		총련 – 조국자유왕래실현요구, 한일회담 반대 재일본조선인중앙대회(도쿄·약 2,000명)	
12.17		총련 – 한일회담반대 재일조선인중앙대회(분교 공회당·약 2,500명)	
1965.11.19		총련 도쿄도본부 – 한국의 남베트남 파병반대 도쿄조선인대회(분교 공회당·약 2,000명)	
1.19		총련 – 한일회담반대·활동자회의(도쿄·약 2,000명)	
1.15	민단 – 한일회담촉진 도쿄지구대회	총련 – 한일회담반대·남조선의 남베트남 파병을 규탄하는 도쿄조선인대회(도쿄·약 2,000명)	
1.20	민단중앙 권일 단장 – 본국정부에 법적지위처리문제에 관한 요구사항 제출		
1.22	민단 민주파 – 다카사키 망언 규탄, 「한국군」 남베트남 파견 반대 항의 집회		
1.24		전국각지에서 다카사키 폭언을 규탄하는 집회가 열림	
2.8	민단, 다카사키 발언 규탄 재일한국인 민중대회(교바시 공회당)	총련 – 범죄적 한일회담 반대·일본조선인 중앙집회(도쿄·약 3,000명)	
2.11		총련 도쿄도본부 – 총련도본부 대표 약 10명이 시이나 외상 방한 반대를 위한 외무·법무성에 항의	

구분 년월일	민단계	총련계	혁신세력
2.19		총련 – 한일회담반대, 재일조 선인 중앙대회(교리츠 강당·약 2,000명)	
2.20	·한일기본조약 가조인(서울)		
2.24		총련 후쿠이지부 – 한일회담반대, 재일조선인대회	
3.1		총련–3·1운동 45주년 기념 「한 일회담 분쇄, 매국노 박정희 도 당 규탄 재일조선인중앙대회」 (교리츠 강당, 약 3,000명)	
3.3	민단 – 법적지위 요구 관철 전국 대표자회의: 일본정부에 한일조 약비준 요구를 결의		
3.9~11	한학동·한청 – 법적지위요구관 철·평화선 사수 중앙 민중 궐기 대회(도쿄 아자부 공회당)		
3.10		총련 도치키현 쥬부, 료모,기타 부 지부 – 한일회담반대 가두선 전 활동(선전차 7대)	
3.11		조청 오사카죠히가시 지부 – 한 일회담반대, 매국노 박정희 도당 를 규탄하는 성토대회(오사카· 약 70명)	
		총련 후쿠이현 후쿠이지부 – 한 일회담반대 가두선전 활동(선전 차 4대·2만 장의 삐라 살포)	
		총련 난에츠지부 – 한일회담반대 가두선전 활동(선전차 1대·4천 장의 삐라 살포)	
3.12		한일회담반대재일조선인투쟁위 원회 – 한일회담반대 재일조선인 중앙대회(도쿄·약 5,200명)	
		총련 – 총련중앙집회(도쿄·약 5,300명)	
		총련 – 매국노 박정희 도당 규탄 재일조선인 중앙대회(히비야 야 외 음악당·약 13,000명)	
		총련 후쿠오카현 후쿠오카 지부 가시이 직장 분회 – 한일회담반 대, 매국노 박정희 도당을 규탄 하는 결의 대회(후쿠오카·약 40 명)	
3.13		총련 오쿠에츠지부 – 한일회담반 대 가두선전 활동(약 30명·6천 장의 삐라 살포)	

년월일 \ 구분	민단계	총련계	혁신세력
3.14		총련 도치키현본부 – 가두선전 활동(선전차 20대·8개시 6개소)	
3.19	민단 – 법적지위요구관철 중앙 민중대회(히비야 공회당·약 5,000명)		
3.22		재일본조선민주여성동맹 중앙본부 – 한일회담분쇄, 매국노 박정희를 규탄하는 재일본조선민주여성동맹 중앙 궐기 대회(도쿄·약 2,000명)	
3.23	민단 – 본국정부진정단 서울에 파견(28일 귀환)	재일본조선인상공연합회 – 매족 한일회담, 매국노 박정희도당을 규탄하는 재일본조선상공인 중앙대회(도쿄·약 1,200명)	
3.24	민단 – 법적지위요구·평화선사수 중앙 민중 궐기 대회(도쿄 지요다구 공회당, 약 300명 참가, 검거 1명, 부상학생 10명)	총련 – 한일회담분쇄 재일조선인 상공인 대회(도쿄·약 1,200명)	
3.25	한학동·한청 – 법적지위요구관철 대회	조청중앙본부 – 한일회담반대중앙궐기대회(도쿄·약 1,200명)	일공계 베트남 군사 침략 반대·일한회담분쇄·원자력잠수함저지·미츠야 계획 음모 분쇄 3·25긴급 대항의 실행위원회 – 「대항의집회」(전국 6개소·도도부현 12개소, 약 13,500명 참가)
3.25	민단 – 법적지위·평화선 굴욕적 가조인에 대한 중앙 민중 궐기대회(닛쇼홀, 약 500명): 주일대표부에 진정		
3.26	한학동·한청 – 일한회담에 대한 법적지위요구관철 항의 행동(도쿄·약 70명, 검거 7명)		
3.27		총련 – 한일회담반대배격, 매국노 박정희 도당 규탄 재일조선인 중앙대회(교리츠 강당·약 3,500명)	
3.29		총련 – 범죄적 한일회담을 반대하고, 박정희 정권을 규탄하는 재일조선인 중앙대회	
4.3	·청구권·어업·재일한국인의 법적지위에 관한 협정의 합의사항에 대해 가조인(도쿄)		
4.6	재일한국인 법적지위요구관철·평화선 사수 투쟁위원회, 한청, 한학동 공동주최 – 굴욕적 가조인 반대 민중궐기대회(아자부 공회당·약 200명)		

구분 년월일	민단계	총련계	혁신세력
4.18	한청한학동 – 4·19학생 혁명 5년 기념 및 굴욕적 가조인 반대 간사이 청년학생궐기대회(오사카 모리노미야 시민관)		
4.17		조청 중앙본부 – 한일회담반대, 재일청년학생집회(도쿄·약 750명)	
4.19		한일회담반대 재일조선인 투쟁위원회 – 한일회담반대, 4·19기념 재일조선인 중앙집회(도쿄·약 2,000명)	
		총련 – 한일회담반대집회(전국 15개도도현, 연인원 약 12,000명 참가)	
		남조선인민의 애국투쟁 지지 지원, 매국노 박정희 도당 규탄 재일조선인대회(교리츠 강당, 약 1,500명)	
5.1		총련 – 5·1절 경축 재일조선인 중앙대회(도쿄·약 1,550명)	
5.14		총련 – 한일회담반대배격, 매국노 박정희 도당 규탄 재일조선인 중앙대회(교리츠 강당·약 1,800명)	
6.9			사·총계전국실행위원회, 일공계 중앙실행위원해 별도 주최 – 「6·9일한회담반대, 베트남 반전 통일행동」(전국 43개·도도부현 200개소, 약 10만8천 명 참가. 검거 22명)
6.16	재일한국인 법적지위 및 처우요구 관철 오사카구 민중대회(오사카)		
6.17	재일한국인 법적지위 및 처우 요구 관철 중앙민중대회(히비야 음악당, 약 1만5천 명)		
6.19		총련 – 북조선최고인민회의 결정 지지, 한일회담반대, 재일조선인 중앙대회(교리츠 강당·약 2,300명)	
6.20~23	한청 – 법적지위요구관철 단식투쟁: 결사법적지위관철 슬로건 하에 농성돌입		
6.22	·기본조약과 4협정 조인		

구분 년월일	민단계	총련계	혁신세력
6.22			사·총계·전국실행위원회, 일공계 중앙실행위 별도 주최 -「6·23일한정식조인 반대집회」(전국 22개·도도부현 46개소, 약 28,700명 참가, 검거 25명)
			도쿄대학 대학원생연락협의회 주최 -「일한회담 정식조인 반대, 베트남정책 반대집회」(약 300명)
			전학련(일공계) -「베트남침략반대, 일한회담 본조이 저지 전학련 통일행동」(전국 약 3,300명)
			일한회담분쇄, 베트남 침략반대 교토 청년행동위원회(사·총계) - 교토시내에서 선전활동(검거 5명)
6.22~6.23	한청, 한학동 - 본조인 항의 농성		
6.25		총련 - 조선전쟁발발 15주년 기념, 남조선에서 미군즉시철퇴를 요구하며 박정희 도당을 규탄하여 매국적 한일회담, 조약에 대한 재일조선인대회(전국 5개 도도부현 5개소·약 9,200명(도쿄·분쿄공회당·약 2,500명)	일조협회 -「일한조약분쇄, 베트남 반전 국민중앙대표자회의」(약 90단체, 약 255명 참가): 안보투쟁을 상회하는 대투쟁을 전개할 것이라는 선언 채택
7.6		총련 - 매국적 한일회담에 대한 강연과 영화의 밤(도쿄·약 1,600명)	
7.15		총련 - 한일조약반대, 남조선인민 애국투쟁 지지 재일조선인 도쿄대회(분쿄 공회당·약 2,000명)	
7.26		총련 - 남조선에서 미군의 즉시철퇴를 요구하며, 매국적 한일조약에 반대하는 재일조선인 중앙대회(분쿄 공회당·약 2,000명)	
8.15		총련 - 8·15조국 해방 20주년 재일조선인중앙경축대회(히비야 공회당·약 4,000명)	

구분 년월일	민단계	총련계	혁신세력
8.25			사청동 – 「일한조약저지, 베트남침략반대 8·25도쿄 청년 노동자 대회」(약 800명 참가)
8.28		총련 – 남조선인민 애국투쟁 지지 재일조선인중앙대회(구단 회관·약 1,000명)	
8.29			전학련(일공계)주최 – 「남조선학우지원, 일한조약비준저지 8·29 전학련 긴급 통일행동」(약 750명 참가)
			일공계 중앙 실행위원회 – 「미원자력잠수함 사세보 입항 항의, 일한조약분쇄, 베트남 침략반대 8·27 긴급중앙집회」(약 7,500명 참가)
9.9		총련 – 조선민주주의인민공화국 창건 17주년 기념 경축 재일조선인중앙대회(전국 85개소·액 25,500명(도쿄·약 2,500명))	
9.12			일공계 중앙실행위원회 – 「일한조약비준저지, 베트남침략반대 9·12전국 집회」(전국 25개·도 도부현 51개소, 약 131,000명 참가)
9.15		총련 – 조선국적요청자대회(구단 회관, 약 1,000명)	
9.21			사·총계 전국실행위원회 – 「일한조약비준저지, 베트남 전쟁반대 제1파 전국행동」(전국 23개·도 도부현 55개소, 약 24,700명 참가, 검거 1명)
9.22			일중우호협회 주최 – 「일중국교회복, 일한조약비준저지, 베트남 침략반대 집회」(약 5,200명)
9.28		총련 – 한일회담 반대 재일조선인 조국왕래 요청 대회(도쿄·약 1,300명)	
10.2			일조협회 – 「일한조약비준저지, 베트남 침략반대, 국민평화대행진 중앙 결집행동」(약 500명 참가)

구분 년월일	민단계	총련계	혁신세력
10.5			일공계 중앙실행위원회 – 「일한조약비준저지, 베트남침략반대, 합리화분쇄, 생활옹호, 민주도정 확립, 안보파기를 위한 10·5대 집회」(전국 24개·도도부현 45개소, 약 122,000명 참가, 검거 2명)
			사청동 주최 – 「일한조약비준저지, 청학공투 궐기 대회」(약 1,100명 참가, 검거 11명)
			사·총계 제1차 일한조약비준반대 일제행동일(서명, 자금모금, 학습회, 소집회, 지구노조에서는 시간외 직장대회)
			전학련 등 일공계 학생 제단체 공최 – 「일한조약비준저지, 베트남침략반대, 대학 자치, 학문의 자유, 학생생활옹호 10·5전국학생통일행동」(약 4,600명 참가)
			일공, 전국일제행동일(직장지역 내에서 실행위 통일행동): 미대사, 사토 수상에 항의문타전
10.15	재일본조선인상공연합회 – 매국적 한일조약에 반대하며 권익을 옹호하기 위한 조선인상공인대회(도쿄·약 800명)		반전청년실행위 – 「10·15일한조약분쇄, 베트남 침략반대, 전국 청년학생 총궐기집회」(전국 11개·도도부현 25개소, 약 13,140명 참가, 검거 23명)
10.18		총련 – 전국열성자 제4회 대회(도쿄·약 2,300명): 한일조약비준저지를 호소함	
10.25		총련 – 조선국적요청자대회(도쿄·약 1,000명)	
10.29			도쿄도학생자치회연합(이하, 도학련)(반요요기계)주최 – 「일한조약비준저지 전국학생 통일행동」(전국 14개·도도부현 21개소, 약 7,100명 참가, 검거 29명)
			전학련(혁마르파)주최 – 「일한비준저지 전도 야간학생 통일 행동」(약 101명 참가)
10.30		총련 – 재일조선공민의 민주적, 민족권리 옹호를 위한 강연회(도쿄·약 1,100명)	
11.6	·일본 중의원 일한특별위원회에서 한일조약안건 가결		

구분 년월일	민단계	총련계	혁신세력
11.8			사·총계 전국실행위·일공계 중앙실행위 별도 주최-「11·8 일한저지 긴급 통일행동」(전국 16개·도도부현 31개소, 약 28,200명 참가, 검거 11명)
11.9			사·총계 전국실행위·일공계 중앙실행위 공최-「제1회 공투 11·9일한저지 국민통일행동」(전국 41개·도도부현 329개소, 약 238,300명 참가, 검거 75명)
11.10			사·총계 전국실행위·일공계 중앙실행위 별도주최-「11·10 일한저지 긴급행동」(전국 15개·도도부현 33개소, 약 27,700명 참가, 검거 8명)
11.11			사·총계 전국실행위·일공계 중앙실행위 별도 주최-「11·11 일한저지 긴급행동」(전국 26개·도도부현 47개소, 약 47,100명 참가, 검거 42명)
11.12	·일본 중의원 본회의에서 한일조약 관련 안건을 가결		
11.12			사·총계 전국실행위·일공계 중앙실행위 별도 주최-「11·12 일한저지 긴급행동」(전국 36개·도도부현, 153개소, 약 74,600명 참가, 검거 26명)
			국노-일한비준반대로 파업(전국거점 11개소, 약 51,000명, 검거 44명)
			총평-일한조약분쇄통일행동실시: 국노 12일 밤부터 2시간 파업, 공노협 공무원 공투 30분 미만 시간내 직대, 전일자노, 전국금속 등 2시간에서 반나절 파업
11.13			사·총계 전국실행위·일공계 중앙실행위 공최-「제2회 공투 11·13 일한저지 국민통일행동」(전국 40개·도도부현 223개소, 약 195,700명 참가, 검거 16명)
			중앙청년대표자회의 주최-「일한조약비준저지, 사토내각 타도, 국회해산 요구 청년학생 중앙 궐기 집회」(약 18,000명)

년월일 \ 구분	민단계	총련계	혁신세력
11.18		총련 – 한일조약비준반대 재일본조선인 대회(도쿄·약 2,300명)	
11.19			사·총계 전국실행위 주최 –「일한조약분쇄, 사토내각타도, 국회해산통일행동」(전국 11개·도도부현 22개소, 약 12,900명 참가, 검거 2명)
11.20			일공계 중앙실행위원회 주최 –「일한조약분쇄, 사토내각 타도, 국회해산항의집회」(전국 7개·도도부현 10개소, 약 7,800명 참가)
11.26			사·총계 전국실행위·일공계 중앙실행위 공최 –「제3회 공투 11·26 일한저지 국민통일행동」(전국 33개·도도부현 118개소, 약 76,300명 참가. 검거 9명)
11.27		총련 – 오사카 조선국적요청자 대회(오사카·약 1,200명)	
12.2			일공계 안보파기 중앙실행위 주최 –「일한조약분쇄, 원자력잠수함 입항 항의, 민주주의와 생활옹호, 사토내각 타도, 국회해산요구 12·2 도쿄집회」(전국 13개·도도부현 27개소, 약 26,100명 참가, 검거 2명)
12.3			사·총계 전국실행위 주최 –「일한조약비준저지, 사토내각 타도, 국회해산요구 국민통일행동」(전국 11개·도도부현 22개소, 약 15,200명 참가)
12.4			사·총계 전국실행위·일공계 중앙실행위 공최 –「제4회 공투 12·4 일한저지 국민통일행동」(전국 12개·도도부현 20개소, 약 22,500명 참가. 검거 2명)
12.6			사·총계 전국실행위·일공계 중앙실행위 별도 주최 –「일한조약분쇄, 사토내각 타도, 국회해산요구 국민통일행동」(전국 13개·도도부현 28개소, 약 15,000명 참가)

구분 년월일	민단계	총련계	혁신세력
12.8			사·총계 전국실행위·일공계 중앙실행위 공최-「제5회 공최 12·8 일한저지 국민통일행동」(전국 13개·도도부현 20개소, 약 10,700명 참가. 검거 2명)
12.18	·한일제조약 비준서 교환(서울), 발효. (단, 「법적지위」 협정은 1966.1.17 발효)		
12.18		총련-침략적 한일조약 반대 재일조선인 중앙대회(히비야 공회당, 약 1,500명)	

* 본 연표는 강철(『재일조선한국인사종합연표』, 雄山閣, 2002), 양영후(『전후·오사카의 재일조선인 운동1945-1965』, 未来社, 1994), 전준(『조총련연구(제2권)』, 高麗大學校出版部, 1972), 일본평화위원회 편(『평화운동 20년 자료집』, 大月書店, 1969), 공안조사청(『일한조약 반대투쟁의 총괄』, 1966.7), 내각관방내각조사실(『일한조약 체결을 둘러싼 내외 동향, 1966), 일본조선연구소 기관지(『조선연구월보』), 민단 기관지(『한국신문』), 총련 기관지(『조선신보』), 일조협회 기관지(『일본과 조선』) 등을 참고하여 작성하였다.

　　대학 2학년을 마치고 군대에 다녀왔을 때, 지금은 고인이 되신 김광
옥 선생님께 『醜い韓国人(추악한 한국인)』(光文社, 1993)이란 책 하나
를 받았다. 그리고 '일본인의 조선관'이란 테마로 전공 내 심포지움 발
표를 하란 명령이 떨어졌다. 심포지움 발표를 위해 식민지수탈론과 신
민지근대화론에 대한 공부를 하면서 어렴풋이 한일회담의 문제성을
인식하기 시작했던 것 같다. 대학 졸업 후, 2000년 일본유학이 결정되
고 석사논문 테마로 한일회담에 대해 쓰기로 마음먹었다. 한일회담에
대해 이래저래 찾아보면서 일본에서의 한일회담 반대운동에 대한 글
이 그다지 많지 않다는 것을 깨달았고, 동시에 자료적 한계의 벽에 부
딪히게 되었다. 조선장학회 서고와 시가현립대학 박경식 문고, 문화센
터 아리랑 가지무라 히데키 문고에서 책장에 꽂혀 있던 책과 자료를
하나하나 꺼내 보며 자료 수집을 해 나갔다. 여기저기서 자료를 수집
하면서 2004년에 석사학위논문을 제출했다. 이 책은 필자가 2011년에
메이지대학 대학원[明治大學大學院](문학연구과 사학전공 일본사전수)
에 제출한 박사학위 논문에 약간의 첨삭을 거쳐 번역한 것인데, 그 기

초가 된 것은 석사학위논문이었다. 석사학위논문을 기초로 하면서도 좀 더 시야를 넓혀 거칠고 부족한 부분들을 수정·보완해 나갔다. 박사학위논문을 제출한 지 벌써 5년의 시간이 지났지만 이 책은 거의 원본의 완역에 가깝다. 박사학위논문 집필 후에 새로 수집한 자료나 새로운 관련 연구들을 반영해야 했지만, 학위논문 자체가 일본에서의 한일회담 반대운동의 전체상을 그려나간다는 것을 목표로 했기에 큰 틀 안에서 보면 꽤 시간이 지났어도 아직은 유효하다는 생각이 들었다. 필자의 게으름과 부족함을 무릅쓰고 책으로 엮을 것을 결정한 이유다.

이 책의 각장의 구성은 다음의 논문을 기초로 하고 있다.

【연구논문】

「日韓条約と在日韓国人の対応−第6·7次会談期を中心」, 在日朝鮮人
    運動史研究会, 『在日朝鮮人史研究』, 第34号, 2004.
「在日朝鮮人の日韓会談反対運動に関する分析」, 明治大学大学院文学
    研究科, 『文学研究論集』, 第27号, 2007.
「한일회담에 있어 한국정부의 재일조선인 인식」, 한일민족문제학회,
    『한일민족문제연구』, 제20호, 2010.
「日本における日韓会談反対運動の展開−日本人の反対運動を中心に」,
    東京歴史科学研究会, 『人民の歴史学』, 第194号, 2012.
太田亮吾, 金鉉洙 他3名, 「『韓国併合』100年と日本社会」, アジア民衆
    史研究会, 『アジア民衆史 研究』, 第16集, 2012.
「東アジアの冷戦と日韓会談−1950年代を中心に」, 在日朝鮮人運動史
    研究会, 『在日朝鮮人史研究』, 第40号, 2015.

【연구노트】

「日韓両国における日韓条約反対論−日韓両国の『推進国会』に対する
    反対論を中心に−」, 明治大学文学研究科·文学部, 『2011年度文
    学部·文学研究科学術研究論集』, 第2集, 2012.

「『日韓会談』と日朝協会」, 明治大学文学研究科・文学部, 『2010年度文学部・文学研究科 学術研究論集』, 第1集, 2011.

일본 유학길에는 당시 지도교수님이셨던 강창일 선생님과 이노우에 가즈에[井上和枝](鹿児島國際大學) 선생님께 많은 도움을 받았다. 나에게 두 분은 언제나 든든한 후원자이셨다. 석사과정 지도교수님이셨던 도쿄가쿠게이대학[東京學藝大學] 마부치 사다토시[馬淵貞利] 선생님께는 석사과정 뿐만 아니라 박사학위논문을 집필할 때에도 마감일 아침까지 꼼꼼히 챙겨주셨다. 박사학위논문의 기초가 된 석사학위논문 집필시에는 매주 수요일 요코하마국립대학[橫浜國立大學] 스가와 히데노리[須川英德]선생님을 찾아가 많은 폐를 끼쳤다. 메이지대학 박사과정에 진학해서는 야마다 아키라[山田朗] 선생님께 신세를 졌다. 학위논문의 심사에는 야마다 선생님과 오치아이 히로키[落合弘樹] 선생님, 그리고 치바대학[千葉大學] 조경달 선생님께서 날카로운 비판과 앞으로의 과제에 대해 따뜻한 지도를 해 주셨다. 특히나 역사학을 공부하면서 수많은 것을 깨닫게 해 주신 조경달 선생님께는 이루 말할 수 없는 학은을 입었다. 진심으로 감사의 말씀을 전해 드리고 싶다. 학위논문 집필 시에는 대학원 선후배 및 동기들에게 많은 도움을 받았다. 변변치 않은 논문을 꼼꼼히 읽어 가며 일본어 문장을 고쳐 주고 조언을 해준 혼조 도키[本庄十喜](北海道教育大學) 씨와 고야마 료[小山亮](広島平和記念資料館) 씨에게 감사의 마음을 전한다. 학위논문에 대한 스트레스와 불안에 감싸여 있을 때는 사이토 가즈하루[斎藤一晴](明治大學), 오타 료고[太田亮吾](公立公文書館) 씨 등에게 용기를 받았다. 그 밖에도 요시자와 후미토시[吉澤文寿](新潟國際情報大學) 선생님, 히구치 유이치[樋口雄一] 선생님, 이찬행 선생님 등 많은 분들에게 도움을 받았다.

글쓰기의 시작을 일본어로 배운 나로서는 일본어로 작성된 학위논문을 한국어로 번역하는 작업이 꾀나 힘든 작업이었다. 머릿속에서 맴도는 일본어를 한국어로 표현한다는 것이 그리 쉬운 일은 아니었다. 이 책의 출판에는 이와테대학[岩手大學] 양인실 선생님께서 한국어 교정 및 조언을 해 주셨다.

일면식도 없는 나에게 출판을 결정해 주신 선인 윤관백 사장님께 감사의 말씀을 전해 드리며, 이 책을 담당해주신 선인 직원분들께도 감사의 말씀을 전한다.

마지막으로 오랜 시간 함께하며 꿋꿋이 참고 견뎌준 아내 이재연과 두 딸 민지와 예지, 항상 응원해 주시며 따뜻한 사랑을 베풀어 주신 아버지와 어머니, 학생 신분임에도 아내와의 결혼을 허락해 주시고 일본 땅까지 보내 주신 장인, 장모님께 감사의 마음을 전한다.

김 현 수

김현수 金鉉洙

- 메이지대학(明治大學)대학원 문학연구과(사학전공) 졸업. 박사(사학)
- 근현대 한일관계사, 재일조선인운동사 전공
- 메이지대학, 치바대학(千葉大學), 와세다대학(早稻田大學), 무사시노대학(武藏野大學), 쇼와여자대학(昭和女子大學) 비상근 강사
- 최근에 쓴 글로는 「전후 재일조선인의 『일본관』」(「戰後在日朝鮮人の『日本観』」杉並歴史を語り合う会・歷史科学協議会編『隣国の肖像－日朝相互認識の歴史』, 大月書店, 2016.6) 및 「동아시아의 냉전과 한일회담 반대운동－1950년대를 중심으로」(「東アジアの冷戦と日韓会談反対運動－1950年代を中心に」, 在日朝鮮人運動史研究会編, 『在日朝鮮人史研究』 No.45, 2015) 등이 있다.